本书是国家社会科学基金项目最终成果

本书出版得到"广西特聘专家"（广西少数民族语言文学研究岗）、广西民族文化保护与传承研究中心经费资助

教育人类学视野下的京族民间文化传承研究

陈丽琴 著

中国社会科学出版社

图书在版编目(CIP)数据

教育人类学视野下的京族民间文化传承研究/陈丽琴著.
—北京：中国社会科学出版社，2020.5
ISBN 978-7-5203-6370-9

Ⅰ.①教… Ⅱ.①陈… Ⅲ.①京族—民族文化—研究—中国
Ⅳ.①K288.2

中国版本图书馆CIP数据核字(2020)第071092号

出 版 人	赵剑英
责任编辑	王莎莎
责任校对	张爱华
责任印制	张雪娇

出　　版	中国社会科学出版社
社　　址	北京鼓楼西大街甲158号
邮　　编	100720
网　　址	http://www.csspw.cn
发 行 部	010-84083685
门 市 部	010-84029450
经　　销	新华书店及其他书店

印刷装订	北京市十月印刷有限公司
版　　次	2020年5月第1版
印　　次	2020年5月第1次印刷

开　　本	710×1000 1/16
印　　张	21
插　　页	2
字　　数	280千字
定　　价	119.00元

凡购买中国社会科学出版社图书，如有质量问题请与本社营销中心联系调换
电话：010-84083683
版权所有　侵权必究

目 录

绪论 …………………………………………………………（1）
 一 选题的缘起、意义 ……………………………………（1）
 二 学术界有关本书的研究现状 …………………………（4）
 三 研究方法、理论与创新之处 …………………………（46）
 四 研究中有关问题的说明 ………………………………（55）

第一章 京族的族源历史与生态环境 ……………………（57）
 第一节 京族的族源历史 ……………………………（58）
 第二节 京族的自然环境 ……………………………（61）
  一 地理位置 …………………………………………（61）
  二 气候地形 …………………………………………（63）
  三 自然资源 …………………………………………（64）
 第三节 京族的人文环境 ……………………………（66）
  一 人口 ………………………………………………（66）
  二 语言文字 …………………………………………（67）
  三 经济生产方式 ……………………………………（68）
  四 教育 ………………………………………………（70）

五　民俗文化 …………………………………………………（72）

第二章　京族民间文化的内容、特征与教育功能 ……………（73）
　第一节　京族民间文化的内容 …………………………………（73）
　　一　民间文学 …………………………………………………（74）
　　二　民间音乐 …………………………………………………（81）
　　三　民间舞蹈 …………………………………………………（90）
　　四　民间戏剧 …………………………………………………（92）
　　五　民间工艺 …………………………………………………（93）
　　六　民间习俗 …………………………………………………（95）
　第二节　京族民间文化的特征 …………………………………（110）
　　一　海洋性 ……………………………………………………（111）
　　二　跨国性 ……………………………………………………（116）
　　三　兼容开放性 ………………………………………………（118）
　　四　生态性 ……………………………………………………（122）
　第三节　京族民间文化的教育功能 ……………………………（124）
　　一　京族民间文化对人的智力因素发展的影响 ……………（125）
　　二　京族民间文化对人的非智力因素发展的影响 …………（131）

第三章　京族民间文化的教育传承模式 ………………………（140）
　第一节　家庭教育传承 …………………………………………（141）
　　一　日常言传身教的传承 ……………………………………（141）
　　二　仪式中的教育传承 ………………………………………（144）
　　三　口头表演艺术的家传教育传承 …………………………（151）
　第二节　学校教育传承 …………………………………………（154）
　　一　京族韵味的校园环境建设 ………………………………（156）

目 录

　　二　京族文化的课堂教学传承 ……………………………… (157)

　　三　京族文化的课外活动弘扬 ……………………………… (161)

第三节　社会教育传承 …………………………………………… (166)

　　一　日常生活中的群体教育传承 …………………………… (166)

　　二　传统节庆活动中的群体教育传承 ……………………… (181)

　　三　师徒传承 ………………………………………………… (190)

　　四　族群交往中的传承 ……………………………………… (193)

　　五　政府参与下的传承 ……………………………………… (197)

　　六　民族精英倡导下的传承 ………………………………… (204)

　　七　现代媒体传承 …………………………………………… (216)

第四章　京族民间文化的传承现状及教育传承模式存在的问题 …… (221)

第一节　京族民间文化的传承现状 ……………………………… (223)

　　一　民间文学的生存状况 …………………………………… (224)

　　二　传统服饰的生存状况 …………………………………… (241)

　　三　建筑及民间工艺的生存状况 …………………………… (247)

　　四　民间器乐与舞蹈的生存状况 …………………………… (249)

第二节　京族民间文化教育传承模式存在的问题 ……………… (253)

　　一　家庭教育传承模式存在的问题 ………………………… (253)

　　二　学校教育传承模式存在的问题 ………………………… (255)

　　三　社会教育传承模式存在的问题 ………………………… (260)

第五章　京族民间文化教育传承新体系的构建 ………………… (265)

第一节　构建京族民间文化教育传承新体系的理论思考 ……… (267)

　　一　教育传承京族民间文化的必要性 ……………………… (267)

　　二　教育传承京族民间文化的局限性 ……………………… (268)

第二节 构建京族民间文化教育传承新体系的基本原则 …… (270)
　　一　原真性原则 ………………………………………… (270)
　　二　共生性原则 ………………………………………… (271)
　　三　整体性原则 ………………………………………… (271)
　　四　可持续发展性原则 ………………………………… (272)
第三节 构建京族民间文化教育传承新体系的建议 ………… (272)
　　一　重视家庭教育，充分发挥家庭传承京族民间
　　　　文化的作用 …………………………………………… (272)
　　二　加强学校教育传承力度，拓展京族民间文化生存
　　　　繁衍的空间 …………………………………………… (278)
　　三　拓宽社会教育传承渠道，合力构建京族民间文化
　　　　传承环境 ……………………………………………… (288)
　　四　整合力量，构建"家庭、学校、社会"三位一体传承机制 …… (308)

结语 ……………………………………………………………… (312)

参考文献 ………………………………………………………… (314)

后记 ……………………………………………………………… (328)

绪　论

一　选题的缘起、意义

（一）缘起

现代化的进程必然伴随着对传统文化的冲击，这是当代社会发展中极具普遍性的问题，每个民族都力求在现代化与本民族传统文化之间寻找平衡点。因为，一方面，现代化是每个民族繁荣昌盛的必经之路，每个民族不应该拒绝现代化，丧失现代化将意味着民族贫困；另一方面，每个繁荣的民族都应该保持自己优秀的传统文化，保持自己民族的基本特点，丧失本民族传统文化则意味着民族的消亡。因此，在现代化进程中，民族文化传承成为当务之急。京族也同样面临着这样的问题。

京族是我国55个少数民族中唯一临海而居的民族，也是跨国民族，主要聚居于广西壮族自治区东兴市江平镇沥尾、巫头、山心三个村落，散居于潭吉、红坎、恒望、寨头、互村、米漏、三德、竹山等地。据考证，大约在公元15世纪，其祖先从越南迁移到中国，至今已有500多年的历史。我国京族承袭了越族先民的传统文化，到京族三岛定居后又创造了丰富的民族文化，如喃字（也称"字喃"）、民间文学、民间信仰、戏剧、歌舞、节日、生产习俗、服饰、饮食、建筑等。京族与汉族、壮族等民族杂居，其民间文化与杂居诸民族相互影响、相互交融，既传承保留了越族先民文化原有的海洋性特征，又吸收了汉、壮等民族的农耕文化，形成了多元性、开放性和兼容性的文化特色。京族民间文化丰富多彩、独具特色，是本民族杰出的集体创造，是民众智慧的结晶，蕴涵着京族的民族精神、道德观念、审美趣味和理想追求。其中哈节、独弦琴艺术被列入国家级非物质文化遗产名录，民歌、服饰制作技艺、鱼露制作技艺、风吹饼制作技艺等被列入广西壮族自治区级非物质文化遗产名录。这些民间文化是中华优秀传统文化的组成部分，是宝贵的文化遗产，值得大力传承和弘扬。

随着社会历史的发展，改革开放的进一步深入，尤其是近年来泛环北部湾经济圈合作、"两廊一圈"的构建和"中国—东盟自由贸易区"的建立，居住于广西北部湾地区京族三岛上的京族同胞进入了完全开放的生活环境之中，以空前的速度和规模融入现代社会，他们的社会生活发生了巨大变迁，审美观念发生了改变。在这种急剧变化的经济社会背景之下，京族世代传承下来的传统民间文化生存现状如何？发生了哪些变迁？这种生存境况说明了什么？京族民间文化传统的教育传承模式和现代教育传承模式是什么？各有何特点及不足？如何改善多种教育传承模式，对京族民间文化进行合理有效的保护、开发与利用？这些都是值得探讨的问题，对这些问题的追问将使我们能够有机会探索如何整合家庭教育、学校教育和社会教育力量，形成合力并实现功能互补，进而有效传承京族民间文化的路径。

本书以教育人类学理论为视角切入，同时运用民族学、文化人类学、民俗学、社会学等多学科理论方法，通过深度访谈、参与观察、问卷、历史文献等多种调查方法，详细考察京族三岛上的学校教育、家庭教育以及社会教育在京族民间文化传承中的作用及成效，对京族民间文化教育传承的现状及其原因，以及保护对策等问题进行深入探讨，并对那些具有普遍性和规律性的问题进行归纳、提炼和总结，试图为民间文化由传统向现代变迁历程中的保护与发展提供一些新的思路以及具有可操作性的对策建议。探讨当今少数民族民间文化保护研究中日益引起关注的教育传承问题，抛砖引玉，以期更多的专家、学者对民间文化的生存与发展问题给予更多关注。

（二）意义

随着全球一体化进程的推进和改革的深入，民族传统文化和现代文明既冲撞又交融，京族民间文化已呈现衰落的态势。在急剧的社会变迁过程中，如何有效地保护与发展正陷入生存危机的少数民族民间文化是我们面临的重要课题。本书通过对京族民间文化的实地调查，分析京族民间文化的内容、特点、教育功能、教育传承模式，研究其在现代社会的境遇，探索京族民间文化传承和发展的途径。通过此项研究，不仅可以全面整体地认识京族民间文化，更重要的是了解其生存与发展状态，积极调适、优化影响与制约其生长的生态环境，有利于发掘地方特色文化资源民族性、地域性优势，打造文化品牌，使其可持续发展，有利于广西非物质文化遗产的传承发展。研究成果对如何建立起京族民间文化保护与开发的长效机制具有参考与借鉴作用，可供政府相关部门在制订民间文化的保护相关条例时参考，可作为民间文化课程辅助教材供民俗学、民族学专业的硕士研究生使用，也可为京族地区中、小学编写"京族文化进校园"的乡土教材提供参考。

"中国—东盟自由贸易区"建设已正式启动，广西沿海地区成为面向越南等东盟国家的重要桥头堡。本书不仅有助于跨国民族京族宝贵民族文化资源的保护与开发，有利于广西民族区域文化的建设和北部湾城市文化品格的提升，也有利于加强中越等国的文化合作，促进中越两国双边关系的发展。

此外，处于"中国—东盟自由贸易区"背景下的京族民间文化，给我们提供了对当下的民间文化生存问题重新思考的契机，使我们能够有机会探索一种将家庭、学校及社会协作统一起来的"活"的教育传承的可行性与操作性，在理论上为京族文化研究开辟新的领域，提供新的视野和路径。

二 学术界有关本书的研究现状

（一）国内外关于教育人类学的研究

"教育人类学"（educational anthropology & anthropology of education）是一门分支学科，具有跨学科性。一方面，教育人类学具有人类学的学科特点，接受人类学的研究框架，遵循人类学的研究原则，运用人类学的研究方法开展研究。另一方面，教育人类学又主要研究教育问题，必须运用教育学原理，遵循教育发展规律，解决教育发展中的问题。当然，教育人类学还受其他学科的影响，吸收各种学科的有用方法，具有渗透百科，博取诸家的特点，熔人类学、教育学、社会学、历史学、哲学、生物学、文化学等学科知识于一炉，以更综合更全面深刻的视角来考察教育与人类发展。[①] 教育人类学的一个原则是应用人类学的概念、原理和方法研究教育，反过来说，人类学的不同理论和方法影响着教育人类学。根据庄孔韶的看法，教育人类学大致可以分为两种学派：其一是以美国学者为代表的学派，其二是以德国等欧陆国家学者为代表的学派。[②] 滕星论述了国内教育人类学的一些必须明确的概念。中国教育人类学作为一门学科领域，始于20世纪80年代初期对少数民族教育的研究。中国教育人类学的研究一直被冠以"少数民族教育研究"，简称"民族教育研究"，其学科则被称"民族教育学"，鲜有称"教育人类学研究"或"教育人类学"的。[③] 综合而言，教育人类学是由教育学和人

[①] 冯增俊、万明刚：《教育人类学教程》，人民教育出版社2005年版，第1页。
[②] 庄孔韶：《教育人类学》，黑龙江教育出版社1989年版，第36页。
[③] 张新立：《教育人类学视野下的彝族儿童民间游戏研究》，博士学位论文，西南大学，2006年，第37—38页。

绪 论

类学相互交叉而形成的一门综合性边缘学科,吸收了包括人类学、教育学、民族学、政治学、教育心理学、教育社会学等多学科的研究成果,其理论方法和知识体系主要来自人类学。

1. 国外关于教育人类学的研究

国外教育人类学学科形成于20世纪中期,经过半个世纪的发展,形成了以德国、奥地利等国为代表的哲学教育人类学和以美国为代表的文化教育人类学两大流派。[①] 以下分而述之。

(1) 哲学教育人类学的研究

早在古希腊时期,亚里士多德在《伦理学》一书中,通过对人类学的初始命名,植下了教育人类学思想的种子。著名哲学家康德在柯尼斯堡大学开设人类学和教育学课程,并率先尝试将人类学与教育学融为一体,先后出版著作《实用人类学》(1798年)和《论教育学》(1803年),他的教育思想是"先验哲学取向的教育学"。赫尔巴特(J. F. Herbart)于1806年出版《普通教育学》(*The Science of Education*),是公认的第一部现代教育学著作。德国哲学家狄尔泰(Wilhelm Dilthey)于1875年提出"人的研究"理论,将人的问题置于生命哲学视野之内考察,进而与教育和教育学对接和融合。20世纪二三十年代,出现了由探究人而研究教育的热潮,相继产生了阿·胡特的《教育人类学》、格尔曼娜的《教育人类学的本质和任务》等著作。1928年出版的舍勒遗作《人在宇宙中的地位》以及普列斯纳的《有机体和人的阶段》等反映了当时人类学研究教育的思想。狄尔泰的弟子诺尔(Herman Nohl)的《性格与命运》(1938年)被认为开了基于哲学取向和学科取向的教育人类学研究之先河。

20世纪30—50年代,几乎所有的人类学家和教育学家都进行了不

---

① 滕星:《族群、文化与教育》,民族出版社2002年版,第1页。

同的研究。如德国明斯特大学教授杜普·霍华德（Heinrch Dopp Vorwald）出版了《教育科学与教育哲学》（1941年）一书，提出了教育哲学即哲学人类学的概念，对哲学教育人类学半个世纪以来的发展作了新的概括，为学科发展奠定了基础。德国蒂宾根大学教授博尔诺夫（Otto Friedrich Bollnow）先后出版了《情绪的本质》（1941年）、《敬畏》（1941年）、《德国浪漫主义教育学：从阿恩特到弗勒贝尔》（1952年）、《存在哲学与教育学：论非连续性教育形式》（1959年）和《生存哲学与教育学》（1959年）等著作，把教育与人类发展的各种问题综合起来进行研究，对哲学教育人类学的发展起了积极的作用。他的《存在哲学与教育学：论非连续性教育形式》批驳了存在主义否认教育可能性的观点，其研究路向超越了早期精神科学教育学者的个人主义、普遍主义的限制，把教育带向广阔的社会文化中，具有积极的进步意义。此外，还有J.德博拉夫（J. Derbolav）的《教育人类学的问题与课题》（1959年）和荷兰阿姆斯特丹大学教授朗格威尔的《儿童人类学研究》（1956年）等，对教育人类学理念与儿童教育问题进行了探讨。

20世纪60年代中后期，哲学教育人类学出现了新的突破，尤其在西德曾一度达到鼎盛。这一时期哲学教育人类学在理论界发表了大量论著。1965年，博尔诺夫发表了《教育学中的人类学考察方式》，再次强调了他的人类学方法取向的立场。博尔诺夫还出版了《教育人类学论文集：危机与新的起点》（1966年）、《语言与教育》（1966年）、《教育学的氛围：关于教育人际情感前提的调查研究》（1968年）和《哲学与教育之间：演讲与论文集》（1988年）等，是高产的学者。弗利特纳于1963年邀请那些对教育颇有研究的各类专家开设了一系列讲座，并将内容编成文集《教育人类学的途径》（1963年），这些内容是对教育人类学之路的回顾和探索，是对各学科已存在的教育人类学研究的总结与理论化。W.哈赫《教育学的人类学因素》（1963年）力图分析确定教育学中的人类学研究原则的内因,他的另一著作《人类学考察方式对教育学的意义》(1965年)分析了人类学考察方式对教育学产生的影响与意义。H. 罗特《教育人类学》(1966年)是"综合人类学"取向的代表作,即综合所有关于人的经验科学的研究成果具体应用到教育领域。J. 德博拉夫(J. Derbolav)的《关于"教育人类学"课题的思考》(1964年)和奥地利教育人类学家 H. 茨达齐尔的《可塑性与确定》(1967年)等也是这一时期出版的重要著作。

20世纪70年代后,哲学教育人类学学科体系已经形成。90年代之后,以克里斯托弗·乌尔夫(Christoph Wulf)为代表的一部分学者吸收历史人类学的理论方法,开展了多项"教育的历史人类学"研究活动,乌尔夫先后出版了《教育的历史人类学:问题与方法》(2007年)和《社会的形成》(2012年)等著作。

哲学教育人类学经过一个多世纪的发展,建立了较雄厚的理论基础,形成了许多重要学派。其中最为突出的有:①福瓦尔德的教育人类学理论。福氏先后出版了《教育科学与教育哲学》《教育科学的基本问题》和《教育人类学论文集》等论著,倡导研究教育对人获得全面本质的观点,主张教育人类学能从人的生活性、历史性、社会性和创造性出发来分析和塑造人的全面本质,并提出了教育人类学的主要方法和世界观基础。②博尔诺夫的教育人类学理论。博氏在《情绪的本质》(1941年)、《存在哲学与教育学:论非连续性教育形式》(1959年)、《在教育学中人类学的考察方法》(1965年)及《教育人类学》(1971年)等论著中,倡导用人类学方法研究教育与人的本质发展,以"人类学的思考"实现"人的完整性"。他提出教育人类学基本原则,如图像原则、相关原则和贯通原则等,并以此为基础阐发了还原原则、组织原则、解释原则和提出问题原则四大研究原则。③罗特的教育人类学理论。在《教育人类学》(上卷1966年,下卷1971年)、《教师及科学》

(1976年)、《教学与学习的教育心理学》（1959年）和《才能与学习》（1969年）等论著中，罗特倡导把教育人类学作为研究教育与人的本质改变的一门教育学学科，主张人的创造性与被创造性的统一，强调"发展"是教育人类学的重点，有发展教育学的理论阐释。④戴波拉夫的教育人类学理论。在《教育学中教育人类学的问题与课题》（1959年）、《教育学的系统观察》（1971年）、《教育人类学题目批判的反应》（1964年）和《教育人类学即个人自我实现的理论》（1980年）等论著中，戴氏认为教育人类学是集多种学科为一体的新学科，是教育学的基础。他系统研究了教育学与教育生物学、教育心理学、教育社会学的关系，通过对学生内在本质与各种学习材料和教育方法的研究，突出生长、成熟、学习、适应四大"内涵关系"，把人的"具有教育需要的本质"变为"具有教育能力的本质"，他一再申明，教育人类学的核心就是一种关于人的自我实现的理论。⑤罗赫的教育人类学理论。在《教育学之人类学的层次》（1963年）、《教育人类学思考方式的教育意义》（1965年）、《文化化即教育学之人类学的基本概念》（1968年）和《人的能力模式、教育思想之人类学的问题》（1980年）等论著中，他试图用现象学方法研究实际中的人与教育行为的关系，促使两者发生最好的互动，以建构完整的人的本质。他主张建立"教育情境"，强调研究的具体动机。还强调"文化化"与教育人类学的内在联系，并作了五个方面的阐释：教育的文化人类学模式、文化是人的生活形式、人的学习即是文化化、文化化即社会互动及教育是"文化化的帮助"的互动形式。⑥李特克的教育人类学理论。在《教育人类学之一种论辩尝试》（1972年）、《进化与教育》（1976年）、《教育之人类学基础》（1978年）和《教育人类学即教育之人类学基础》（1980年）等论著中，强调要用科学实证的人类学来研究教育问题。他强调进化论的观点，把进化分为自然进化、生物进化和文化进化，进化是学科的核心概念，阐

绪 论

明了教育与人类发展的关键联系。他特别强调教育学与人类学互动的重要意义，描述了一幅教育与人的学习过程的复杂互动网络，不仅注重人类学方法研究教育行为的基本原理，而且关注人的生物特性对教育行为的作用，其间贯穿着进化的基本思想。此外，还有芬克、狄霍普、普莱尼斯和朗格威尔等，都是著名的哲学教育人类学家。众多的哲学教育人类学家的思想和著作共同筑起了哲学教育人类学学科理论的大厦。

（2）文化教育人类学的研究

在文化教育人类学的发源地美国，学术界一般认为范德沃克（N. C. Vandewalker）和休伊特（E. L. Hewett）是最早以人类学观点和方法审视教育问题的代表性人物。早在1898年，范德沃克就发表了专论《教育对人类学的若干要求》。1904年和1905年，休伊特在《美国人类学家》上先后发表了《人类学与教育》（Anthropology and Education）和《教育中的种族因素》（Ethnic Factors in Educanon）。尤其是《人类学与教育》一文在教育人类学史上具有重要意义，它预测了人类学与教育学这两门学科相互融合的可能性与未来发展趋势，并采用"人类学与教育"的笼统说法来指称这门潜在的新学科领域。这是英文世界最早出现的教育人类学名称。1913年，意大利教育家蒙台梭利在美国出版了世界第一本《教育人类学》专著，她继承当时法国的科学教育思想，把体质人类学的概念应用到教育上。到20年代，还出现了如阿·胡特的《教育人类学的本质和任务》和格尔曼娜·诺尔的《关于人的教育知识》等论著。1928年，被称为美国人类学之父的博厄斯（Franz Boas），在名著《人类学与现代生活》（Anthropology and Modern Life，1928）中写了一章"教育"，集中探讨了教育的文化作用、教育对心理自由的影响、教育对个人生活危机的影响、受教育阶级的文化状况等问题。1928年，美国另一位知名人类学学者米德（M. Mead）发表了关于文化传递及其社会性的《太平洋研究三部曲》的首篇著作。同年,米德在萨摩亚地区研究的基础上写成《萨摩亚人的成年》(Coming of Age in Samoa, 1928),主要介绍了萨摩亚人养育儿童的方式,探讨了青少年的情绪波动是否具有普遍的共同性问题。随后,米德对新几内亚的马努斯儿童的教育与成长进行了研究,据此写成了专著《新几内亚儿童的成长》(Growing up in New Guinea, 1930),根据其在新几内亚的三个原始部落中的田野调查研究写成《三个原始部落的性别与气质》(Sex and Temperament: in Three Primitive Societies, 1935)。本尼迪克特(R. F. Benedict)从事美国印第安社会的研究,她的《文化模式》(Patterns of Culture)对族群文化人格的形成有深入的剖析和划时代的洞识。杜波伊斯(C. DuBois)在印尼附近的阿罗岛进行田野调查后,于1944年出版了《阿罗岛人》(The People of Alor),研究重点是儿童教养方式和人格的关系,他提出了一个新概念"众趋人格结构"(model personality structure)来说明族群人格。这些学者开启了文化与人格关系的讨论,进而对于教育如何传递族群文化、如何内化族群人格等论题有了另一层次的启发。①

1954年,美国人类学学会与斯坦福大学联合召开了一次人类学与教育学大会,会议讨论成果被编纂为《教育与人类学》出版。1955年,斯宾德勒编著的《人类学与教育》一书公开出版,成为有关教育人类学的第一部文献,该著作内容广泛,涉及当时人类学学者和教育学学者普遍关心的问题,既有来自人类学学者的论述,又有教育学学者的观点。斯宾德勒的《转型美国文化中的教育》(Education in a Transforming American Culture, 1955)分析了美国文化转型中的教育问题。

到20世纪60年代,人类学领域关于教育的研究更为多样,文化教

---

① 袁同凯:《教育人类学简论》,南开大学出版社2013年版,第27页。

育人类学取得了很大发展。这一时期，戴蒙德主持了一项规模较大的学校文化研究，后由吉尔林指导，最后编纂成了一套教育人类学评论和文献目录，并组织了一系列讨论，其成果编成《教育的人类学观》（1968年）一书。斯宾德勒编写的论文集《教育与文化人类学的研究》（Education and Culture Anthropological Approaches，1963）收入了一些学者探讨教育与文化相关问题的文章。1963 年，斯宾德勒主编出版了人类学入门教材《教育与文化》（Education and Culture）论文集。1965 年，乔治·奈勒（George Kneller）出版了《教育人类学》（Educational Anthropology），重点讨论了文化和人格的基本概念以及美国公众学校的教育问题。这一时期出版了一大批相关学术著作，如乔治·泰勒的《教育人类学导论》（1965 年）、纳斯（A. J. Reiss）编的《变迁社会中的学校教育》（Schools in a Changing Society，1965）、李（D. Lee）的《美国文化中的教学差异》（Discrepancies in the Teaching of American Culture，1963）、罗森（B. C. Rosen）等主编的《美国社会中的成就》（Achievement in American Society，1969）、杰克逊（P. Jachson）的《课堂教学中的生活》（Life in Classroom，1968）以及史密斯（L. M. Smith）和杰弗里（W. Geoffrey）的《城市课堂教学的复杂性》（The Complexities of an Urban Classroom，1968）等专著和论文，成为影响当时教育科学决策的主要参考力量。

20 世纪 70 年代后，教育人类学学科的发展进入了成熟阶段，相关研究成果丰富。史密斯（L. M. Smith）和基斯（P. M. Keith）的《教育革新的剖析》（Anatomy of Educational Innovation，1971）、斯宾德勒的《教育与文化过程——教育人类学探讨》（1974 年）、《学校教育人种志研究——实践中的教育人类学》（1982 年）又一次推动了这门学科的发展。这一时期，有的研究探讨如何开展教育民族志研究，这方面的研究成果如斯宾德勒夫妇的《教与学：如何开展教育民族志研究》（Teaching and Learning: How to Do the Ethnography of Education，1988）；有的研究分析如何将这种方法论运用于教育评价中,这方面的研究成果如费特曼(D. M. Fetterman)主编的《教育评价中的民族志》(*Ethnography in Educational Evaluation*,1984);有的研究就完善这种方法论进行了探讨,如戈茨(J. Goetz)和勒孔特(M. LeCompte)的《教育研究中的民族志与质性研究设计》(*Ethnography and Qualitative Design in Educational Research*,1984);有的研究分析了新的学术思潮的影响,如安德森(G. Anderson)的《教育研究中的批判民族志:起源、现状与新的方向》(*Critical Ethnography in Education: Origins, Current Status, and New Directions*,1989)分析了批判民族志的历史、现状与未来发展方向;有的研究细致地分析了教育民族志研究的类型,如奥格布的《学校教育民族志:多层次的方法》(*School Ethnography: A Multilevel Approach*,1981);有的研究社区的力量,如奥格布的调查报告《社区力量与少数民族教育策略》(*Community Forces and Minority Educational Strategies: A Comparative Study*)和著作《一个富裕郊区里的美国黑人学生》(*Black American Students in an Affluent Suburb: A Study of Academic Disengagement*);有的研究涉及对美国之外的其他国家与地区教育民族志研究的介绍,如丹尼尔(A. Y. Daniel)的《教育民族志的历史概述》(*Highlights Overviews of the History of Educational Ethnography*,2003)等。这些成果成为这一时期教育人类学研究的重要代表作。

2. 国内关于教育人类学的研究

国内的教育人类学研究肇始于20世纪80年代初,经过了三十多年的发展,国内教育人类学研究领域取得了丰硕成果,主要包括以下几个方面:

(1)对国外教育人类学理论的译介

20世纪80年代初,我国一些学者开始翻译、介绍国外教育人类学理论和著作,传播教育人类学的基本思想和重要理念。如俄国教育学家康·德·乌申斯基的《人是教育的对象——教育人类学初探(上、下卷)》①、德国教育人类学家 O.F. 博尔诺夫的《教育人类学》②、奥地利学者茨达齐尔的《教育人类学原理》③ 等先后被翻译,还有冯增俊编译的论文集《教育人类学》④ 以及一些介绍和翻译西方教育人类学理论的论文⑤。这些译著和译文主要是介绍西方教育人类学包括德奥哲学教育人类学和英美文化教育人类学的理论和方法,对传播教育人类学的思想理念、理论模式、学科内容和研究方法等起到了重要作用。

(2) 教育人类学理论研究

从理论上对这一学科进行深入探讨,试图结合中国的实际情况研究中国教育的发展问题或试图构建关于中国教育人类学的理论体系。如冯增俊的《教育人类学刍议》⑥ 首次全面地介绍了国际教育人类学发展,并提出哲学教育人类学和文化教育人类学两大流派的概念以及中国教育人类学学科主题问题。冯增俊选编的《教育人类学》⑦ 较全面地研究了教育人类学学科发展和主要研究成果。冯增俊的《亟须建立我国教育人类学》⑧ 和李复新的《教育人类学述评》⑨ 对教育人类学理论进行评述,并指出建立我国教育人类学的必要和意义。庄孔韶著的《教育人类学》⑩ 介绍了西方教育人类学的发展与研究方法以及在中国教育实践上的运用。冯增俊的《教育人类学》⑪ 重在建构系统的教育人类学学科体

---

① [俄] 乌申斯基:《人是教育的对象——教育人类学初探(上、下卷)》,郑文樾译,人民教育出版社1989年版。
② [德] 博尔诺夫:《教育人类学》,李其龙译,华东师范大学出版社1999年版。
③ [奥地利] 茨达齐尔:《教育人类学原理》,李其龙译,上海教育出版社2001年版。
④ 冯增俊:《教育人类学》,海南人民出版社1988年版。
⑤ 李复新:《西方教育人类学述评》,《教育研究》1988年第3期;斯平德勒:《教育人类学综合研究的初步尝试》,李复新译,《华东师范大学学报》(教育科学版)1999年第3期;滕星:《国外教育人类学学科历史与现状》,《民族教育研究》1999年第4期。
⑥ 冯增俊:《教育人类学刍议》,《当代研究生》1986年第2期。
⑦ 冯增俊:《教育人类学》,海南人民出版社1988年版。
⑧ 冯增俊:《亟须建立我国教育人类学》,《教育研究》1988年第8期。
⑨ 李复新:《教育人类学述评》,《教育研究》1988年第8期。
⑩ 庄孔韶:《教育人类学》,黑龙江教育出版社1989年版。
⑪ 冯增俊:《教育人类学》,江苏教育出版社1991年版。

系,在确立中国教育人类学学科主题上作出了贡献。冯增俊的《教育人类学教程》[1]、滕星的《民族教育概念新析》[2]等提出了在一个多民族国家实施"多元文化整合教育"的"多元文化整合教育理论"(Multicultural Integration Education Theory),也称为"多元一体化教育理论"。李政涛著《教育人类学引论》[3]、滕星主编的《教育人类学研究丛书》、万明钢主编的《西北少数民族教育研究丛书》和《教育人类学教程》[4]、张诗亚的《西南民族教育文化溯源》[5]等,从不同视角开展中国教育人类学的研究,对学科主题、理论体系、分析框架和研究方法等进行了探讨。丁钢主编的《历史与现实之间:中国教育传统的理论探索》[6]、郑金洲的《教育文化学》[7]探讨了文化与教育的关系、教育的文化功能等问题。

(3) 国内族群的教育研究[8]

①族群教育起源和演变研究

滕星对1949年前处于"原始公社制"阶段民族的教育及其特点进行概述式的分析和介绍。[9]何丽对清末至1949年前达斡尔族教育的发展历史进行了梳理。[10]张大群对澜沧拉祜族的历史和社会变迁进行了叙述,并重点阐释了1949年前拉祜族的教育形式和教育内容。[11] 20世纪90年代,对少数族群的教育起源与演变的研究逐步增多,主要有

---

[1] 冯增俊主编:《教育人类学教程》,人民教育出版社2005年版。
[2] 滕星:《民族教育概念新析》,《民族研究》1998年第2期。
[3] 李政涛:《教育人类学引论》,上海教育出版社2009年版。
[4] 冯增俊主编:《教育人类学教程》,人民教育出版社2005年版。
[5] 张诗亚:《西南民族教育文化溯源》,上海教育出版社1994年版。
[6] 丁钢主编:《历史与现实之间:中国教育传统的理论探索》,教育科学出版社2002年版。
[7] 郑金洲:《教育文化学》,人民教育出版社2000年版。
[8] 参看陈学金《当前的中国教育人类学研究:内容领域与焦点议题》,《社会学评论》2014年第6期。
[9] 滕星:《解放前我国原始公社制民族与教育》,《民族教育研究》1990年第1期。
[10] 何丽:《解放前达斡尔族教育及其发展原因初探》,《黑龙江民族丛刊》1992年第2期。
[11] 张大群:《澜沧拉祜族历史上的教育状态试探》,《云南师范大学学报》(哲学社会科学版)1992年第2期。

陈震东[①]、毛礼锐[②]、冯春林等[③]、杨宽[④]、张学强[⑤]、张诗亚[⑥]等人的相关论著。

②族群文化教育问题研究

关于民族语言文字的教育研究成果主要有滕星[⑦]、王远新[⑧]、艾力·伊明[⑨]、宝乐日[⑩]、马效义[⑪]、郑新蓉和卓挺亚[⑫]、董艳[⑬]等写的论著。郑新蓉还对中国少数民族教材进行了研究，并撰写了《中国少数民族教材研究报告》。

关于民族宗教教育问题的研究成果主要有：张诗亚[⑭]、巴登尼玛[⑮]的著作较早揭示了民族教育发展与宗教教育之间的矛盾与冲突，并寻求解决之道；罗吉华[⑯]探讨了宗教教育与学校教育问题；樊秀丽考察了彝

[①] 陈震东：《对教育起源的探索》，《西北师范大学学报》（社会科学版）1959年第5期。

[②] 毛礼锐：《中国原始社会的教育起源与教育性质问题》，《文汇报》1961年第9期。

[③] 冯春林等：《基诺族原始社会形态教育初探》，《云南师范大学学报》（哲学社会科学版）1980年第12期。

[④] 杨宽：《我国古代大学的特点及其起源——兼论教师称"师"和"夫子"的来历》，《学术月刊》1962年第8期。

[⑤] 张学强：《西北回族教育史》，甘肃教育出版社2002年版。

[⑥] 张诗亚：《西南民族教育文化溯源》，上海教育出版社1994年版。

[⑦] 滕星：《文化变迁与双语教育：凉山彝族社区教育人类学的田野工作与文本撰述》，教育科学出版社2001年版。

[⑧] 滕星、王远新主编：《中国少数民族新创文字应用研究——在学校教育和扫盲教育中使用情况的调查》，民族出版社2011年版。

[⑨] 艾力·伊明：《多元文化整合教育视野中的维汉双语教育研究——新疆和田中小学双语教育的历史、现状与未来》，民族出版社2011年版。

[⑩] 宝乐日：《土族、羌族语言及新创文字使用发展研究》，民族出版社2011年版。

[⑪] 马效义：《新创文字在文化变迁中的功能与意义阐释——以哈尼、傈僳和纳西族为例》，《民族教育研究》2007年第5期。

[⑫] 郑新蓉、卓挺亚：《我国义务教育阶段少数民族文字教材调查研究》，《广西民族学院学报》2004年第3期。

[⑬] 董艳：《文化环境与双语教育——景颇族个案研究》，民族出版社2002年版。

[⑭] 张诗亚：《祭坛与讲坛——西南民族宗教教育比较研究》，云南教育出版社2001年版。

[⑮] 巴登尼玛：《文明的困惑——藏族教育之路》，四川民族出版社2000年版。

[⑯] 罗吉华：《文化变迁中的文化再制与教育选择——西双版纳傣族和尚生的个案研究》，博士学位论文，中央民族大学，2009年。

族的丧葬仪式,并分析了彝族经典《指路经》的教育功能。[①]

族群文化教育功能、价值以及族群文化传承与教育研究的成果主要有张新立[②]、乔馨[③]、滕星[④]、王军[⑤]、郑金洲[⑥]、刁培萼[⑦]、丁钢[⑧]等人的著作,这些研究成果主要是从人类学的视角切入,以研究主流文化为主,解读汉族的正规教育和非正规教育,探讨文化与教育的关系、教育的文化功能等问题。

③家庭、社区与学校教育问题研究

成果主要有:吴晓蓉[⑨]通过对摩梭人的成年礼进行教育人类学范畴的研究,探讨了摩梭人成年礼的文化意蕴、仪式蕴含的问题;李书磊[⑩]重点探讨了课堂上的文化传承;袁同凯[⑪]则通过对土瑶社区学校教育的民族志研究,揭示了土瑶儿童学校教育失败的原因,提出了对问题的思考;巴战龙[⑫]探讨了少数民族社区与教育问题;张霜[⑬]、李素梅[⑭]、

[①] 樊秀丽、[日]藤川信夫:《中国彝族经典〈指路经〉的社会教育功能》,巴莫阿依、黄建明主编:《国外学者彝学研究文集》,云南教育出版社2000年版,第209—237页。

[②] 张新立:《"鹰雏虎崽"之教:教育人类学视野下的彝族儿童民间游戏研究》,广西师范大学出版社2007年版。

[③] 乔馨:《教育人类学视野下的岩洞嘎老文化传承研究》,中央民族大学出版社2011年版。

[④] 滕星:《族群、文化与教育》,民族出版社2002年版。

[⑤] 王军:《文化传承与教育选择——中国少数民族高等教育的人类学透视》,民族出版社2002年版。

[⑥] 郑金洲:《教育文化学》,人民教育出版社2000年版。

[⑦] 刁培萼:《教育文化学》,江苏教育出版社1992年版。

[⑧] 丁钢主编:《历史与现实之间:中国教育传统的理论探索》,教育科学出版社2002年版。

[⑨] 吴晓蓉:《教育,在仪式中进行:摩梭人成年礼的教育人类学分析》,西南师范大学出版社2003年版。

[⑩] 李书磊:《村落中的国家:文化变迁中的乡村学校》,浙江人民出版社1999年版。

[⑪] 袁同凯:《走进竹篱教室:土瑶学校教育的民族志研究》,天津人民出版社2004年版。

[⑫] 巴战龙:《学校教育·地方知识·现代性——一项家乡人类学研究》,民族出版社2010年版。

[⑬] 张霜:《民族学校教育中的文化适应研究——贵州石门坎苗族百年学校教育人类学个案考察》,民族出版社2012年版。

[⑭] 李素梅:《中国乡土教材的百年嬗变及其文化功能考察》,民族出版社2010年版。

滕星[①][②]、韩嘉玲[③]、任运昌[④]等人的论著也都是研究学校教育问题的代表作品。

④性别与教育研究

史静寰主编的《走进教材与教学的性别世界》[⑤]是中国大陆第一部从性别视角研究中国基础教育教材和课堂教学的论文集,诸多论文指出了中小学教材、幼儿读物、成人扫盲教材中性别比例失衡、缺少具有独立身份的女性主角、性别刻板印象严重等问题,并分析了真实课堂教学中性别角色的互动与建构过程。郑新蓉的《性别与教育》是"性别、文化与教育研究"课程建设的一个重要成果。[⑥] 20 世纪 90 年代末,部分学者开始关注女童教育,编写女童教育的培训教材。如陈时见[⑦]、滕星[⑧]等主编的教材便是少数民族女童教育研究的代表。

⑤多元文化教育研究

相关成果以滕星[⑨]、陈·巴特尔[⑩]主编的著作以及万明钢、王鉴主编的《多元文化与西北民族教育研究丛书》(2006 年)等著作为代表,探讨全球多元文化教育问题。此外,欧群慧[⑪]、靳玉乐[⑫]等所编著的著

[①] 滕星主编:《中国乡土教材应用调查研究》,民族出版社 2011 年版。
[②] 滕星等主编:《经济文化类型与校本课程建构》,民族出版社 2012 年版。
[③] 韩嘉玲:《北京市流动儿童义务教育状况调查报告》,《青年研究》2001 年第 8 期。
[④] 任运昌:《空巢乡村的守望:西部留守儿童教育问题的社会学研究》,中国社会科学出版社 2009 年版。
[⑤] 史静寰主编:《走进教材与教学的性别世界》,教育科学出版社 2004 年版。
[⑥] 郑新蓉:《性别与教育》,教育科学出版社 2005 年版。
[⑦] 陈时见主编:《边界跨越——广西民族贫困地区女童教育研究》,广西人民出版社 2001 年版。
[⑧] 滕星主编:《多元文化社会的女童教育——中国少数民族女童教育导论》,民族出版社 2009 年版。
[⑨] 滕星主编:《多元文化教育——全球多元文化社会的政策与实践》,民族出版社 2010 年版。
[⑩] 陈·巴特尔主编:《亚太地区原住民及少数民族高等教育研究》,中央民族大学出版社 2009 年版;陈·巴特尔:《守望·自觉·比较——少数民族及原住民教育研究》,中央民族大学出版社 2009 年版。
[⑪] 欧群慧:《云南省孟波镇中学多元文化教师民族志研究》,民族出版社 2011 年版。
[⑫] 靳玉乐主编:《多元文化课程的理论与实践》,重庆出版社 2006 年版。

作探讨了多元文化校本课程建设问题。

⑥教育与社会变迁研究

主要的代表作有：王铭铭①、李小敏②等人的论文是研究汉人社会教育问题不能绕开的重要文献。此外，司洪昌③、李红婷④、冯跃⑤、涂元玲⑥、张济洲⑦等人的论著，将教育问题置于社会、政治和文化变迁中去分析和探讨，因而具有历史人类学的特色。

（4）海外社会的教育研究

海外社会的教育研究也是中国教育人类学的领地。滕星在20世纪90年代中期曾经对美国印第安人保留地、非洲裔社区、墨西哥裔社区和亚裔社区进行过田野考察，⑧ 学习国外教育人类学理论与方法，并将这些理论与方法引入到国内开展本土的教育研究。袁同凯于2006年对老挝北部山区学校教育进行田野考察，将研究成果发表在《亚洲人类学》（Asian Anthropology）杂志上。⑨ 2009年，袁同凯的《老挝北部Lanten人的学校教育：人类学视野中的个案研究》一文⑩，对老挝北部

---

① 王铭铭：《教育空间的现代性与民间观念——闽台三村初等教育的历史轨迹》，《社会学研究》1999年第6期。
② 李小敏：《村落知识资源与文化权力空间——永宁拖支村的田野研究》，丁钢主编：《中国教育：研究与评论》第5辑，教育科学出版社2003年版，第1—53页。
③ 司洪昌：《嵌入村庄的学校：仁村教育的历史人类学探究》，教育科学出版社2009年版。
④ 李红婷：《无根的社区悬置的学校——湖南大金村教育人类学考察》，民族出版社2010年版。
⑤ 冯跃：《教育的期待与实践——一个中国北方县城的人类学探究》，民族出版社2009年版。
⑥ 涂元玲：《村落中的本土教育》，山西教育出版社2010年版。
⑦ 张济洲：《文化视野下的村落、学校与国家：一个地方社区基础教育变迁的历史人类学考察》，教育科学出版社2011年版。
⑧ 徐杰舜、滕星：《在田野中追寻教育的文化性格——人类学学者访谈之二十七》，《广西民族学院学报》（哲学社会科学版）2004年第2期。
⑨ Yuan Tongkai, *Poverty, Opium and Education among the Lanten in Laos*, Asian Anthropology, 2007, 6 (1): 147–167.
⑩ 袁同凯：《老挝北部Lanten人的学校教育：人类学视野中的个案研究》，《民族教育研究》2009年第6期。

绪 论

垄南塔、乌都姆赛和会赛三省的 11 所 Lanten 村落小学、235 户家庭进行了实地考察，对 Lanten 人的社区生产生活与学校教育作了较为全面的描写与分析。另外，还有学者将外国的文化与教育问题列入研究视野，[①] 为我们了解海外社会的教育情况提供了有益参考。

综上所述，国内外有关教育人类学的研究成果日愈丰富，教育人类学理论更趋完善，逐渐渗入到各研究领域中。借助教育人类学的相关理论，可以从另一角度透视民间文化的传承途径帮助我们去发现民间文化传承与教育之间的关系，上述这些前人的成果亦将成为本书研究的理论基础。

（二）京族民间文化研究现状

迄今为止，国外专门研究京族文化的论著极少，主要有：越南文化研究学院的裴天台编写的《中国京族的哈亭》（2004 年），描述了中国京族哈亭的历史、外形、功能、活动等。阮氏方针的《中国京族的结婚礼仪——以中国广西东兴市江平镇万尾村为例》（2006 年）通过对沥尾村京族民众的婚俗调查，介绍了中国京族的婚恋习俗、婚礼过程，具有资料价值。武洪述的《中越京族符咒文化比较研究》（博士学位论文，云南大学，2013 年）对中越京族法师的生活、画符、法器、符咒、社会功能等逐一进行比较，并探讨了中越京族符咒文化的变迁。黎氏秋萱《中越非物质文化遗产保护政策比较研究——以字喃的保护为中心》（硕士学位论文，云南大学，2016 年）记述了字喃的历史发展脉络和功能，比较了中越两国在非物质文化遗产保护方面的制度设计与相关政策的不同及其所带来的结果差异。透过国外学者眼光，读者了解了中国京

[①] 例如吴明海《英国夏山学校教育人类学考察》，《民族教育研究》2002 年第 2 期；王朝阳《日本茶道文化传承的教育人类学研究》，硕士学位论文，中央民族大学，2008 年；李培《秘鲁哥尼玛人音乐的教育人类学研究》，硕士学位论文，南京师范大学，2008 年；彭永春《美国高校多元文化教育演进之研究》，博士学位论文，华东师范大学，2004 年。

族与越南的文化渊源以及京族民间文化的样式、生存状态。

在国内，1949年以前，京族社会及其文化处于极为边缘的状态，无论是国家政府还是文化研究人员，都不太关注京族社会及京族文化，京族社会成为学界忽略了的学术研究"盲角"。20世纪20年代末至30年代初，以具体民族为调查研究对象的田野调查逐渐展开，当时的调查涉及南方许多地区的多个民族，但京族并没有进入当时研究者的视野。

20世纪50年代至70年代，京族研究以社会历史调查和民族识别为主，且均为内部资料，成果没有公开出版。1951年，中央访问团联络组深入京族地区调查，写出《防城二区巫头、万尾、山心越南族概况》，介绍了京族的来源、迁入历史、姓氏分布，这是首次对京族聚居区进行全面调查的开山之作，具有重要的资料价值。50年代初期，由中南民族事务委员会和广西省民族事务委员会联合组成工作组，对当时防城县的越族（即今京族）进行了较为详细的实地调查，这次调查也可以说是我国京族史上的首次民族识别工作，工作组根据此次调查得到的材料，1954年由广西省民族事务委员会写成调查报告《防城越族情况调查》，作为内部资料刊印。这一调查报告具体记录了当时京族的社会情况，其中包括政治、经济、文化等方面的内容，是翔实的京族社会情况的调查材料。由于当时的调查受政府意识形态的影响，《防城越族情况调查》的内容充斥着阶级斗争的内容，"因为民族识别在很大程度上是政府行为，在学者的调查、分析和政府的意见及被识别族群的意愿这三者间，政府的意见在民族识别中常起更重要的作用"[1]。1958年，中国科学院民族研究所与广东省民族研究所组成调查组对防城进行较大

---

① 王建民、张海洋、胡鸿保：《中国民族学史》下册，云南教育出版社1998年版，第125页。

绪　论

规模的实地调查（当时防城县归属广东省），这次调查的材料最后整理成《京族简史简志合编》（初稿，1963年），具有重要的史料价值，但同样是作为内部资料供政府相关部门或少数研究人员参考，没有公开出版。从20世纪60年代初期到"文化大革命"结束的十几年时间里，京族研究大多是一些以新闻报道的方式发表的短小文章，并带有明显的阶级斗争痕迹，如报道文章《京族海岛换新装——东兴各族自治县巫头岛巨变记》（《广西日报》1965年10月17日）、《歌声荡漾万尾岛》（《光明日报》1973年3月17日）、《战斗在京族海岛的理论队伍——东兴各族自治县山心大队的调查》（《广西日报》1974年10月10日）等。

20世纪80年代的京族研究，比较重大的成果就是国家投入相当的人力和物力，对50年代民族识别调查和社会历史调查得到的资料进行重新整理，开始了京族文化的大规模发掘整理。其实1979年就有了"前奏"，黄书光、黄勇继到京族三岛搜集京族民间文学，其成果由广西民族学院中文系民族民间文学教研组编成《少数民族文学作品资料》（内部印发）。南宁师范学院王弋丁采录了京族民间文学作品写成《仫佬族毛南族京族文学概况》（广西人民出版社1982年版），这部著作是我国第一部比较系统介绍京族文学的著作。1980年至1981年，在广西民间文学研究会、南宁师范学院民族民间文学研究室和防城县的协调下，组建《京族民间故事选》①和《京族民歌选》②两大编选组。经过这些民间文学工作者几年的刻苦努力，这两部著作分别于1984年和1988年先后出版，这是京族民间文学史上开创性的著作。1983年，苏维光、谢乃善、龙旦城、过伟等再次发动京族和各族业余民间文学工作者作一些补充性的搜集，成果分别收入1987年由上海文艺出版社出版

---

① 苏维光等编：《京族民间故事选》，中国民间文艺出版社1984年版。
② 苏维光、王弋丁、过伟等编：《京族民歌选》，广西民族出版社1988年版。

的《毛南族、京族民间故事选》以及同年由广西人民出版社出版的《毛南、京、仫佬、回、彝、水六族故事选》。1980年,京族干部张永东、李世新和南宁师范学院过伟教授将大家搜集到的京族民间文学资料加以整理后编排,合著出版《京族民间文学》,比较系统地介绍了京族民间文学的概貌。① 欧阳觉亚等编《京语简志》(民族出版社1984年版)在四次(时间跨度二十多年)对京语进行较为全面调查的基础上,对京语的语言面貌进行详尽描述,深入分析了京语语音的演变以及与中古汉语的对应关系等问题,书后附有京语基本词汇部分保留了珍贵的语言记录。《京族简史》(《京族简史》编写组编,广西民族出版社1984年版)也是将民族识别调查和社会历史调查得到的资料进行重新整理的成果。1985年,防城县成立了"民间文学三套②集成办公室",在各族民间文学工作者的辛勤努力下,1987年10月编印了《防城县歌谣集》,其中收入京族歌谣90首。1988年7月编印了《防城县民间故事集》,其中收入京族故事107篇。1988年12月编印了《防城县谚语集》,收入京族谚语160条。阮大荣等编著《广西京族社会历史调查》(广西民族出版社1987年版),内容包括京族社会历史调查、防城越族情况调查等,是在《防城越族情况调查》《京族简史简志合编》的基础上丰富、深化而成的,是从事京族文化和文艺研究的基础性和权威性的资料。此外,还有不少京族研究的相关论文公开发表,如项美珍的《解放前京族的社会经济和民族关系》(《广西民族学院学报》1982年第3期)、程方的《京族双语制考察纪实》(《民族语文》1982年第6期)、邓学文的《京族民歌》(《中国音乐》1984年第1期)、杨长勋的《论京族没有神话》(《广西民族研究》1985年第2期)、廖世雄的《谈京族哈节舞蹈》

---

① 中央民族学院少数民族文艺研究所编:《中国民族民间文学》,中央民族学院出版社1987年版。

② "三套"指搜集"歌谣、故事、谚语"三种民间文学。

(《民族艺术》1987年第2期)、何洪的《独弦琴与京族民歌关系考》(《艺术探索》1988年第2期)等，这些论文论及了京族经济、语言、民间文学、歌舞等方面的问题。

20世纪90年代至今是京族研究成果的丰产期，有关京族文化的研究成果丰硕，佳作频出。据不完全统计，在短短的二十多年时间里，公开出版的著作有30多部，发表的论文有300多篇，不仅数量众多，质量也达到了新的研究高度。这一时期京族文化研究成果主要体现在以下几方面：

1. 京族社会历史文化的综合研究

韩肇明的《京族》（民族出版社1993年版）对京族历史、生产、生活、婚姻、文化艺术等进行了描述。

何思源的《中国京族》（宁夏人民出版社2012年版）从京族概况、京族的物质文化、民间文化、社会文化、信仰文化、精神气质、文化传承、族际交往、文化发展愿景、有影响的文化人物、重要文献以及京族对祖国的贡献等方面，对京族社会历史文化进行整体性介绍和系统分析，尤为可贵的是，该书对中国京族文化作了深层挖掘，对中国京族的哲学思想、精神气质、文化发展愿景、族际交往背后的特点和规律等作了开创性研究，体现了该书的立意、价值与高度。

周建新、吕俊彪等的《从边缘到前沿：广西京族地区社会经济文化变迁》（民族出版社2007年版）论述了京族的族源、人口及分布、京族人的生活变迁、生产方式、风俗信仰、婚姻家庭、社会组织、乡规民约、文学艺术、传统技艺与现代科技卫生、经济与文化变迁，探讨传统文化与社会转型的关系问题。

吴满玉、冼少华的《当代中国的京族》（广西人民出版社2005年版）追溯了京族族源及简要历史，对当代京族的居住区域、经济生活、政治生活、文学艺术、语言、婚姻与家庭、教育、科技、卫生、体育事业、京族三岛在"中国—东盟自由贸易区"中的优越地理位置及其发展机遇作了探讨。

王钟健的《京族》（新疆美术摄影出版社2010年版）、李青华的《京族》（吉林文史出版社2010年版）、韩肇明的《京族》（民族出版社2005年版）、《京族简史》编写组的《京族简史》（民族出版社2008年版）、梁庭望的《中国民族百科全书·壮族、黎族、仫佬族、毛南族、京族卷》（北方妇女儿童出版社2004年版）、黄庆印的《壮、布依、傣、仡佬、京族文化志》（上海人民出版社1998年版）等均介绍了我国京族的起源、发展历史、宗教信仰、婚姻家庭与民俗文化等。

关于京族地区的社会历史调查主要有3部著作。广西壮族自治区编辑组的《广西京族社会历史调查》（民族出版社2009年版）介绍了广西京族历史由来和迁移情况、社会组织、文化艺术、生活习俗以及防城越族人口分布、历史来源、语言、风俗习惯与民族关系。马居里、陈家柳主编的《中国民族村寨调查 京族 广西东兴市山心村调查》（云南大学出版社2004年版）则选取山心村作为调查对象，叙述山心村的概况与历史、生态环境、人口、经济、政治、婚姻家庭、习惯法、风俗、文艺、科技、信仰等。李澜的《巫头村调查：京族》（中国经济出版社2014年版）对巫头村的环境、人口、语言、习俗、生计模式、教育、旅游、人物等进行了考察。

对京族地区的古籍文献进行搜集与整理的著作主要有：京族字喃文化传承研究中心编的《京族社会历史铭刻文书文献汇编》（广西人民出版社2015年版）搜集和翻译了京族历史上用字喃和汉字抄写的京族碑刻、文书、文献、规约。张公瑾的《中国少数民族古籍总目提要：毛南族卷·京族卷》（中国大百科全书出版社2009年版）分为甲、乙、丙、丁四编，甲编为书籍类，乙编为铭刻类，丙编为文书类，丁编为讲唱类。两本书都介绍了京族文献古籍的概貌，具有极其重要的资料价值。

绪 论

吕俊彪的《京族人的族群认同与国家认同》（社会科学文献出版社 2014 年版）和《仪式、权力与族群认同的建构——中国西南部一个京族村庄的个案研究》（《广西民族研究》2011 年第 2 期）对京族社会生活、"京族人"的当代建构、京族人的国家认同表征及其过程以及族群、国家与全球化时代京族人的自我认同等问题进行深入探讨。

李远龙的《沿海沿边小康人——京族》（云南人民出版社 2003 年版）内容涉及京族历史、生产、歌舞、翁村制度、经济、教育、族群互动等研究。

包晓泉的《京色海岸·京族卷》（广西民族出版社 2010 年版）图文并茂，以文学化语言，鲜活生动的叙述，向读者展示了广西京族的传说、信仰、独弦琴、服饰、民歌、饮食等民俗文化的鲜明特色和品格魅力。

苏维芳、苏凯的《魅力京岛》（广西人民出版社 2015 年版）由搜集发表于各类报纸杂志上的文章汇编而成，包括京族人物风采、京岛见闻、风俗文化、生产生活等。

何波的《论京族传统文化格局及其成因》（《钦州学院学报》2015 年第 6 期）、吴锡民的《东兴京族文化混杂论》（《玉林师范学院学报》2013 年第 3 期）、卢松见的《镜头里的京族传统文化》（《当代广西》2012 年第 6 期）、李斯颖的《从"山"到"海"：从口头传承变迁看京族文化特性的渐变》（《百色学院学报》2015 年第 3 期）等都论及京族文化的特征，并分析其成因。

2. 京族文学艺术研究

综观京族文化研究成果，关于文学艺术的论著尤为丰硕，主要有以下几方面内容：

（1）京族文学研究

苏维光等的《京族文学史》（广西教育出版社 1993 年版）在民间文学搜集的基础上，吸收了一些新的研究成果，分古代文学、近现代文学、当代文学三部分进行论述，首次对当代京族作家文学和数百年的京族民间文学作了全面的总结。中国作家协会的《新时期中国少数民族文学作品选集·京族卷》（作家出版社2015年版）、姚宝瑄的《中国各民族神话——仫佬族、壮族、京族》（书海出版社2014年版）编选了京族部分作家各类题材的代表性作品和京族神话故事，具有资料价值。祝融的《发展中的京族文学》（《民族文学》1991年第3期）主要介绍了京族从古代民间文学到现代作家文学的发展历程和概况。

韦坚平的《谈京族民间"三岛传说"》[《广西师范大学学报》（哲学社会科学版）1990年第4期]、陈丽琴的《论京族民间爱情故事及其审美意蕴》（《广西师范学院学报》2005年第2期）、陈丽琴和熊斯霞的《论京族民间故事的特征》（《钦州学院学报》2012年第6期）、张联秀的《京族民间动物故事研究》（《重庆三峡学院学报》2015年第1期）探讨了京族民间传说故事的类型、内涵、特征及美学意蕴。

彭兆荣的《共同体叙事：在真实与想象之间——兼说京族的故事》（《百色学院学报》2015年第3期）、莫明星和李兴的《旅游文化语境下的广西京族民间文学》[《安徽文学》（下半月）2014年第5期]、陈丽琴和李玢辛的《论京族民间文艺的兼容性》（《广西师范学院学报》2014年第6期）将京族民间文学置于不同语境及视野下，研究其内涵、特点与功用。

龚丽娟的《京族文学的整生规律研究》（《学术论坛》2014年第12期）、吕瑞荣的《生态视野中的京族民间文学场》（《学术论坛》2015年第4期）、陈丽琴的《京族民间文艺与自然生态》（《钦州学院学报》2012年第1期）等均涉及京族文学与生态环境关系的研究。

（2）民间音乐研究

①民歌研究

京族民歌的本体研究。陈增瑜主编的《京族字喃史歌集》（民族出版社 2007 年版）内容包括《京族史歌》《京族哈节唱词》和《京族传统叙事歌》等三部分，编译成"字喃"、国际音标和汉语三种文字，为后人研究字喃史歌提供可贵的资料。吴家齐的《京族白话情歌对唱》（陕西旅游出版社 2000 年版）搜集整理了京族白话情歌，具有珍贵的资料价值。邓如金的《京族民歌的艺术特色》（《民族艺术》1993 年第 4 期）、沈嘉《京族民歌的演唱特色》[《中央民族大学学报》（哲学社会科学版）1997 年第 4 期]、覃乃军的《京族民歌的哼鸣与正规唱法的关系》（《中国音乐》1992 年第 2 期）、陈略的《京族爱情歌谣表情达意方式略论》（《民族艺术》1991 年第 3 期）、庞国权的《浅析京族音乐的结构和特点》（《星海音乐学院学报》1991 年第 1 期）、卢克刚的《京族民歌研究》（《歌海》2010 年第 5 期）与《京族唱哈祭仪及其音乐研究》（《艺术探索》1997 年第 1 期）、毛艳的《京族民歌研究》（《歌海》2010 年第 3 期）、王红的《海洋文化精神的诗性表达：京族史诗研究》（《广西社会科学》2012 年第 3 期）、彭剑萍的《广西"京族民歌"的分析与考辨》（《艺术百家》2011 年第 S2 期）、李艳红的《京族民歌初探》（《大众文艺》2011 年第 13 期）、叶峰的《广西沿海地区音乐文化的特征——以京族民歌和咸水歌为例》（《大舞台》2014 年第 10 期）、黄志豪的《论中国京族民歌中的即兴文化》（《歌海》2014 年第 4 期）、陈丽琴和王虎平的《论京族哈节唱词的内容与艺术特色》（《广西师范学院学报》2015 年第 3 期）、胡禹和黎燕的《析京族民歌创作特点》（《黄河之声》2014 年第 6 期）、张化声和王能的《京族三岛之歌》（《歌海》2006 年第 5 期）、王涛的《京族民歌的音乐特征》[《交响（西安音乐学院学报）》2009 年第 4 期]等论文均以京族民歌为研究对象，研究其内容、形式、艺术特色与风格等。

跨境、跨民族民歌比较研究。刘伟的《中越京族民歌〈过桥风吹〉对比探析》（《大众文艺》2015 年第 9 期）、张小梅的《中越京族民歌

〈过桥风吹〉比较研究》(《艺术探索》2013年第2期)选取中越共有的民歌《过桥风吹》作为研究个案，探讨中越民歌的异同及原因。胡牧的《侗族河歌与京族情歌审美风格的比较分析》(《广西民族大学学报》2013年第4期)、《侗族河歌与京族情歌生态美蕴比较》(《重庆广播电视大学学报》2012年第6期)、何明智的《壮族布傣与京族字喃歌谣比较研究》(《广西民族研究》2009年第3期)则将京族歌谣与壮、侗民族民歌作比较，并分析不同的文化环境对民歌的内容、风格形成产生的影响。

民歌生态研究。陈丽琴的《民俗传统：京族民歌传承的文化生态》(《广西师范大学学报》2014年第2期)探讨作为一种文化生态的民俗传统，其对京族民歌传承的重要影响。魏素娟的《试论自然生态与京族民歌》(《神州民俗》2010年第3期)、《论京族情歌与民俗文化》(《柳州师专学报》2009年第4期)、《京族民歌的生态研究》(硕士学位论文，广西民族大学，2010年)论析了京族民歌与生态环境的关系。徐少纯的《京族字喃史歌生态研究》(《柳州师专学报》2013年第4期)、向一优的《论民歌在京族海洋文化生态构建中的功能及表现》(《黔南民族师范学院学报》2015年第1期)、熊斯霞的《京族哈节传统歌舞研究》(硕士学位论文，广西民族大学，2013年)将京族民歌置于文化生态视野下加以透视。

②独弦琴艺术研究

相关专著有陈坤鹏的《京族独弦琴艺术》（北京科学技术出版社2013年版)，此书对独弦琴的制作工艺、演奏方法、曲目、艺术特色、传承与保护、文化价值等问题作了深入探讨，是迄今为止我国第一部专门研究京族独弦琴艺术的专著。

论及独弦琴的历史源流的论文主要有：何政荣的《中国一弦琴与京族独弦琴源流考》(《广西师范大学学报》2013年第6期)、张灿的《京族独弦琴源流新考》(《歌海》2012 年第 3 期)、孙进的《从民间传说探寻京族独弦琴产生的文化背景》(《大众文艺》2009 年第 23 期)、吉莉和张龙的《论京族独弦琴的改良》(《歌海》2010 年第 5 期)等通过文献古籍的考证和民间传说的钩沉，论述了独弦琴的历史渊源与发展流变过程。

论述独弦琴的艺术特色和价值的论文有：密宋华的《京族独弦琴的演奏手法及其独特魅力》(《艺术探索》2008 年第 6 期)、何政荣的《京族独弦琴形制研究》(《歌海》2011 年第 2 期)、王能的《京族独弦琴乐曲的写作与表现》(《歌海》2006 年第 3 期)、贺锡德的《中国少数民族乐器介绍之十三——西南多个少数民族共有的乐器"口弦"、京族的"独弦琴"》(《音响技术》2007 年第 8 期)、原媛和翁晔的《独具特色的京族乐器——独弦琴》(《今日科苑》2009 年第 14 期)、尹明的《京族独弦琴艺术》(《歌海》2012 年第 3 期)、德真的《京族的独弦琴》(《乐器》2005 年第 1 期)、边疆的《京族的独弦琴》(《中国民族》2000 年第 9 期)、闫红芳的《京族的独弦琴》(《民族团结》1993 年第 5 期)、黄全的《京族独弦琴的制造和演奏》(《艺术探索》1998 年第 1 期)、孙杰远和范良辰的《京族独弦琴文化及教育价值》(《当代教育与文化》2009 年第 4 期)等，这些论文从不同角度探讨了独弦琴的形制、制作、演奏手法、内涵与价值。

此外，陈丽琴的《京族独弦琴艺术生态研究》(《广西民族大学学报》2013 年第 2 期)论析独弦琴艺术的产生、传承与自然生态、文化生态之间的关系。张灿的《中越独弦琴音乐文化比较研究》(硕士学位论文，广西艺术学院，2011 年)从民族音乐学理论切入，探研中越两国京族地区独弦琴音乐与文化生态之间的共性特征及历史发展源流概况，并对中越两国京族独弦琴的形制、演奏技法与音乐发展所显现的个性特征作了逐一比较。

（3）民间舞蹈研究

黄小明的《京族哈舞之海洋文化特征》（《广西师范大学学报》2013年第6期）、杨冬燕的《京族舞蹈的海洋性特征与社会意义》（《歌海》2009年第5期）分析了京族民间舞蹈的海洋文化特色。李飞锐的《探索神秘的京族巫术舞蹈——"问天答灯"》（《电影评介》2009年第1期）、熊斯霞的《京族哈节传统歌舞的民俗解析》（《剑南文学》2013年第5期）、黄小明和胡晶莹的《论京族"哈节"舞蹈的审美意蕴——广西东兴市江平镇巫头村民间舞蹈田野考察》（《歌海》2009年第5期）等从不同角度探讨京族舞蹈的内涵、特色及其与民俗传统的关系。陈俊玉的《试论广西京族舞蹈中的原生态元素》（《戏剧之家》2015年第8期）、杨涛的《"京舞"翩然招展，舞动文化人间——广西京族舞蹈原生态元素提炼及文化研究》（《歌海》2009年第3期）探讨京族舞蹈中原生态元素的融合、创新与发展，并分析其文化生态、艺术特色及文化价值。韦光辉和王成科的《中越边境京族竹竿舞研究》（《搏击》2014年第4期）论述京族竹竿舞起源、发展、社会功能与价值。陈俊玉的《浅谈广西与越南京族的舞蹈艺术》（《教育教学论坛》2014年第11期）对中越两国京族民间舞蹈作了跨文化比较。

3. 京族风俗研究

对京族风俗进行概括性研究的论著主要有：符达升等人合著的《京族风俗志》（中央民族学院出版社1993年版）、曹俏萍的《京族民俗风情》（广西民族出版社2012年版）论述了生产劳动、饮食、社会组织、岁时节庆、民族礼仪、婚恋习俗、服饰与居住习俗、信仰与民间艺术等民间风俗。卢松见的《多姿多彩的京族风情》（《当代广西》2009年第18期）、苏维光和圭苑的《京家风俗拾萃》（《中国民族》1991年第1期）对京族丰富的民俗风情作了逐一介绍。京族风俗研究更多的相关成果体现在以下几个方面：

绪 论

（1）节日习俗研究

关于哈节的研究著作有：吕俊彪等的《京族哈节》（北京科学技术出版社2012年版）探讨了京族哈节的仪式活动、文化表征与传承发展。研究哈节的论文主要有：过伟的《哈节与京族民间文化》[《广西师范大学学报》（哲学社会科学版）1991年第3期]、陈明芳的《京族的"唱哈"和哈亭》（《历史大观园》1990年第12期）分别论述了哈节与民间文化、"唱哈"和哈亭之关系。刘建平的《京族唱哈节初探》（《广西民族研究》1992年第3期）、陈家柳的《从传统仪式到文化精神——京族哈节探微》（《广西民族研究》2008年第4期）、廖翠荣的《仪式·性别：京族哈节的人类学研究》（《钦州学院学报》2007年第2期）、周艳琼的《京族"请神听歌"的哈节》（《音乐生活》2009年第4期）、马伟波的《京族唱哈节》（《文史春秋》2001年第5期）、陈孝余的《浅述京族"哈节"仪式文化》（《广西民族师范学院学报》2011年第5期）、廖明君的《京族哈节》（《广西民族研究》2008年第3期）、陆俊菊和陈义才的《京族哈节：传承京族民俗 展现海洋文化》（《当代广西》2008年第17期）、周小苑的《京族哈节：延绵不绝的海洋文化》（《农村·农业·农民》2012年第10期）、吕瑞荣的《京族哈节生态孕育图式中的文化象征》（《大学教育》2015年第6期）等论文内容涉及京族哈节的历史演变、文化特色与功能的探讨。廖国一和白爱萍的《从哈节看北部湾京族的跨国交往》（《西南民族大学学报》2011年第5期）、钟珂的《京族鱼文化在哈节中的表征与传承》（《河池学院学报》2010年第4期）、黄译乐的《论京族哈节与民族文化传承的关系——基于对广西东兴市京族地区的调研》（《传承》2012年第4期）等透过哈节看京族民间交往、鱼文化的内涵及表征以及哈节对民族文化传承的作用。方潇的《京族"哈节"仪式中文化与传播的同构解读》（《大众文艺》2011年第19期）、王利娟的《论京族哈节的网络传播》

(《艺术探索》2012年第2期）讨论的是京族哈节的传播问题。覃泽宇、范良辰、温雪的《京族"哈节"的教育意蕴》（《基础教育》2008年第12期）分析了哈节仪式活动中的教育意义。何政荣的《时空·仪式·音声——中国京族"哈节"仪式音乐文化系列研究之一》（《中国音乐》2011年第3期）对"哈节"仪式时空、祭祀仪轨秩序及音声活动结构作了探讨。吕俊彪的《民间仪式与国家权力的征用——以海村哈节仪式为例》（《广西民族学院学报》2005年第5期）、《从"与民同庆"到"还俗于民"——以京族哈节为例》（《民族艺术》2013年第6期）和郝国强的《族源神话仪式与国家权力——以广西东兴市万尾村京族为例》（硕士学位论文，广西民族大学，2007年）等论文均涉及哈节仪式中所体现的国家权力问题，并对仪式中国家符号植入现象背后的深层原因和意义作深入探讨。黄安辉的《中国京族哈节研究》（博士学位论文，中央民族大学，2008年）、邓秋莹的《哈节中京族文化传统与现代的双重展演和互动》（硕士学位论文，中山大学，2010年）追溯了哈节的历史渊源，分析哈节的文化内涵、功能、意义及当代变迁，完整展现哈节中京族文化传统与现代的双重展演。

关于京族春节的研究论文有：任才茂的《东兴市万尾京族独特的春节习俗及其文化特征》（《钦州学院学报》2014年第12期）、卓玄耀的《京族的春节与民族文化的融合——以广西东兴市江平镇万尾村为例》（硕士学位论文，浙江大学，2012年）等论述了京族春节的习俗表征、文化内涵及其体现的民族文化融合特色。

（2）习惯法与社会组织研究

王小龙的《伦理与规范：京族习惯法对自然资源的保护——以〈封山育林保护资源禁规〉为考察中心》（《原生态民族文化学刊》2014年第4期）、《民族文化"国家化"的侧影：族规中国家意识的凸显——以广西京族〈𭹫尾哈亭亭规〉为例》（《原生态民族文化学刊》

绪 论

2013年第1期)、《民族宗教活动中形成的习惯法及其在和谐社会建设中的作用——以广西京族哈节习惯法为例》(《原生态民族文化学刊》2011年第3期)、倪根金的《京族历史上的护林公约》(《中国林业》1994年第1期)以及王小龙、田俊雄、吴京日的《论京族海域使用习惯法与现行海域使用权制度的冲突和调适》(《钦州学院学报》2011年第5期)等论文主要讨论京族习惯法的体现、特点、功用及其与现行海域使用权制度的冲突和调适。杨一江的《京族宗法制存在形态初探》[《广西师范大学学报》(哲学社会科学版)1995年第2期]、周艺和袁丽红的《传统社会组织与京族地区和谐社会建设》(《广西地方志》2007年第4期)、陈锋的《京族传统翁村制村民自治的现代考察》(《广西社会科学》2013年第9期)则对京族社会组织的作用及现代演变作探讨。

(3) 民间信仰研究

许晓明的《从宗教信仰体系看京族的边际文化特性》(《民族艺术》2008年第3期)、颜小华的《京族多元宗教文化田野考察》(《前沿》2011年第15期)揭示了京族民间信仰的多元性及其成因。过伟和韦坚平的《京族民间信仰与神谱初录》[《广西大学学报》(自然科学版)1992年第1期]对京族民间信仰与神谱作了详细梳理。梁宏章的《京族"降生童"的权力象征——以广西防城澫尾岛"哈节"为例》(《柳州师专学报》2012年第6期)讨论京族民间信仰中"降生童"的权力。任才茂的《京族的海神信仰与和谐社会的构建》(《广西民族师范学院学报》2012年第1期)探讨如何利用京族海神信仰构建和谐社会的问题。

(4) 饮食习俗研究

陈丽琴和徐少纯的《论京族饮食习俗及文化内涵》(《广西师范学院学报》2013年第2期)、《论京族饮食习俗的变迁》(《钦州学院学报》2015年第3期)以及徐少纯的《京族春节食俗研究——以广西防城港东兴市江平镇澫尾村为例》(《广西民族师范学院学报》2013 年第 5 期)、《京族饮食习俗研究》(硕士学位论文,广西民族大学,2014 年)等对京族饮食习俗的表现、内涵、变迁及传承保护问题作了逐一探讨。

(5) 生产习俗研究

刘小明的《中国京族高脚罾》(广西人民出版社 2015 年版)以画册的形式记录了京族渐渐消失的捕捞绝技"高脚罾"。钟珂的《民国以来京族海洋渔捞习俗变迁及其文化蕴涵研究——以广西东兴市澫尾村京族为个案》(硕士学位论文,广西师范大学,2010 年)讨论沥尾村京族渔捞习俗变迁及内蕴。叶文静的《生计方式变迁对京族妇女社会地位的影响研究——以广西东兴市×村为例》(硕士学位论文,广西大学,2013 年.)探讨的是生计方式变迁对京族妇女社会地位的影响。杜树海的《人口较少民族生产方式转型的模式研究——以环北部湾广西京族为例》(《黑龙江民族丛刊》2013 年第 2 期)以京族为研究个案,探讨生产方式转型的模式。

京族经济发展模式方面:李澜的《人口较少民族经济发展模式转型研究——以广西壮族自治区京族经济发展模式为例》(《学术论坛》2007 年第 5 期)、杨军的《京族经济发展模式变迁及启示》(《恩施职业技术学院学报》2008 年第 4 期)论述了京族从传统经济发展模式逐步转变为现代沿边开放经济发展模式的过程。周作为的《北部湾经济圈少数民族新渔村发展模式初探——以广西东兴市江平镇京族渔村万尾为例》(《东南亚纵横》2008 年第 2 期)围绕沥尾村的村落概况、半渔半农的传统经济生产方式、"捕捞并举"和新兴产业多元兴起后的发展、新渔村建设与发展并存等方面进行考察,在此基础上探讨沥尾新渔村发展模式。

此外,郭世平、马静、何春燕的《京族传统伦理思想及其当代价值》(《黑龙江民族丛刊》2014 年第 2 期)分析了京族传统伦理思想及其价值。黄安辉的《中国京族哈亭研究》(《广西民族研究》2011 年第

1 期）研究了京族哈亭名称的由来及其历史演变、外观及布局、管理组织及禁忌等。郑向春、田沐禾的《圣俗互渗：京族文化的行为文本制作》（《百色学院学报》2015 年第 3 期）对国家符号与京族人日常生活符号持续性转换而呈现出的京族文化圣俗互渗特点作探讨。翔海的《天天都在歌里过——京族民歌习俗》（《歌海》2002 年第 12 期）介绍了京族的歌唱习俗。白爱萍的《中越边境跨界京族的民间交往研究——以中国广西东兴市江平镇氵万尾村与越南广宁省芒街市茶古坊为例》（硕士学位论文，广西师范大学，2012 年）在田野调查的基础上，对中越京族民间交往历史、特点、现状与趋势作了详细的分析。卢敏飞的《京族丧礼审视》（《广西民族研究》1990 年第 3 期）论述了京族丧葬习俗的具体体现、特征与文化内涵。

4. 京族海洋文化研究

苏维芳、武沛雄、苏凯编的《京族海洋文化》（广西人民出版社 2015 年版）是一本论文集，分京族海上作业区域、捕鱼作业方式、海域水产资源、京族建筑四部分共 179 篇文章（条文），全面介绍了京族海洋文化的特点，是一本记录京族海洋文化基因的书籍。何芳东的《广西东兴市京族海洋文化研究》（硕士学位论文，广东技术师范学院，2013 年）探讨京族与海洋的关系、京族文化的海洋文化元素与内涵及其传承与保护等问题。

任才茂的《试论京族三岛的海洋民俗》（《钦州学院学报》2012 年第 1 期）、《京族海洋民俗探论》（《贺州学院学报》2012 年第 1 期）以及马居里和陈家柳的《京族——与海为伴》（《今日民族》2006 年第 3 期）、陈振霖的《京族：与海为伴　以渔为生》（《当代广西》2005 年第 9 期）、张永东的《京族海洋文化的多彩元素及丰富内涵》（《当代广西》2012 年第 5 期）等论文主要探讨京族海洋文化的特色与内涵。廖国一的《东兴京族海洋文化资源开发——环北部湾地区边境旅游研究系列论文之一》(《西南民族大学学报》2005 年第 1 期)、蓝武芳的《京族海洋文化遗产保护》(《广东海洋大学学报》2007 年第 2 期)关注的是京族海洋文化资源的开发与保护问题。

5. 京族传统文化与现代社会研究

在经济大潮的冲击下，京族传统文化在现代社会中的境遇如何？怎样有效传承、保护与发展京族传统文化？如何让京族传统文化历久弥新？众多论著对这些问题进行了有益的探讨。

（1）京族传统文化的传承现状及保护与开发研究

黄有第主编的《京族文化的传承与发展：防城港市京族文化研讨会论文集》（广西人民出版社 2008 年版）通过对京族民间文学、服饰、宗教、风俗等的探讨，从不同角度、不同层面对京族文化资源的传承与保护、利用与开发等方面提出了许多具有参考价值的策略性建议。袁少芬的《民族文化的保护开发与经济互动——来自京岛的报告》(《民族文化与全球化学术研讨会论文集》，2003 年)在大量的田野调查基础上，详细分析了京族文化与传统社会、经济发展与京族传统文化的互动、经济发展与京族传统文化的淡化流失、保护开发京族文化资源的试验等问题。蓝武芳的《海洋文化的重要非物质文化遗产——京族哈节的调查报告》(《民间文化论坛》2006 年第 3 期)、黄尚茂的《万尾京族传统文化发展现状调查报告》(《康定民族师范高等专科学校学报》2009 年第 6 期)、李务起的《京族经济社会的转型与非物质文化遗产的保护——以广西东兴市氿尾村为例》(《南宁师范高等专科学校学报》2006 年第 4 期)、员帅的《海的风韵——浅谈京族非物质文化遗产》(《美术教育研究》2012 年第 23 期)、钟珂的《浅议中国京族民俗文化的生态保护与传承》(《创新》2008 年第 6 期)等论文对京族非物质文化遗产进行了田野考察，并提出合理进行保护与开发问题。王小龙的《京族非物质文化遗产及其传承人调查——兼谈我国非遗传承制度的改革和完善》(《四川省干部函授学院学报》2012 年第 3 期)、谭岗凤的《京族非物质文化遗产保护若干法律问题研究——基于京族非物质文化遗产的调研》(硕士学位论文,中央民族大学,2011 年)则从法律角度对我国非遗传承制度的改革和完善进行探讨。

叶峰的《对京族音乐文化可持续发展的设想》(《民族音乐》2010 年第 4 期)、《新时期京族音乐文化的传承与发展》(《音乐时空》2015 年第 14 期)以及吴莹和郑直的《广西京族曲艺唱哈的保护性开发策略研究》[《新西部》(理论版)2014 年第 20 期]、黄志豪的《民间乐器多样性的保护与开发——谈京族独弦琴的"活态传承"》(《中国音乐》2009 年第 3 期)、黄羽的《非物质文化遗产视域下京族独弦琴的保护与传承》(《民族艺术研究》2013 年第 6 期)、吉莉的《京族独弦琴传播现状调查与研究》(《艺术探索》2010 年第 5 期)、刘娣的《广西东兴京族独弦琴艺人的文化传承研究——以非物质文化遗产传承人苏春发为例》(硕士学位论文,广西民族大学,2013 年)、党宇娜的《粤文化圈下的广西京族民歌之发展》(《大众文艺》2013 年第 24 期)、陆滢的《抢救保护京族口述历史档案的思考》(《兰台世界》2012 年第 11 期)、陈丽琴和徐少纯的《论京族饮食文化的传承与开发》(《贵州师范大学学报》2015 年第 2 期)、韦慧梅的《论京族民间舞蹈的传承与发展》(《歌海》2011 年第 6 期)等论文探讨了京族民间音乐、口述档案、饮食文化、民间舞蹈等传统文化的传承与发展。

谢云的《京族文化的传承与创新研究》(《广西社会主义学院学报》2015 年第 1 期)、马玉山的《京族特色元素在坭兴陶装饰设计初探》(《中国陶瓷》2015 年第 6 期)、杜英蓓的《京族艺术形态商业价值挖掘》(《经营管理者》2014 年第 35 期)均论及京族传统文化在现代社会中的创新问题。

王小龙和何思源的《京族文化传承的呼唤与京语教育的回应》(《教

育文化论坛》2011 年第 5 期）、龙滢的《民族文化传承中的京族教育特色研究——以潭尾村京族学校为个案》（博士学位论文，中央民族大学，2012 年）、陈鹏的《民族文化认同下的京族学校校本课程开发研究》（硕士学位论文，广西师范大学，2010 年）、栾靖的《中国京族文化的社会教育传承研究》（硕士学位论文，广西大学，2013 年）、唐上洁的《民族村寨学校传统文化课程资源开发利用研究——山心京族村的个案》（硕士学位论文，广西师范大学，2011 年）、刘玉芳的《京族文化与学校教育的田野考察》（硕士学位论文，广西师范大学，2010 年）、刘喜的《关于京族舞蹈在广西高校舞蹈教育中的传承思考》（《戏剧之家》2015 年第 17 期）等论文从教育学角度探讨京族传统文化的传承途径。

（2）文化旅游研究

张瑞梅和林代松的《广西东兴京族哈节旅游营销策略的思考》（《东南亚纵横》2010 年第 6 期）、文军和李星群的《中国京族聚集地旅游业可持续发展研究》（《广西民族研究》2007 年第 2 期）对京族旅游发展策略作了分析与思考。胡绿俊和胡希军的《京族文化生态旅游开发可持续发展研究》（《特区经济》2011 年第 6 期）以及黄炅的《京族文化与特色旅游经济融合发展》（《合作经济与科技》2011 年第 20 期）、朱斯芸的《民俗旅游影响下的少数民族节日庆典——以东兴市澫尾村京族哈节为例》（《传承》2013 年第 13 期）、陈红玲的《文化产业背景下的京族遗产保护和旅游发展研究》（《桂海论丛》2013 年第 3 期）、谢杨苏广的《中国京族特色文化旅游资源开发研究》（硕士学位论文，广西大学，2014 年）、莫明星的《旅游和文化语境下的广西京族民间文学》（硕士学位论文，广西民族大学，2014 年）等论文将京族传统文化置于现代旅游背景下，探讨其传承、利用、开发的新途径。

（3）文化品牌研究

吴滨的《海洋文化名市建设与京族文化的传承发展》（《广西广播

电视大学学报》2014年第1期)、防城港市社会主义学院课题组的《把京族哈节打造成防城港市文化统战重要平台分析研究》(《广西社会主义学院学报》2010年第3期)、李相的《京族文化品牌的价值与开发研究》(《经营管理者》2014年第13期)提出了如何打造京族文化品牌、建设海洋文化名市的问题,并对其可行性与途径作了分析。

6. 京族人口、教育、语言、体育、医药等研究

央吉的《中国京族毛南族人口研究》(中国人口出版社2003年版)从人口学角度,对京族人口起源、历史变迁、分布、身体素质、结构特点、婚姻状况、人口发展趋势及主要习俗、宗教信仰等做了历史性的回顾,并对京族人口的未来发展趋势作了预测。莫龙、王春林的《广西京族人口特点浅析》(《广西民族研究》1990年第3期)则对京族人口的特点进行了分析。

陈时见的《中国京族古代的教育活动论略》(《广西民族研究》1996年第1期)、《京族近现代教育的发展及其特点》(《广西民族研究》1995年第3期)、《京族近现代教育及其特点》(《民族教育研究》1996年第4期)及《京族当代教育的发展》[《广西师范大学学报》(哲学社会科学版)1995年第3期]等论文对京族古代教育、近现代教育和当代教育的发展历程及特征进行了详细梳理和描述。

韦家朝和韦盛年的《京族语言使用与教育情况调查报告》(《中央民族大学学报》2003年第3期)、王绍辉的《略论广西京族语与汉语及越南语的交流现状》(《东南亚纵横》2005年第12期)、陈石磊的《从语言经济学的视角看广西京族地区的"越南语热"现象》(《广西民族研究》2012年第1期)、刘兴均的《〈京族字喃史歌集〉中的音义型字喃》(《广西师范大学学报》2014年第6期)从语言学角度对京语的特点、使用现状及未来发展作了详细探讨。

彭业仁和陈惠娜的《京族体育研究》(《体育文化导刊》2009年第

8 期)，陈惠娜、彭业仁、靳卫平的《京族传统节日中体育的社会价值探寻》(《体育科技》2012 年第 3 期)，陈贵春和黄剑的《京族海洋民俗体育文化探究》(《产业与科技论坛》2012 年第 1 期)，彭业仁、陈惠娜、李中燊的《文化生态视角下京族传统体育的变迁研究》(《桂林航天工业高等专科学校学报》2012 年第 2 期)，李艳梅的《京族哈节中的体育文化开展现状分析》(《当代体育科技》2014 年第 12 期)等论文对京族体育的历史变迁、特征、价值及传承现状作了论析。

黄永光、徐奎主编的《京族医药》(广西科学技术出版社 2014 年版)一书，主要从京族医药起源与发展、京族医药体系、京医药物学、京族临床经验、京族饮食调理、京族文化与医药、京族医药与长寿文化、京族医疗和学术团体、京族医药人物简介等方面对京族医药文化进行探讨，是一部较为完整的介绍京族医药的专业书籍。张帅等的《京族医药初探》(《中国民族民间医药》2016 年第 2 期)探讨了京族医药的形成与发掘、京族医药的特点以及京族医药研究的前景。吴小红的《京族饮食文化与京族医药》(《广西地方志》2015 年第 4 期)对京族饮食特点、京族饮食与京族医药的关系、京族养生保健食品的开发利用等方面进行调查与研究。

纵观我国京族文化研究成果，笔者认为这一时期的成果呈现出以下几个特点：

第一，拓展了研究的广度和深度。

在研究的广度上，京族文化研究成果几乎涉及了京族人生活的方方面面。如京族社会历史、语言、环境、人口、饮食、服饰、建筑、文学、民间音乐、舞蹈、生产习俗、人生礼仪、民间信仰、民间交往、族群认同、经济贸易、教育、体育、节日庆典、发展模式、政治生活、婚姻家庭、旅游文化、海洋习俗、伦理道德、社会组织、习惯法、民族文化创新、非物质文化遗产的传承与保护等，许多领域是过去的 20 世纪

绪 论

所未受到关注的,特别是最近几年来,研究者拓宽视野,全面开展了对京族文化的研究与反思,京族研究涉及的领域不断得到拓展,研究成果也越来越多,显示了我国京族文化研究的重大进展。京族文化的调查大大加强,专题研究日益深入,从此我国京族文化研究进入了一个新阶段。

在研究的深度上更是有了进一步跨越。20世纪90年代以前,对京族文化进行研究主要体现在民族识别调查和社会历史调查,并对所获得的资料进行整理出版,其价值主要体现在资料的搜集整理上。这是研究的基础。从90年代开始,学界对京族社会开始了更多的关注,除了对京族地区文化进行田野调查、搜集资料外,亦开始对其进行理性研究,从而结束了京族文化单纯材料积累的阶段。进入21世纪以后,越来越多的学者将目光投向在"中国—东盟自由贸易区"建设中居于特殊位置的京族地区,关注京族社会历史文化发展,跨出前人的樊篱,运用多学科理论与方法从不同角度对我国京族文化事象作了较为系统的梳理与钩沉,并在理论研究方面作了有益和有效的探索,取得了重大突破。

第二,京族本土学者研究本土文化。

20世纪80年代以前,研究京族文化的研究者多是其他民族学者,个别京族文化人只是写一些短小的介绍性文章,影响力不大。进入80年代以后,京族本土的一些文化人、精英人士纷纷加入本民族文化资料的搜集与研究中,在20世纪八九十年代,出版了几本著作,如苏维光与他人合作的《京族民间故事选》(作者姓名误印为苏润光,中国民间文艺出版社1984年版)、《京族文学史》(广西教育出版社1993年版)、《京族风俗志》(中央民族学院出版社1993年版)等,其他人的文章不多,散见于报纸杂志。2000年以后,京族本土学者的论著逐渐多了起来,主要有吴家齐的《京族白话情歌对唱》(陕西旅游出版社2000年版),苏维芳与他人合著的《广西国家级非物质文化遗产系列丛书·京族哈节》(北京科学技术出版社2012年版),苏维芳和苏凯的《魅力京

— 41 —

岛》（广西人民出版社 2015 年版），苏维芳、武沛雄、苏凯编的《京族海洋文化》（广西人民出版社 2015 年版）及京族字喃文化传承研究中心编的《京族社会历史铭刻文书文献汇编》（广西人民出版社 2015 年版）等著作和许多发表在报纸杂志上介绍京族文化的文章，无论是数量上还是质量上都有了很大飞跃。

第三，同源民族跨境比较研究。

作为既濒海沿边又跨越中越国境的少数民族，我国京族在其历史发展过程中，与越南文化保持着千丝万缕的联系，也与相邻的族群发生了文化上的交流与融合。对于我国京族与其祖居地越南京族深厚的文化关系，国内学界逐渐加以关注，对中越京族的社会历史、民间交往、岁时节令、民间信仰、民间文学、音乐舞蹈、服饰等作比较研究，使学术研究的触角从国内延伸到了国外，开阔了视野，使读者更多了解越南民族的文化，并从越南文化视角反观我国京族文化，有助于进一步加深对京族问题的研究。

回顾我国京族文化研究，发现尚有许多不尽如人意的地方，主要表现为：

第一，研究京族文化具体事象者多，将具体事象归纳、总结、提升到理论高度的研究成果少。许多论著只满足于罗列京族文化事象，并作泛泛分析，停留于表层现象，未能深入探讨京族文化的深层内涵、发展规律，研究深度不够，未能从众多具体的文化现象描述中，归纳、提炼出带有普遍规律性的理论，即缺乏理论高度。拥有充实的田野调查材料作支撑，又注意理论提升的论著并不多，研究的多元维度与纵向深度不够，运用新理论从多角度透视京族文化的论著少。整体来看，京族文化研究成果数量多，但质量有待提高，理论有待提升。

第二，传统书斋式的研究尚属多数，田野调查不够扎实。目前，许多论著采取直接引用前人的调查研究资料，甚至有些作者在写作过程

绪 论

中，按照自己的需求随意增删前人的调查资料，导致一些文章或著作中描述京族文化的内容与实际情况不相符。出现诸如此类问题的原因，一方面可能是部分作者没有到京族地区进行过实地的田野调查；另一方面是由于调查者与当地京族民众存在语言交流上的障碍，从而影响到调查者记录的真实性。缺乏翔实鲜活的田野调查材料支撑的论著，其阐述问题的时间和地域概念就容易变得模糊，从而使读者对京族文化产生认识上的误解。

第三，研究领域有待拓宽，现实热点问题的研究尚待加强。从目前的成果来看，有偏重于某些文化事象的倾向，对于一些问题忽视或关注不够。例如，被列入国家级非物质文化遗产名录的京族哈节备受大家关注，相关的成果比较多，而京族春节等其他传统节日却被忽略了。就京族文化的跨国性研究而言，学术界关注得并不多，对民间交往的研究也较少；对传统文化的生存状况、民族文化与社会转型的互动、族群交往、跨国婚姻、环境保护、民俗应用等现实问题的研究力度不够，特别是近些年当地政府介入文化传承保护之后出现的新情况没能及时地讨论，对京族这一独特的沿海沿边民族文化传统与现代交互融合关注不多；许多论著都在探讨京族民间文化的传承保护问题，但对民间文化的传承主体不关注，抛开文化主体来谈文化，难免空泛不着边际。尤为重要的是，对京族文化的传承主体缺乏认识了解，如何去保护和弘扬京族传统文化势必是无的放矢。

此外，研究方法在传统基础上有新突破，但方法多样化与立体性方面尚待加强。相对于其他少数民族文化的研究队伍，京族文化研究者并不多。

今后京族文化研究的趋势与方向主要有以下几点：

第一，加大田野作业力度，直面现实，走出传统研究的困境。

田野调查是民族文化研究的基础和前提，但与研究成果相比，我们的田野作业明显偏少，而且在相当多的情况下，研究与搜集之间出现脱节：我们的学者所做的仍是中国传统书斋式的研究，部分文化搜集家只热衷于文化志的搜集，对研究缺乏起码的关照。这也是我国京族文化研究中搜集不甚科学，研究不够深入的根本症结之所在。强化学者田野作业的力度，使"搜集人员学者化，研究人员田野化"，是未来京族文化研究走出危机、迈向成熟的一个重要标志。

第二，立体研究，加强多学科视野关照。

未来京族文化研究在领域和方法上将呈现出更鲜明的特性，即进一步扩大研究领域，拓展研究范围，调整研究方法，提倡立体研究和跨学科研究，借鉴其他学科的研究方法展开交叉研究，研究成果也呈立体化趋势。京族文化涉及面广，与许多学科相伴而行。因此，京族文化研究将表现出明显的综合研究、比较研究、跨学科研究的走向，它将更多地借鉴教育人类学、文化人类学、民族学、民俗学、文艺学、社会学、历史学、语言学、符号学、生态学、美学、心理学、教育学、传播学等相关学科的研究方法和资料成果，多学科、多角度、多方位、多层次地进行研究。只有综合运用多学科研究方法进行交叉研究，并将京族文化置于中华文化的大背景下，才能全方位地概括和总结京族地区不同时代的文化事象及其历史渊源、发展流变、本质与规律。

第三，加强京族字喃、跨国性比较等特色研究，与国际展开学术对话。

字喃又称喃字，是一种根据汉字的形体特征，借用汉字或汉字的构件，以假借和自造等方法创造出来的特殊文字。字喃最初形成于越南，我国京族从越南迁到京族三岛时，字喃也一并被带进来继续使用，汉字在京族地区流行以后，字喃才逐渐被汉字取代。可以说，字喃是我国京族传统文化的重要标志之一。搜集、整理、研究字喃无疑有助于我们对中越两国京族社会历史文化的了解。然而如今的京族人已很少人认识字喃，字喃正陷入传承危机。十多年来，京族的精英人士、文化人士积极

绪 论

参与对字喃的抢救与保护，举办字喃培训班，成立京族字喃文化传承研究中心，让字喃进入学校课堂，等等。一些学者也开始将目光投向字喃研究，有了一些成果，其中的代表性成果是陈增瑜主编的《京族字喃史歌集》，这本书具有珍贵的资料参考价值，可惜只限于字喃的搜集、整理、翻译，并未对字喃作深入探讨。如何研究这些字喃文献资料，解读深藏其中之意蕴，应该成为今后京族文化研究的学术重点。

中国和越南山水相连，两国文化交流频繁。我国京族作为跨境民族，其与越南文化的交流尤为密切。我国京族自明代从越南迁移到京族三岛，在历史发展过程中，原来的一些传统习俗逐渐消失或者发生变迁，从而增加了我们认识理解现今仍然流行于京族三岛的民俗现象的难度，通过对越南京族历史文化的调查，有助于我们对我国京族社会历史、文化传统的认识。"中国—东盟自由贸易区"建设已正式启动，广西沿海地区成为面向越南等东盟国家的重要桥头堡，加强中越两国京族的比较研究，有利于加强中越等国际的文化合作和学术平等对话，促进中越两国双边关系的发展。然而与国内其他地方开展的本省区跨国民族的国际研究相比，京族的跨国同源民族比较研究显然不足，研究成果比较少，关注者不多。这个领域将会是未来京族研究的学术亮点与热点。

以上我们对京族文化的研究现状、成果特点与不足及今后的研究趋势作了详细分析，发现京族文化的研究还有较大的拓展空间。本书在上述研究成果基础上进行更深层次研究，对京族民间文化及其传承状况进行充分细致调查，在此基础上运用教育人类学、文化人类学、民族学、民俗学、文艺学、社会学、历史学等理论方法，探讨在经济大潮冲击下，尤其在"中国—东盟自由贸易区"建设全面启动的背景下，京族民间文化的传承与变迁以及教育在传承民间文化中的作用与实践。本书关注现实热点问题，既有丰富翔实的田野调查资料支撑，又有理论上的提升，比以往相关研究更具深度。

三 研究方法、理论与创新之处

（一）研究方法与理论

（1）田野调查。运用文化人类学的实地调查方法，在我国京族的聚居地广西东兴市江平镇沥尾、山心、巫头、恒望、潭吉、红坎、三德、竹山等地展开大量的田野调查。在进行田野调查时，结合多种田野调查方法，如个人访问调查法、集体座谈调查法、亲临现场调查法、历史溯源调查法、问卷调查法、定点跟踪调查法等，对每个村落的京族民间文化作全面调查。把考察重点放在京族民间文化的特点、生存空间、传承机制与传承境况、保护现状、京族民间艺人的生存状况及其对京族民间文化的保护与发展的作用、中越京族民间文化相互交流与影响等。为了掌握第一手材料，力求使本书的研究客观、真实，笔者先后十多次深入东兴京族地区进行相关民间文化田野调查，拍摄了 1 万多张反映京族民间文学、传统工艺、歌舞、建筑、生产生活习俗等的照片，录制有若干采访京族当地民众的录音、录像光盘，自制和购买京族民间工艺、民间歌舞等光碟 10 多张，搜集有多部歌本，同时与一些民间艺人保持密切的联系。为了更好地进行调查，笔者每次做调查都与当地京族人同吃同住，深入了解京族人的生存环境、生活方式、文化习俗、族源历史及文学艺术，为完成书稿打下坚实的基础。

（2）跨学科的研究理论与方法。民间文化是一种活态文化，涉及许多领域，需要采用多种理论与方法。本书不囿于一定的学科，而把多种学科的理论与方法结合在一起，进行有益的综合研究。在充分、细致的田野调查的基础上，以教育人类学为主体理论，同时结合民俗学、文化人类学、民族学、社会学等多学科理论与方法对京族民间文化进行多层面、多维度的综合研究，深入探讨当今少数民族非物质文化遗产研究中日愈引起关注的传承与保护问题。

绪 论

(二) 理论谱系梳理

既然将教育人类学理论作为本书研究的主体理论,那么,我们有必要对这一理论作简要的梳理和溯源。本书立足于"学科体系",对教育人类学的发展脉络进行如下钩沉和梳理。

古希腊时期,人们已经开始运用人类学的视角和方法研究教育问题,亚里士多德在《伦理学》一书中,通过对人类学的初始命名,植下了教育人类学思想的种子。著名哲学家康德在柯尼斯堡大学同时开设人类学和教育学课程,并率先开始尝试将人类学与教育学融为一体。继康德之后,许多哲学家也以各自的方式研究人及其与教育的关系,影响较大者如德国哲学家狄尔泰(Wilhelm Dilthey)。他于1875年提出"人的研究"理论,将人的问题置于生命哲学的视野之内考察,进而与教育和教育学对接和融合,获得许多对后世影响重大的研究成果。以人的研究为核心,哲学人类学逐渐形成。

最早提出教育人类学概念的是俄罗斯教育家乌申斯基,他在1867年出版了巨著《人是教育的对象》,副标题就是"教育人类学"。书中强调人在教育中、教育学中的位置,主张建立一门以人为中心的教育学,这成为教育人类学的早期雏形。

19世纪中叶后,人类学与教育学的联姻速度加快。美国教育家休伊特(E. L. Hewett)于1904年和1905年先后在《英国人类学家》杂志上发表了《人类学与教育》《教育的种族因素》等论文,文中指出,要使教育成为科学,就要用科学方法研究教育,那就必须借助人类学知识,而要对人类学作出更精确的界定,就必须"通过各种专家并在对人类学的研究论著中表述出与教育更紧密的联系,而这又必经由各级各类师范院校才能做到"[①]。他宣称自己的文章向人们指出了一条人类学与

---

① 转引自冯增俊主编《教育人类学教程》,人民出版社2005年版,第40页。

教育学联姻的途径。

这一时期，随着文化人类学的兴起，带动了人类学家更加深入地研究教育问题。这种"深入"体现在以下两方面：一是将教育问题作为人类学研究对象。从20世纪20年代起，以马林诺夫斯基（Bronislaw Malinowski）和布朗（Radcliffe Brown）等为代表的第一代最负盛名的人类学者，通过对某些岛屿的实地调查和分析所获得的有关人类行为和制度的科学知识，可以应用在教育政策的制定和教育行政的规划上。正是从这时起，教育开始成为人类学理论的应用领域之一。1928年，米德（Margaret Mead）在《萨摩亚的成年》中主要探讨人在青少年时期的情绪狂飙是否具有普遍的共同性。她认为，对美国文化与太平洋岛屿部落文化进行比较，可以对本身文化的教育方式增加省思和理解的深度。当然，理解这种教育方式的目的依然要落脚到其所从属的文化，理解教育是理解文化的途径和手段之一。美国人类学家本尼迪克特（R. Benedict）从事美国印第安社会的研究，她写于1934年的《文化模式》对民族文化人格的形成有深入的剖析。杜波伊斯（Cora Du Bois）到印尼附近的阿罗岛调查研究，写成《阿罗岛人》，研究重点是儿童养育方式与人格的关系。她发现，社会成员与社会理想化人格结构一致的程度可以用统计学上的众数（mode）来表示。从这一时期开始，教育经验成为人类学经验的一部分，二者初步形成相互参照之势。

这一时期，博厄斯的文化相对论得到普遍认同。其核心观点是：文化没有优劣之分，每种文化都有其存在的价值，各种族或民族的体质构造特征基本相同；各民族文化发展的水平不是由生物原因，而是由社会原因和历史条件造成的。基于这一观点，同时代的许多人类学家倾向于批判遗传决定论，强调环境与教育的作用，特别强调要重视儿童的文化背景。本尼迪克特及其弟子米德在文化与人格的研究中作出了突出贡献。美国文化人类学中相对论的代表人物赫斯科维茨（Melville J. Herskovits）

绪　论

关于文化的涵化和儒化研究对教育人类学的形成也作出了积极的贡献。此外，雷德菲尔德（R. Redfield）的教育整合功能论、克拉克洪（Clyde Kluckhohn）的教育价值论、布拉梅尔德（Theodore Brameld）的教育与文化关系论，都试图用人类学的理论分析解决教育中的问题，为文化教育人类学的形成起到了积极的推动作用。亨利（J. Henry）的一系列研究有助于了解教育是通过什么途径塑造全国统一化模式的。[1]

在文化人类学对教育人类学发展推波助澜、大行其道时，哲学人类学也没有停止其影响和渗透的步伐。狄尔泰的弟子诺尔（Herman Nohl）于1932年提出了以人为主的教育学，并于1938年出版《性格与命运》一书，被欧洲学术界认为开了基于哲学取向和学科取向的教育人类学研究之先河。1941，德国明斯特大学教授杜普·霍华德（Heinrch Dopp Vorwald）出版《教育科学与教育哲学》一书，提出了教育哲学即哲学人类学的概念。他从教育的本质、所能性、根本去分析教育哲学即哲学人类学的理论，认为教育所探讨的几个重要问题中，"我能知道什么"属于形而上学问题，"我必须做什么"属于道德问题，"我希望做什么"属于宗教问题，"人是什么"属于人类学问题。因此，对人本质的改变尤其是精神的改变，教育的力量在于发生"精神的作用"，教育的功能在于促使教育的引导，即"精神的引导"。这为教育人类学研究确定了方针。1941年，德国蒂宾根大学教授博尔诺夫（Otto Friedrich Bollnow）出版《情绪的本质》一书，对人的情绪作了深入研究，开拓了教育人类学研究新的方向。

20世纪50年代中期至60年代末是教育人类学学科体系初步形成及发展时期。1954年，美国人类学会与斯坦福大学社会人类学系及教育学院合办"斯坦福大学教育与文化学术研讨会"，这是一次被公认为具

---

[1] 李政涛：《教育人类学引论》，上海教育出版社2009年版，第24页。

有里程碑意义的会议，这一年也因此而成为教育人类学学科体系形成的关键一年。在这一阶段，教育人类学形成了相对稳定的基本问题，如少数群体文化与教育的关系、不同文化间的学习了解与教育、教育和人类学在哲学及理论上的结合点等。同时，人类学开始进入学校课程体系，美国和加拿大的教育工作者对文化和民族多样性问题越来越敏感，对多元文化教育和全球化教育给予更多关注。

20世纪60年代后期，许多重要教材相继问世，推动了教育人类学的课程实施和已有成果的集聚化、系统化。据统计，该时期出版的重要教材不仅愈加丰富，而且呈现系列化的趋势，具代表性的有以下几种：斯宾德勒（G. D. Spindler）等人编辑的丛书《教育与文化个案研究系列》（Case Studies in Education and Cuture）；基姆巴（Soln Kimball）编辑的丛书《人类学与教育系列》（Anthropology and Education Series）；斯宾德勒编的《教育与文化》（Education and Cuture, 1963）；乔治·利奈勒（George Kneller）编的《教育人类学》（Education Anthropology, 1965）。在编撰这些教材的过程中，教育学的理论建构和方法实践得到不同程度的检验、重视以及系统化提升。同时教育人类学的专业性学术期刊得以建立。例如《教育杂志》登载了许多有关教育人类学的论文。其他与教育相关的一些学术期刊，如《教育通观》也登载了不少教育人类学的论文，一些大学和学术团体召开各种讲座与研讨会，研讨教育人类学的有关理论与实践。埃森大学还成立了教育人类学系，系统培养该领域的人才。

由于教育人类学学术研究空前活跃，哲学教育人类学和文化教育人类学双峰并峙，各自内部也逐渐形成不同的学术流派。如，哲学教育人类学内部，以鲍尔诺夫（L. Bollnaw）及其弟子为代表的存在分析派对诸如"教育人类学"和"人类教育学"概念与学科定位的辩论，对学科建设起到了积极的促进作用。1963年，弗利特纳（Wihelm Flitner）

绪 论

邀请生物、医学、神学、心理学、社会学和一些对教育颇有研究的学者，从不同学科的角度对教育人类学领域的问题进行研讨并开设讲座，之后又编成论文集，推动了教育人类学走向成熟。文化教育人类学内部也形成了文化与人格、功能主义、传播论、结构主义等多种流派。不同流派的形成和发展，共同推动了教育人类学学科体系的发展，其内部形成了子学科群共同发展的繁荣局面。

从20世纪70年代至今是教育人类学学科体系成熟时期。1970年，人类学与教育学的相互渗透与合作研究进入了一个崭新阶段。人类学对教育的研究以及教育人类学学科体系的逐渐成形，促成了"人类学与教育学学会"的成立。该学会出版一份简讯，1978年升级为杂志，名为《人类学与教育季刊》，后来成为国际教育人类学界的专业核心期刊。同时，该学会开展了数个研究及项目，并成立了负责这些项目的四个专业委员会：学校与社区、少数民族问题、人类学教育、教师的人类学及人类学课程建设。这些专业委员会不但实现了教育人类学服务的功能，也促进了教育人类学的研究。

这一时期出现了多种研究类型。单就欧洲德奥哲学教育人类学的形成与发展而言，哲学教育人类学偏重从历史学、哲学、经验和专门的角度研究教育人类学，分别构成不同的研究类型。从史学角度出发研究教育人类学的主要以汉堡大学教授萧艾尔（Hans Scheuerl）、波昂大学教授拉尚（Ruolf Lassohn）和奥格斯堡大学教授梅尹兹（Frita Mytz）为代表，以研究历史上著名教育思想家如奥古斯丁、夸美纽斯、卢梭、裴斯泰洛齐、康德、赫德、尼采、席勒、波特曼等人的教育人类学思想和理论为主旨。从哲学角度出发研究教育人类学主要以蒂宾根大学教授博尔诺夫、弗来堡大学教授哈默（Gerhard Hammer）、荷兰阿姆斯特丹大学教授朗格威尔（Gottan Langwel）等为代表。从经验角度出发研究教育人类学主要以陆特（Heinrrich Roth）、丹尼尔特（Karl Dienelt）、波克

（Hans Berk）和基尔大学教授罗赫（Werner Loch）为代表。从专门（对教育人类学家进行研究）角度进行研究的有贝克（H. Herbere Becker）的《人类学与教育学》和加波（Dithy Gallby）的《教育人类学导论》，后者探讨了弗里特纳（Wihelm Flitner）、罗赫纳（Ruddf Lochner）、诺尔等9位教育人类学者的思想；巴德明综合大学教授克尼特（Eckard Konig）和莱森塔勒（Hctst Ramsenthaler）的《教育人类学探究》探讨了博尔诺夫等13位教育人类学家的理论。慕尼黑大学教授哈曼（Bruno Hamann）的《教育人类学理论、模式、结构导论》探讨了陆特等18位教育人类学家的思想，成为慕尼黑大学的教材。

综上所述，教育人类学萌芽于19世纪末20世纪初，初步形成于20世纪三四十年代，发展于五六十年代，成熟于70年代。20世纪50年代教育人类学领域的第一本教科书——《教育与人类学》的出版、1970年"人类学与教育学协会"的成立以及1978年其会刊《人类学与教育季刊》的出版，标志着教育人类学的正式形成。21世纪以来，西方教育人类学方兴未艾，对我国教育人类学的形成与研究产生了重大影响。

我国的教育人类学研究起步较晚，肇始于20世纪80年代初的少数民族教育研究，研究的重点是异文化和跨文化教育。20世纪80年代中后期，大陆才开始引介西方教育人类学的理论，传播教育人类学的基本思想和重要理念。20世纪90年代以后，中国教育人类学获得了初步发展，不少学者开始尝试结合西方教育人类学的理论研究中国教育的发展问题或试图建构中国教育人类学的理论体系，进行了有益尝试。近年来，中国教育人类学的研究对象和范围已经由关注少数民族教育扩大到汉族的正规教育和非正规教育，许多学者开始从人类学的视角重新审视中国教育问题，取得了许多重要成果。教育人类学的田野工作得到了积极开展，出现了一批具有中国本土意义的教育人类学民族志作品。与此同时，教育人类学的教学科研机构和人才培养模式逐渐完善，学术队伍

绪 论

日益壮大。目前，我国教育人类学的学科建设已走完学科萌芽阶段，由非学术化阶段开始步入学术化阶段。

半个多世纪以来，教育人类学理论蓬勃发展，并逐渐渗入民间文化领域，对民间文化传承的理论与实践研究产生了深远的影响。因此，了解教育人类学的形成、发展的历史，有助于我们深入研究民间文化传承与教育的关系，进一步了解民间文化的传承与发展规律。

那么，教育人类学理论与京族民间文化传承关系如何呢？我们首先来理解民族文化传承与教育的关系。文化传承"是指文化在民族共同体内的社会成员中作接力棒似的纵向交接的过程"。[①] 在少数民族地区中，教育和民族文化传承是密不可分、相互关联的。它们都是一种社会活动，共处于社会、文化的大系统中，既相互制约，又相互促进；既相互矛盾，又协同发展，促进了社会的繁荣和文化的发展。民族文化传承对教育的影响体现在促进与制约方面。民族文化传承对教育具有以下促进作用：增加知识和技能，影响智力和非智力因素，培养民族意识和民族精神。同时民族文化传承的质量制约着教育内容的质量，民族文化传承的途径制约着民族文化教育的途径。而教育能促进民族文化的心理传承、民族文化的保存和积淀以及民族文化的选择；教育对民族文化传承也具有制约作用：教育内容的选择制约着民族文化传承的质量，教育方法的运用制约着民族文化传承的水平。总之，民族文化传承和教育交互作用，教育在一定程度上是民族文化传承的产物，又是民族文化传承的一个动因。民族文化传承是教育的目标之一，又服务于教育的目标。"民族文化的传承，是通过教育得以实现的。一旦离开了教育，文化的传承是无法进行的"[②]。因此，在进行民族文化变迁考察时，通过对该

[①] 赵世林：《云南少数民族文化传承论纲》，云南民族出版社2002年版，第17页。
[②] 滕星、王军：《20世纪中国少数民族和教育理论、政策与实践》，民族出版社2001年版，第380页。

教育人类学视野下的京族民间文化传承研究

民族的教育考察,既可了解该民族文化变迁的整体风貌,同时又可以通过教育这一手段对其民族文化的传承产生影响。

教育人类学是一门应用型边缘学科,其研究视野除了涵盖学校系统与各族群、各社会阶层之间的关系外,也包括广义上教育(即文化传承)的发展、中断和变迁。人类学家反对将学校视为教育的唯一输出机构,提倡关注"包括家庭、社区的非正规教育,它涉及文化传承的所有领域"[①]。教育人类学还认为,教育是传承民族文化的重要途径,文化的民族性在于它的传承属性,民族文化的传承性是指每个民族的传统文化都具备着某种传递和延续生命和文化的手段,都有一套自己的传承机制,每一代人都会在继承前人文化知识的基础上,增加新的知识内容。教育在文化传承中的角色就在于形成人们的积极态度,教育是文化传承最有效的手段,文化的再生产、民族的生存和发展都离不开教育。京族有着丰富的民间文化资源,当地居民对它们的识别习得、代际传承和保护开发不仅是文化遗产保种留根的要求,更是民族教育立体化构建的题中之意。

教育人类学给民间文化传承研究提供了新的角度。冯增俊指出,教育人类学的研究方法主要有三大特点:(1)跨文化比较研究;(2)实地考察(或称田野工作);(3)释义学方法。[②] 由此可知,从教育人类学的角度研究京族民间文化传承是可行的和必需的。站在教育人类学的角度对京族文化及其传承加以重新审视,犹如打开了一扇宝库的大门。它不仅使我们对京族传统文化的珍贵价值有一个新的认识,而且对教育学的丰富和完善同样也是重要的。本书运用教育人类学的观察视角,对京族民间文化这个个案进行研究,以他者的角度与教育人类学的目光通

[①] 滕星:《回顾与展望:中国教育人类学发展历程——兼谈与教育社会学的比较》,《中南民族大学学报》2006 年第 5 期。

[②] 冯增俊:《教育人类学》,江苏教育出版社 1998 年版,第 32 页。

绪 论

过研究京族民间文化对人的智力和非智力因素的独特影响，充分挖掘其教育价值，并通过对其在家庭教育、社会教育、学校教育中的状况、内容、形式、困境等各个角度进行系统调查与分析，构建京族民间文化教育传承新体系。京族民间文化为教育人类学研究提供了富于特色和价值的个案，对其传承进行研究可丰富和发展教育人类学的理论与实践，教育人类学理论则为京族民间文化有效传承提供了理论资源与方法论支持，从而让京族民间文化的传承走向良性循环。

（三）创新之处

1. 少数民族文化的教育传承是一个被长期忽视的民族民间文化资源进入主流教育的过程，本书提出并拟着力解决从多种教育渠道对京族民间文化进行长效保护的重要问题，为沿海、沿边地区及跨国民族的民间文化保护与开发提供可资借鉴的范例。

2. 丰富和发展教育人类学的理论与实践。教育人类学是由教育学与人类学交叉兼容而成的新兴边缘学科，研究教育与文化的关系。绚丽多彩的京族民间文化为教育人类学研究提供了富于特色和价值的个案，对京族民间文化教育传承进行调研，将教育人类学的理论与实践的空间拓展到民族民间文化教育传承研究领域，使它获得新的理论资源与活力。

3. 本书选题富于民族特色与地域特色，研究成果既有丰富翔实的田野调查资料支撑，又有理论上的提升，比以往的相关研究更具深度。

四 研究中有关问题的说明

（一）本书所表述的"京族"是指居住在我国境内的京族，不包括越南京族。京族同胞散居于全国各地，京族聚居区和主要散居区的京族民间文化更能体现本民族的特色，由于时间和精力有限，本书只将京族同胞的聚居区和主要散居区——广西东兴市江平镇沥尾、巫头、山心、潭吉、红坎、恒望、寨头、互村、米漏、三德、竹山等地作为考察范围。

（二）本书运用的资料有笔者的实地调查记录、地方档案、地方文人手稿、地方志、民俗资料集、手抄本、家谱、族谱、当地人的口述资料及前人研究成果等。

（三）文中出现沥尾、万尾、澫尾三种称呼，均指同一个村落，据当地人的解释，"沥"字是最准确的称呼。[①] 为尊重他人的学术成果，凡他人论著中用"沥尾""万尾""澫尾"等不同指称均保持原样，本书中表述此村落名称时统一用"沥尾"。

---

① 沥尾村苏维芳的解释。苏维芳，男，京族，1941年生，京族字喃专家，长期从事京族民歌的搜集工作。访谈时间：2009年3月27日，访谈地点：苏维芳家中。

第一章　京族的族源历史与生态环境

历史上，京族从越南迁至中国，经历了迁徙、定居、发展的过程，如今主要居住在广西东兴市江平镇的巫头、山心、氵万尾三个海岛，独特的地理环境造就了京族以渔业捕捞为主的生计方式，形成了与其生存环境和生产方式相适应的文化模式和文化特质。

文化是人类适应环境的结果，文化的发展是与环境互动的过程。一个民族文化的生成与发展离不开特定的环境，而这一特定环境既包括自然环境，也包括人文环境。自然生态环境既孕育了丰富多样的文化，又在历史的发展中使该文化渐趋定型，给它打上自然的烙印。自然环境如气候、植被、温度、水文、山川等对文化的生成起着重要作用，在文化的传承与发展过程中的作用也不可忽视。人文环境则是"除自然生态环境之外的一切因素的总和"①，它包括社会、政治、经济、历史、民俗文化等要素，各个要素互相交叉渗透、互相影响。京族民间文化的形成和发展，与当地的自然环境和人文环境密不可分，丰富的自然资源和多样的人文环境为京族民间文化的生成与发展提供了基本条件。

---

① 魏美仙：《文化生态：民族文化传承研究的一个视角》，《学术探索》2002年第4期。

第一节　京族的族源历史

京族人又被称为"京人""越人"。早在秦汉时期，京族人的祖先就主要居住在交趾一带，因此又被称为"交趾人"或"交人"。后因唐代于该地设置安南都护府，故又被称为"安南人"或"唐人"。近现代以降，京族人自称"越"或"京"，他称"越人（族）"或"京人（族）"。京族人主要分布在中国、越南、老挝、柬埔寨、泰国等国，1975年以后也有一些京族人移居欧美国家。①

关于京族人的起源问题，目前国内外史学界主要持两种不同观点。一种观点认为骆越（雒越）人是作为越南主体民族的京族人的祖先，另一种观点认为京族起源于旧石器时代末期和新石器时代初期的美拉尼西亚和印度尼西亚以及蒙古利亚人混血种。②我国大多学者认为，现今中越两国京族人的祖先是远古时期分布在我国东南部的雒越人。③越南学者陶维英、明峥等人也认为，雒越人是古代越南北部越族的一个分支④，而"属于越族的京人是从中国南部移居过来的"⑤。据学者范宏贵考证，大约在公元前1世纪到公元2世纪，骆越人开始在红河三角洲定居，主要从事农业生产。后来骆越分化成两个支系，平原地区的骆越人形成如今的越族（京族），而在山区的骆越人则成为芒族。⑥持有京族人是"从南太平洋诸岛渡海而至"观点的主要是法国学者和少数越南

---

① 范宏贵：《越南民族与民族问题》，广西民族出版社1999年版，第77页。
② 郭振铎、张笑梅：《越南通史》，中国人民大学出版社2001年版，第68—73页。
③ 周建新：《中越中老民族及其族群关系研究》，民族出版社2002年版，第29页。
④ ［越］陶维英：《越南古代史》上册，刘统文、子钺译，商务印书馆1976年版，第195页。
⑤ ［越］明峥：《越南史略》，范宏科、吕谷译，生活·读书·新知三联书店1958年版，第5页。
⑥ 范宏贵：《越南民族与民族问题》，广西民族出版社1999年版，第78页。

第一章 京族的族源历史与生态环境

学者，其依据是一些目前尚不能确切验证的考古资料。①

那么，目前聚居在我国广西东兴市江平镇沿海一带的京族人何时迁入此地定居呢？多数学者认为我国京族人是 15 世纪从越南迁入的，但也有人以沥尾村京族人订立的乡约为据，认为他们是 16 世纪后才迁入的。② 据京族地区民众的口述及相关文字记载，当地京族人是从越南涂山、春花、宜安、瑞溪等地陆续迁入我国北部湾沿岸定居的。据最早定居京族三岛的刘、阮、黎三姓族人追溯，他们的祖先原来居住在越南的吉婆（译音），后迁到越南沿海的涂山，以打鱼为生。一次他们的祖先在北部湾海上追捕鱼群，来到荒无人烟的巫头岛，看到岛上适宜居住，岛四周有许多好的渔场，便在海边搭棚住下来。以后迁来的人多了，逐渐扩展到沥尾、山心、潭吉一带定居。③ 这一迁徙过程还可以从京族流传下来的迁徙歌中得到佐证。京族迁徙诗歌这样写道："浮萍随水流遥远，谁招命运到这边？回顾当今辛酸事，官去贼来民贫贱……京族祖先几个人，因为打鱼春过春；跟踪鱼群来巫头，孤岛沙滩不见人。巫头海上鱼虾多，打鱼生产有门路；落脚定基过生活，找到这处好海埠。京族祖先在海边，独居沙岛水四面；前继后接十几代，综计阅历数百年。父生子来子生孙，靠海为业年过年；木柱茅屋栏棚底，在此食来在此眠……"这一叙事歌生动形象地描述了京族民众当年迁徙的由来及过程。沥尾村京族人保存的清光绪元年（1875 年）订立的乡约中有如下记载："承先祖父洪顺叁年贯在涂山，漂流出到……立居乡邑，壹村贰村，各有亭祠。"④ "洪顺"是越南后黎封建王朝的年号，洪顺三年相当

---

① 郭振铎、张笑梅：《越南通史》，中国人民大学出版社 2001 年版，第 69 页。
② 周建新、吕俊彪等：《从边缘到前沿：广西京族地区社会经济文化变迁》，民族出版社 2007 年版，第 3 页。
③ 广西壮族自治区编辑组：《广西京族社会历史调查》，广西民族出版社 1987 年版，第 3—4 页。
④ 防城县志编纂委员会编：《防城县志》，广西民族出版社 1993 年版，第 44 页。

于我国明朝武宗正德六年，即公元1511年。由此可以推算，迁来沥尾的部分京族至今已有500多年的历史了。

这里要指出的是，移居中国的京族人被附近的越南人称为"唐人"，同时又被东兴一带的汉族人和壮族人称为"安南人"，① 这种状况说明京族祖先中有一部分与汉族人有血缘关系。有学者考证，从语言上看，中国京族地区一些姓氏的京族人的先祖可能是越南太平省人；而从家谱上看，有些京族人原先是中国的汉族人，迁入越南后逐渐融入当地社会，成为越族，而后又转至现今广西东兴市江平镇的山心岛等地居住，成为京族。② 在实地调查中发现，有一部分京族人称自己为"汉裔"。在接受采访的众多京族民众中，有3位老人提到其家族原是从福建迁来的，其中两人都有"从福建先到越南，再从越南转到此地"的说法，还有一些京族民众认为沥尾的范姓原来是汉族，后来变成京族。③

京族人聚居的京族三岛如今属防城港市东兴市江平镇管辖，历史上防城、东兴、江平行政区划几经变更。"根据中南民族事务委员会和广西民族事务委员会于1954年派出的调查组的调查，江平一带早有越南人居住"④。张之洞在《广东沿海图说》［光绪十五年（1889年）］中称："海防成案：白龙尾、嘉隆、八庄、江平、黄竹等处向为越南属地，光绪十三年划界始归广东管辖。"《钦县县志》卷一亦云："……至与法人分界，始以芒街、菉林，易得江平、白龙尾等地，置江平巡检司。"光绪十四年（1888年），因边务既重，乃置防城县⑤。民

---

① 广西省民族事务委员会：《防城越族情况调查》，广西省民族事务委员会编印1954年版，第14页。
② 范宏贵：《越南民族与民族问题》，广西民族出版社1999年版，第300页。
③ 韦家朝：《简论京汉民族关系》，《广西民族学院学报》（哲学社会科学版）2003年第1期。
④ 广西省民族事务委员会：《防城越族情况调查》，广西省民族事务委员会编印1954年版，第16—19页。
⑤ 同上书，第21页。

国时期，防城属广东钦州管辖，其间虽有广西军阀陆荣廷（时任广东督军）分别于1916年和1920年先后两次指使地方官吏上书请愿将钦州划入广西，但均未如其所愿①。

1949年5月，防城县人民政府成立，将全县分为东、西、南、北四个行政区，江平镇属南区。1951年春，东兴镇筹建县级东兴市，南区改称二区。1952年东兴市撤销，江平改称四区，1955年又改为江平区。1957年7月，经国务院批准，十万大山僮族瑶族自治县从防城县分出，1958年5月更名为东兴各族自治县，江平区为东兴各族自治县所辖。1958年秋，江平区改为江平公社，同年12月1日，防城县、东兴各族自治县合并为"东兴各族自治县"。1978年，中越关系恶化，11月，东兴各族自治县改名为"防城各族自治县"，县府从东兴镇迁至防城镇②。1996年，县级东兴市成立，江平镇归口东兴市管辖。③

从中华人民共和国成立到50年代初期，京族被称为"越族"，1958年5月，广西成立东兴各族自治县，根据该民族的历史、语言、文化、生活习俗和民众意愿等因素，经国务院批准正式将其更名为"京族"。④

第二节 京族的自然环境

一 地理位置

东兴市位于我国广西壮族自治区防城港市南部，"因在北仑河东岸

---

① 陆荣廷的愿望在1949年后得到了实现。在1949年以后的最初一段时间里，钦州的归属几经反复。1949年12月至1951年2月归广东管辖，1951年3月至1955年6月划入广西，复于1955年7月至1965年7月划回广东，而后又于1965年8月划归广西。

② 防城县志编纂委员会编：《防城县志》，广西民族出版社1993年版，第4—8页。

③ 吕俊彪：《性别与生计——山心村京族人家庭生计中的性别分工研究》，硕士学位论文，广西民族大学，2004年，第19页。

④ 央吉等：《中国京族毛南族人口研究》，中国人口出版社2003年版，第4页。

图 1-1　京族三岛地理位置概况[①]

兴起而得名"[②]，现辖东兴、马路、江平三镇，与越南仅一河之隔，东南面濒临北部湾，西南面与越南接壤，被誉为"通往东南亚的水陆门户"。江平镇坐落于东兴市东部，"原是临江的一个大草坪，得名江坪，为了便于书写，改为江平"[③]，东连防城区江山乡，西接东兴镇，东南临北部湾，与越南隔海相望，北靠防城区那梭镇，总面积 238.5 平方公里，海岸线 38 公里。"京族聚居的'京族三岛'（即巫头、山心、沥尾）位于北部湾的北仑河口海域，根据《中越北部湾划界协定》，中越领海、专属经济区、大陆架的分界线正好经过三岛附近海域"[④]。巫头、山心、

---

　　① 百度图片：http：//baike.baidu.com/link？url＝fNmwqFkhla8APEHoZuyMdESqte3Y8pG-p1keJt7bfoPBCpEPxY6GQz_ wddQINRJi，2014.4.5。
　　② 防城县志编纂委员会编：《防城县志》，广西民族出版社 1993 年版，第 16 页。
　　③ 同上书，第 15 页。
　　④ 吴满玉、冼少华等编著：《当代中国的京族》，广西人民出版社 2005 年版，第 13 页。

第一章 京族的族源历史与生态环境

沥尾原本是三个孤岛，围海造田后与大陆连为一体，成为三个半岛，隶属于江平镇，分布在江平镇的东南面，位于北纬21°33′40″，东经108°08′25″。其中，沥尾岛位于我国内地海岸线最西端，和巫头岛处于江平镇南边，分别距离江平镇城区9公里与8公里。山心岛位于江平镇东面，距江平镇城区6公里。三岛呈"品"字形分布在北部湾畔，"总面积约22平方公里"。① 除"京族三岛"之外，京族人口主要散居的潭吉、红坎、恒望等村落，基本分布在江平镇附近。

二 气候地形

沥尾、山心、巫头三岛地处北回归线以南，属亚热带湿热季风气候，夏长冬短，四季不分明，全年没有霜冻，夏季温度较高但有海风调剂，因此并不太干燥炎热。全年平均气温在摄氏21.5—23.3摄氏度，平均日照为1558个小时。常受季风影响，夏季多吹西南风，冬季多吹东北风，每年的7月至10月还有台风侵袭。雨量充沛，年均降雨量为1300—2700毫米，年降雨日数达150—190天，每年3月至11月上旬为雨季，夏季降雨较为集中，降雨量占全年的一半左右，冬季雨量偏少。

京族三岛皆为海水冲积而成的沙岛。沥尾岛地势平缓，地形狭长，东北面隆起，向西越来越小，形如一只自西向东游的海豚，是三岛面积中最大的岛，孤岛面积仅有13.7平方公里，围海造田以后总面积增至16平方公里，海岸线长约13公里。巫头岛总面积5.4平方公里，海岸线长3.9公里，地势呈"山"字状，两头低，中间高。山心岛最小，面积仅有3.37平方公里，地形如同"四"字，四周高，中间低。三个岛屿海拔都比较低，只有4—8米。沿岛向东航行可达北海市、钦州港和防城港，向南航行可达海南岛，向西航行可达越南。

---

① 覃乃昌主编：《广西世居民族》，广西民族出版社2004年版，第191页。

沥尾、山心、巫头在1971年以前与大陆分离，只有在退潮时才能在陆岛之间徒步往来。1971年，围海造田后与大陆连接成了今天的半岛，北面紧连大陆与江平镇相接，其他三面濒海。三岛地区的淡水溪流相对比较少，且土地干燥，土质也不尽相同，过去农业生产主要靠雨水灌溉，因此曾有"吃水靠天，等雨灌田"的说法。

三　自然资源

京族三岛濒临北部湾，生产生活的主要区域是北部湾海域，这里"草经冬而不枯，花非春也常放"，气候适宜，雨量充沛，物产资源特别是海产资源尤为丰富，是我国著名的优良渔场之一。各种海洋生物和鱼类很多，据统计，有鱼类900多种、虾类200多种、贝类170多种。京族三岛的海洋生物资源中，还有成片分布于浅海滩涂中的珍贵物种——红树林。红树林有"海底森林"的美誉，不仅美丽壮观，而且可以防风护堤、挡浪固沙，是海洋生物栖息、繁衍的理想场所和鸟类生息的乐园，对维护海岸生态平衡有独特的作用。此外，红树林含有鞣革的单宁酸，是重要的工业原料。"京族三岛附近海域还有大片浅海，拥有丰富的浅海养殖资源。适宜浅海养殖的海产品种类也较多，主要有珍贵鱼种、贝类、蟹类、藻类等，其中珍珠浅海养殖具有得天独厚的自然条件，该海域是广西两大珍珠产地之一，所产'南珠'享誉世界。"[①]京族三岛也出产不少海马、海龙等名贵的药材。

京族三岛拥有丰富的盐业资源，附近海域海水含盐度达31%以上，适宜开辟盐场制造食盐，山心、巫头、潭吉等地均有盐田。除渔业和盐业之外，京族三岛也适合发展亚热带农业。岛上土质疏松，土壤呈碱性，适宜种植玉米、红薯、花生、豆类、芋头等农作物，也可种植水

---

① 吴满玉、冼少华等：《当代中国的京族》，广西人民出版社2005年版，第15页。

第一章 京族的族源历史与生态环境

稻。岛上多是热带和亚热带果树，盛产香蕉、菠萝、黄皮果、阳桃、龙眼、柚子、荔枝、龙眼、木瓜等亚热带水果。

京族三岛气候宜人，风景优美，旅游资源也很丰富。沥尾岛上拥有一片长10公里、宽10—20米的沙滩，因沙质柔软，色泽金黄，故称"金滩"。"金滩"集沙细、水暖、坡缓于一身，是理想的3S（海洋、沙滩、阳光）海滨浴场，因此每年夏天吸引了无数来自全国各地的游客。巫头岛上有"万鹤山"，因每年都有数万只白鹭在这里停留而得名。巫头岛还有一片长达几千平方米的沙滩，因沙滩色泽洁白如银，故有"南国雪原"之美誉。山心村随处可见的水田、乡间小路、传统石条瓦房，适合发展集捕鱼、观海、体验乡村风情于一身的农家乐。三岛草木常年翠绿，景色迷人，滨海、沿边的独特地理位置和古朴浓郁的民族风情，每年都吸引众多游客慕名而至。

图1-2 京族自然环境：大海、沙滩　（作者摄）

从以上对京族地区自然生态情况的简单分析中可以看出，京族生产生活环境总体特点是处在祖国南疆前沿，南临大海洋，典型的"边""海"地区。这一区域内的自然条件成为京族民间文化形态多样化的空间条件。

第三节 京族的人文环境

文化是环境的产物，"是一个民族在适应、利用和改造环境及其被环境所改造的过程中，在文化与自然互动关系的发展过程中所积累和形成的知识和经验，这些知识和经验蕴含与表现在这个民族的宇宙观、生产方式、生活方式、社会组织、宗教信仰和风俗习惯等等之中"。[①] 500多年来，京族同胞在这片土地上繁衍生息，创造和继承着丰富而独特的物质、精神文化生活，这些文化构成了这一区域民间文艺繁荣的人文环境。

一 人口

我国的京族人口主要分布在广西壮族自治区东兴市江平镇的京族三岛一带沿海地区，少数散居在广西各地以及全国其他各省、市、自治区。据2010年第六次全国人口普查统计显示，全国京族人口为28199人，广西的京族人口最多，为23283人，其中东兴市京族人口有18660人，主要分布于江平镇（14378人）和东兴镇（4047人），京族三岛的京族人口为6957人，占三岛总人口的80.69%，占东兴市京族人口的37.28%，其余的京族人口主要分布在潭吉、江龙、贵明、江平圩、城南社区和东兴街、竹山、东郊、北郊等村或社区。[②] 另外，与东兴市相毗邻的防城港、钦州、北海、上思、龙州、凭祥、宁明等县市也有少量

[①] 郭家骥：《生态文化与可持续发展》，中国书籍出版社2010年版，第8页。
[②] 郑克晓：《浅析京族语言的演变》，《科学大众》（科学教育）2016年第3期。

京族人口分布。①"京族共有30个姓氏,以刘姓人数最多,占京族总人口的20%,加上阮、黄、关、苏、武五个大姓,其人口约占京族总人口的61%"②。

图1-3 东兴京族分布示意图 (作者翻拍东兴京族生态博物馆照片)

二 语言文字

京族有本民族的语言,大抵与越南北部居民的语言相同。京语是世界语言谱系中未定系属的语言,目前主要有两种观点:一种注重音韵比较,认为京族语言属于汉藏语系;另一种注重词汇比较,认为京族语言

---

① 覃乃昌主编:《广西世居民族》,广西民族出版社2004年版,第190页。
② 广西壮族自治区编辑组:《广西京族社会历史调查》,广西民族出版社1987年版,第3页。

属于南亚语系。两种观点论争，至今仍未定论。[①] 京族没有本民族的文字，但从15世纪开始，越南陈朝用中国汉字的造字方法创制出来的"字喃"也在京族地区流传使用，如唱哈的歌本、经书、族谱、乡约等，用汉字抄录，间杂使用字喃。字喃直译为喃唱的文字，亦可解释为"民间"或"土俗"之意，即是民间喃唱的"土俗字"。这种文字是采用汉字的构字方法，并用汉字表音和表义，左边表音，右边表义。[②] 由于京族与汉族民众长期杂居，友好交往，京族人逐渐汉化，大量吸收了汉语词汇，接受了本地语言——白话（粤语方言）和汉语，大部分京族人都掌握粤语方言，能流利地说当地汉族的粤语方言，可以说大部分京族人都懂双语，单纯会京语的人已经不多了。一些京族人已经实现了语言转用，只会说粤语方言。在一些村落，如竹山，京、汉、壮等民族杂居，通用汉、壮两种语言，京族人不会讲京语。[③] 京族在不同的场合与不同的交际对象分别使用不同的语言，语言、语码的转换很常见。随着社会经济、文化的不断发展，京族人用字喃记载交流也逐渐少了，如今只有个别七八十岁以上的老人还懂得字喃的书写、读音及用意。

三 经济生产方式

渔业生产是京族主要的生产方式。从明中叶至1949年，京族主要以浅海捕捞和杂海渔业两种生产方式为主。"由于生产力水平低下，生产方式原始落后，浅海捕捞一般以渔箔、拉网、塞网、鲨网、缯网、鱼笼等捕捞工具在近海作业，产量很低，且极不稳定；杂海渔业则以极为原始的竹筏、麻网、鱼钩等工具进行捕鱼。"[④] 据1949年的资料显示，

[①] 央吉等：《中国京族毛南族人口研究》，中国人口出版社2003年版，第6页。
[②] 韩肇明：《京族》，民族出版社1993年版，第5页。
[③] 王绍辉：《略论广西京族语与汉语及越南语的交流现状》，《东南亚纵横》2005年第12期。
[④] 覃乃昌主编：《广西世居民族》，广西民族出版社2004年版，第194页。

第一章　京族的族源历史与生态环境

"在沥尾，有70%的劳动力从事渔业生产，从事渔业生产的时间每年有9个月；在巫头，从事渔业的劳动力占50%；在山心的经济总收入中，渔业收入占60%"。① 1949年后，先进的生产工具替代了简陋的生产工具，渔业生产方式也从原来单一、落后的浅海作业逐渐发展到先进的远海作业等多种形式，产量比1949年以前增长了数十倍甚至数百倍，经济收入也逐年稳步递增。京族辅助性的经济生产方式是农业生产，大约明末清初，在周边汉族的影响下才开始出现。当时种植的农作物只有玉米、红薯等少数品种，因地力瘠薄，耕作粗放，依赖天降雨水，产量普遍较低。近代以来，随着水田的开垦和水稻种植的引进，京族农业经济才逐步有了发展。1949年后拓荒造地，拦海治滩造田，改良水土和生产工具，引进优良品种，京族的农业生产有了飞跃性的发展，经济作物和粮食作物产量有了很大增长，除了自己食用以外，剩余部分还可以拿到市场上销售。② 在京族家庭中，老人一般留在家里照看小孩，青壮年男女都要参加生产劳动，但各有分工，男子主要从事海上捕捞业，妇女则从事农耕生产、抓螺、挖沙虫、销售海产品及家务劳动。

京族地区的盐业有晒生盐和煮熟盐两种，在京族经济生活中占有一定的位置。20世纪初，京族才开始向汉族学习制盐技术。晒制生盐的方法是先把海水引进"水塘"，经"沙幅"到"石田"，最后晒制成生盐，主要生产工具是水车、风车、盐耙等。煮熟盐生产很普遍，家家户户都会煮，尤以山心、巫头的京族更为突出。煮熟盐的步骤有晒沙、过滤、煮盐，生产工具有盐耙、水推、沙耙、沙压等。潭吉村的京族，每到冬季，家家户户都在煮熟盐，仅此一项收入占当地经济总收入的30%左右。③

---

① 广西壮族自治区编辑组：《广西京族社会历史调查》，广西民族出版社1987年版，第4页。
② 覃乃昌主编：《广西世居民族》，广西民族出版社2004年版，第195页。
③ 韩肇明：《京族》，民族出版社1993年版，第24页。

京族地区还有制造木器、竹器的手工业，从事这方面生产的人数不多，但有专业的木匠和竹工。到1948年，沥尾岛上有京族木匠8人、竹工5人。木匠除了经常被人雇去建造房屋做家具以外，还兼做木桶、睡床、椅子、碗柜、木屐、犁耙等，竹工则利用本地产的竹子编织簸箕、米筛、粪箕、竹笠、箩、篮等。这些产品多是利用业余时间制作，作为商品拿到市场出售。①

商业贸易是京族20世纪90年代中期以后逐渐形成的一项新兴经济产业，京族人借助国家当时开放对越边境贸易口岸及其政策的东风，利用其自身濒海沿边的区位优势和京语的便利，迅速融入对越边境贸易的大潮中，成为我国最富裕的少数民族之一。

四 教育

1949年以前，京族地区的办学形式主要有私塾、书院、教会学校、国民中小学。

私塾。清末光绪年间，京族地区开始创立私塾教育形式。据当地民众回忆，清末京族民众在山心、沥尾、巫头三岛上筹办了三个私塾点，招收少数京族子弟，主要采用汉族地区流行的蒙学教材《三字经》《百家姓》《千字文》和《尺牍》等为教学内容，进行基本的识字教育。②

书院。1887年，广西省防城县江平地区部分知名人士受新学影响，在江平创办了京族地区的第一所书院——"南服书院"。书院开设初级部和高级部两个班，初级部相当于小学低年级，高级部相当于小学高年级。1905年，防城三都书院改为官立两等小学堂，翌年因战乱关闭。③

教会学校。鸦片战争后，清政府被迫允许外国人在中国境内建立教

---

① 韩肇明：《京族》，民族出版社1993年版，第25页。
② 吴明海主编：《中国少数民族教育史教程》，中央民族大学出版社2006年版，第293页。
③ 同上。

堂、修道院、育婴堂、医院及学校。1849年法国传教士包文华到防城建立主教会点，在京族地区也建立了竹山三德村教会和江平恒望教会，并相应建立了竹山三德村教会学校和江平恒望村教会学校，招收了不少京族学生。学校以诵读经书为主，兼学一些常识、算学、地理等课程，经费主要由北海主教府拨给。教会学校属于小学程度，是京族地区最早出现的小学教育形式。

国民中小学。1912年，江平南服书院更名为"江平镇国民小学"，学校设初级部和高级部，开设古文（包括《诗经》《论语》）、尺牍、算术、珠算、图画、音乐、体育等课程。这是京族地区第一所正式国民小学。1928年，山心岛正式成立国民初级小学，招收学生40余人，其中京族学生占一半以上。1929年，成立红坎国民初级小学，招收京族学生约10人。1940年，沥尾设立国民初级小学，其中京族学生十余人。1946年设立巫头国民初级小学，其中京族学生约10人，开设国文、算术、历史、地理等课程。1943年，江平小学的两间教室办起了初中班，取名为"防城中学江平分教处"，于同年秋季开始招收初中班首批学生约60人，1944年初中部迁至江平镇寨头村，定名为"江平中学"。[①] 至1949年时，京族总人口3308人，有小学文化程度的179人，占总人口的5.4%，中学文化程度的有5人，大学生1人，所有受教育的人加起来不到总人口数的6%。[②]

1949后，京族教育普及面不断扩大，在京族三岛上分别开办3所小学，还根据海岛潮汐地点开设了3所分校，江平镇开办了1所中学，京族学生人数不断增加。[③] 目前，京族地区小学适龄儿童入学率达100%，初中适龄儿童入学率达98%。设在沥尾的京族学校是京族地区

---

① 参见陈时见《京族近现代教育的发展及其特点》，《广西民族研究》1995年第3期。
② 吴满玉、冼少华：《当代中国的京族》，广西人民出版社2005年版，第221页。
③ 何思源编著：《中国京族》，宁夏人民出版社2012年版，第163页。

唯一一所九年制民族学校，该校开展民族特色培训，培养民族学生技能。学校根据京族的生活习惯，开展丰富多彩的课外活动，成立了独弦琴、竹竿舞、帆板等兴趣小组，并在课堂教学上开设越南语教学。京族民族教育已经成为东兴市教育的一道风景线。①

五 民俗文化

"民俗文化"（Folk Culture）是沟通民众物质生活和精神生活，反映民间社区的和集体的人群意愿，并主要通过人作为载体进行世代相习和传承的生生不息的文化现象。② 它是一个国家民族精神的重要载体，是民族文化的主要组成部分。民俗文化的范围大致包括以下三个大的方面：物质民俗文化，以生产、交换、交通、服饰、饮食、居住等为主要内容；社会民俗文化，家庭、亲族、村镇、社会结构、生活礼仪等都是重点；精神民俗文化，宗教信仰、各种禁忌、伦理道德、民间口头文学、游艺竞技等。此外还有心理民俗，是指民俗对某一民族心理素质的影响。③ 京族拥有丰富多彩的民俗文化，包括衣食住习俗、人生礼俗、节日习俗、民间信仰、社会组织、习惯法规、生产习俗、民间竞技、游戏活动以及禁忌习俗等方面，这些内容将在后文的"民间习俗"部分详细介绍，此不赘述。

---

① 何思源编著：《中国京族》，宁夏人民出版社2012年版，第164—165页。
② 仲富兰：《中国民俗文化学导论》，浙江人民出版社1998年版，第20页。
③ 马华泉、王淑娟：《民俗文化旅游与经济可持续发展》，《佳木斯大学社会科学学报》2001年第5期。

第二章 京族民间文化的内容、特征与教育功能

在漫长的历史发展进程中,京族创造、继承了本民族的优秀文化,同时又与杂居民族交往密切,在交往中促进了民间文化的交流与传播。这一兼具边、海于一体的自然生态以及各民族和谐相处的人文生态共同促成了京族民间文化具有与中原文化不同的鲜明特色。

第一节 京族民间文化的内容

民间文化"是广大民众在长期社会生活中所创造、继承和发展而成的民族文化。它的范围很广泛,包括我们常说的物质文化、精神文化以及社会组织(如家族、村落及各种形式的社会团体)"[1]。"由民俗文化、民间口头文学、民间艺术构成"[2]。京族民间文化是指京族在长期的生产实践和社会生活中逐渐形成并世代相传、较为稳定的文化事项,主要有民间文学、民间音乐、民间舞蹈、民间戏剧、民间工艺、民间习俗等方面的内容。

---

[1] 钟敬文:《话说民间文化》,人民日报出版社1990年版,第19页。
[2] 万建中:《中国民间文化》,北京师范大学出版社2010年版,第26页。

一 民间文学

"民间文学是民众大众（主要是劳动民众）口头创作、口耳相传的语言艺术。它既是民众生活、思想与感情的自发表露；又是他们关于科学、宗教及其他人生知识的总结；也是他们的审美观念和艺术情趣的表现形式"[1]。世界各国、各民族都有民间文学。京族有着数量众多的民间故事、民间传说、民间谚语等民间文学作品（因民歌由唱词和曲调组成，民间戏剧包括剧本与表演形式，故分开论述），主要内容如下：

（一）民间故事

民间故事是民间文学中的一个重要的类别。京族民间故事主要有动植物故事、爱情故事、世态言情故事、机智人物故事等。

1. 动物、植物故事。所谓动物故事是指以动物或主要以动物为主体，有的解释动物的形状和特性，有的则"以动物与动物之间的关系来比拟人类社会种种复杂的社会关系"[2]。如动物故事《海龙王开大会》[3]，讲述了海龙王开大会整顿海国秩序，治理海族臣民中恃强凌弱的现象。这个故事生动地解释了海底世界各种鱼类的形状特点，以及表达了人们同情弱者、反对强权的社会理想。动物故事《海龙王救墨鱼》[4]则解释了墨鱼的形状特点，表达了人们希望弱者得到保护的愿望。京族故事《鲨的故事》[5]中讲述了后生与姑娘化为连在一起的鲨的故事。京族动物故事还有《白牛鱼的故事》《灰老鱼的故事》《乌龟头》《海白鳝和长颈鹤》《鹅为什么不吃鱼》《老虎与螺贝》《猫和狗》和《猫、虎、老鼠》等，这些动物故事的主体都是民众生产生活中所熟悉的动物。

---

[1] 刘守华、巫瑞书：《民间文学导论》，长江文艺出版社1997年版，第5页。
[2] 农学冠：《民间文学导论》，民族出版社2005年版，第55页。
[3] 苏维光等编：《京族民间故事选》，中国民间文艺出版社1984年版，第94—95页。
[4] 同上书，第96—97页。
[5] 王弋丁：《仫佬族、毛难族、京族文学概况》，广西人民出版社1982年版，第121页。

第二章 京族民间文化的内容、特征与教育功能

与动物故事不同，植物故事的主体是人们在生产生活中所接触到的各种植物。京族植物故事《山榄探海》[①]讲述了在北仑河畔十万大山中生长着黄山榄、黑山榄、红山榄和白山榄。红山榄和白山榄受山神委派到南海探索大海的秘密，被神秘的海洋世界吸引，留在了海洋里繁衍生息。此后，十万大山就只有黄山榄和黑山榄了，而红山榄和白山榄则变成了海底森林的故事。这个故事以幻想方式解释了为滨海而居的京族民众防浪固岸、护卫家园，以及让大海变得更加绚丽、迷人的"海底森林"的来历。

2. 爱情故事。爱情是人类最重要的感情之一，爱情生活是人类生活的重要组成部分，然而在封建社会中，人们自由专一的爱情理想往往受到各种因素的干扰。但是人们追求理想爱情的信念则是愈发坚定，因此在爱情故事中的主人公离别之后会以各种方式重逢，哀愁中不乏美丽。京族爱情故事《海妹和海哥》[②]与《宋珍与陈菊花》[③]中财主女儿爱上穷苦青年，遭到父母的强烈反对，但是他们勇于反抗，争取自己的爱情，在反抗的过程中往往得到神奇力量的帮助，使得有情人终成眷属。这两个故事的主人公都是在与外界的抗争中实现了自己的爱情理想。《彩贝哥和小莺哥》《阮柳和碧桃》和《生死恋》等主要叙说青年男女为追求坚贞不渝的爱情，至死不向封建礼教屈服，表达了京族青年男女对婚姻自主的强烈向往，以及对传统观念的反叛精神。

也有些爱情故事的主人公是因为品德高尚感动仙郎、仙女或公主而获得爱情的。如京族爱情故事《榄下姻缘》[④]中的姑娘，因为在寻找双亲路上的善良之举而与仙郎结为夫妻。《董永与刘姑娘》[⑤]中的董永因

[①] 苏维光等编：《京族民间故事选》，中国民间文艺出版社1984年版，第84—85页。
[②] 同上书，第53页。
[③] 同上书，第62页。
[④] 同上书，第59页。
[⑤] 同上书，第67页。

为孝顺获得了仙女的爱慕。《独弦琴的声音》①中的石生则因为临危不惧、舍己救人而最终与公主结为夫妻。《金桃姑娘》和《赶海妹》等也属于此类爱情故事。

3. 世态言情故事。这类故事主要通过对人世间冷暖、炎凉的叙述，对现实社会中的那些嫌贫爱富、见利忘义的丑恶现象进行了有力的鞭挞和揭露，反映了京族民众爱憎分明的世界观。其中两兄弟、两姐妹故事是比较典型的故事。如《好心的弟弟与坏心的哥哥》②中，两兄弟从小父亲就去世了，母亲把他们俩拉扯成人。弟弟心地善良，孝顺母亲；哥哥刻薄贪婪，对母亲不好，最终弟弟苦尽甜来，生活富足，哥哥成了穷光蛋。这个故事反映了京族民众的伦理道理观念。两姐妹的故事又称灰姑娘型故事，主要有《米碎姐和糠妹》，也是反映了善有善报、恶有恶报的伦理观。这两种故事类型反映了家庭各成员之间的伦理关系和矛盾纠葛，告诫人们，害人必然害己，具有较强的道德教育作用。世态言情故事还有《两个秀才》《三老庚》《虾公三》《杨礼和刘平》《三兄弟》和《傻女不傻》等。

4. 机智人物故事。机智人物故事是由一个特定的机智人物作为主人公贯穿起来的系列故事，富于喜剧色彩。故事主人公往往无所畏惧、沉着冷静，能够通过自己的机智行为排忧解难、克敌制胜。

京族机智人物故事主要有计叔系列和单篇独立故事两部分内容。计叔系列故事有《赶蟹·钓虾》《聋蛋》《鸭仙》《长生不老药》《赶虎》《娶妻》和《买鱼》等。这一类的故事主要以辛辣、讽刺的表现手法，通过日常生活中的一个个小故事，叙说足智多谋的计叔在与贪官污吏、渔霸、财主、奸商的斗争中，运用机智和过人的才能为民众排忧解难，

---

① 苏维光等编：《京族民间故事选》，中国民间文艺出版社1984年版，第71页。
② 同上书，第121页。

第二章 京族民间文化的内容、特征与教育功能

既打击了不法官吏、渔霸、奸商,又维护了渔民的经济利益和人格尊严。在计叔身上集中体现了劳动民众的勤劳、勇敢、乐观、幽默,富有智慧和正义感等优秀品质。

单篇独立故事的机智人物故事有《一大智斗刁守财》,讲述了一个"见地不平拿锹铲"的穷哥汉一大智为了给民众排愁解难,替民众寻找生活的幸福,勇于向凶恶的地主挑战的故事。此外还有《哎呀!一只篮》《聪明的"干爹"》《姜刷哥气死锦绒叔》等也属于此种故事类型。这些机智人物以机智行为与财主、土司进行斗争,为自己或受到压迫的弱者伸张正义。

(二)民间传说

民间传说是民众口头创作、传播的以特定的人物、事件、习俗、风物为对象加以描述和解释的民间文学体裁,具有历史性、传奇性和可信性等特点。京族民间传说主要有人物传说、地方风物传说和民族习俗传说等。

1. 人物传说

京族人物传说主要有抗法英雄斗争的传说。《杜光辉的传说》包含《渔村抗暴》《黄豆汁》《悬崖飞兵》和《孤排渡海》四个故事,主要叙述了京族近代英雄杜光辉带领京汉族渔民与法国侵略者浴血奋战,"以土胜洋"的战斗故事,展示了京族民众不畏强暴的爱国主义精神和战胜困难的坚韧不拔的英雄气概。

《刘义打番鬼》叙述了民族英雄刘永福在 19 世纪下半叶的抗法斗争中,率领京、汉、壮族民众,运用机智灵活的战略战术,以大智大勇的英雄气概和顽强不屈的斗争精神出奇制胜,给敌人一次次沉重的打击,最后把侵略者赶出了京族地区的事迹,展示了黑旗军的英勇善战和爱国主义精神。这些故事大大激发了京族民众的反帝斗志和爱国主义热情,对青少年儿童也进行了普遍的反帝爱国教育,成为反帝爱国教育的

重要的口头教材。

2. 地方风物传说

地方风物传说是指对地方山川古迹、土特产品等这些实物的名称、特征以及由来的解释和说明。当然这种解释不是对事物本质的科学认识，而是民众以艺术化的方式反映了自身对事物、实物的情感评价。地方风物传说可以分为山川海岛传说和土特产品传说。

山川海岛传说。京族三岛的相关传说是具有中国京族特色和南海北部湾特色的海岛传说，主要有《京岛传说》《三岛传说》和《三岛的来历》等。《三岛传说》[①] 讲述了神仙在南海北部湾西北端海岸上用煨熟滚烫的南瓜往害人的蜈蚣精的嘴巴砸去，使之断成三截，那三截尸首变成了巫头、山心、沥尾三个岛。《京岛传说》叙说京族渔民迁居"三岛"伊始，在与代表海中恶势力的鲨鱼和自然灾害的化身——蜈蚣精的斗争中，由于获得"仙人"的帮助，最终打败了"妖魔鬼怪"，战胜了自然灾害，得以定居"三岛"。《三岛的来历》则塑造了代表正义力量的阮大爹、阿妹、武哥等典型人物形象，在与社会恶势力花头鲨、墨鱼九的生死斗争中，以阮大爹为首的正义力量勇于抗争，加上"神力"的帮助，死而复生，最终战胜了花头鲨等恶势力，得以定"三岛"。[②] 这些传说是人们运用艺术化的方式把现实遇到的困难以及希望借助神仙的力量来解决困难的愿望表现出来。

土特产品传说。京族这类传说以当地出产的富有地方特色和民族色彩的产品等为解释对象。如关于独弦琴的传说有《独弦琴的声音》（又名《阮通与石生》）和《独弦琴的来历》。这两篇传说内容虽然有所不同，但是对独弦琴的来历解释都认为是神人所授，具有神奇功效。前者

---

① 苏维光等编：《京族民间故事选》，中国民间文艺出版社1984年版，第1页。
② 覃乃昌主编：《广西世居民族》，广西民族出版社2004年版，第196页。

第二章 京族民间文化的内容、特征与教育功能

讲独弦琴为龙子所送,琴声治好了公主的哑病,后者讲独弦琴为麻衣仙姑所送,琴声让分别多年的夫妻重逢,从中可以感受到京族民众对独弦琴的感情之深厚。

3. 民族习俗传说

民族习俗传说往往黏附在民族习俗之上,解释民族习俗的由来,对人们了解民族生活习俗有一定的价值和作用。

哈节是京族独特的传统节日。《哈节的传说》[①] 讲到在越南陈朝的时候,有一位越南歌仙来到京族地区,以传歌授舞为名,动员京族民众起来反抗陈朝的黑暗统治,受到京族民众的敬仰,故后人修建"哈亭",设立他的神位来纪念他。由于他的歌声悠扬动听,深受人们喜爱,人们便以唱歌来歌颂和怀念这位歌仙,久而久之,每年一次的唱哈便成为京族盛大的传统民族节日"哈节"。京族民众用这个美丽的传说解释了哈节以及唱哈的由来。

此外,《哈亭的传说》《仙女传歌》和《将军护佑》等主要运用虚实相间的描写手法,将京族定居"三岛"以后的历史,巧妙地与现实社会中的民俗事象有机地联系起来,多角度阐述了"唱哈节"或"哈亭"的缘起以及节日文化的内涵。而《田头公的传说》则解释了当地祭祀田头公习俗的由来。

(三)民间谚语

京族民间文学中有大量的谚语和熟语,这些谚语和熟语总结了宝贵的渔业生产经验,掌握渔汛、风情和潮情,是民众集体智慧的结晶,蕴含着他们对自然生态的认识和顺应、适度利用的态度,体现了他们的生存智慧。如谚语"朝北晚南半夜西,渔民出海有辛凄。"[②]"日西晚东,

---

① 吴满玉、冼少华等:《当代中国的京族》,广西人民出版社2005年版,第160页。
② 意思是:早晨北风晚上南风半夜西风,第二天天气一定好,渔民出海不会辛苦、凄凉。

雷雨共鸣，海水慢流，三漏二漏，鱼虾蟹鲎。"① "一日东风三日雨，三日东风冇米煮。"② "南风送大寒，二月米粮干。"③ "六月来西北，胜过老番贼。"④ "晴天海浪响回西，渔船扬帆往岸归，雨天海浪响回东，东海龙王把财送。"⑤ "风情未转西，三日又回归"⑥ "三月'三三'，风猎猎。"⑦ "东边挂彩牌，白龙是禁界。"⑧ "春露催禾出，霜降催禾黄，禾怕寒露风，不怕重阳雨，就怕十三阴。"⑨ "雨淋春牛头，七七四十九。"⑩ "春北如猛虎，猛如雷。"⑪ "清明暗，山水不离圳。"⑫ "天起鱼鳞斑，晒谷不用翻。"⑬ "十一、十二彭祖忌，十三、十四水流急。"⑭ "立冬过三朝，地上无青苗。"⑮ 等，这些谚语是人们长期观测天象变化的经验总结，对指导生产生活有很大帮助，民众利用谚语判断天气情况，安排生产。

---

① 意思是：白天西风晚上东风，打雷下雨，海水退得慢。鱼箔的"二漏""三漏"里装满了鱼虾蟹鲎。

② 意思是：六月天，一刮东风连下雨无法出海，吃饭大有问题了。

③ 意思是：大寒季节南风天气，来年二月一定冷，出不了海就断粮了。

④ 意思是：六月天如果刮西北风必有暴风雨，比帝国主义还要狠毒。

⑤ 意思是：晴天如果海浪向西打得很响，天气要变坏，渔船赶快回岸，雨天如果海浪向东拍击，天气转好，有利打鱼。

⑥ 意思是：如果刮大风时，风向不转西，过三天之后必来大风暴。

⑦ 意思是：三月初三、十三、二十三，往往刮大风。

⑧ 意思是：天空东部如有彩虹出现，则天气一定不好，不能出海远行，白龙尾那里海浪最大，船只千万不要过去。

⑨ 意思是："春露"时，禾苗长出，"霜降"时，禾苗开始变黄，在寒露时一定要注意防冻，因为禾苗在这些日子怕寒风袭击。"重阳"九月初九时有雨对庄稼很好，但十三如果是阴天，就不利庄稼生长了。

⑩ 意思是：打春如果有雨，则会阴雨连绵。

⑪ 意思是：春天时刮起北风来，其来势浩大，如虎、雷一般。

⑫ 意思是：如果"清明"天不晴，则雨水多。

⑬ 意思是：天上的云朵如果一片片像鱼鳞一样，则会是好天气，在这样的日子里，晒谷不用翻就能晒好。

⑭ 意思是：农历六月十一、十二日是彭祖的忌日，十三、十四两天都有大雨。

⑮ 意思是：农历"立冬"过后三天，都应收割完毕，所以地上看不到青苗了。

二 民间音乐

民间音乐主要包括五大类别,即民间歌曲、民间歌舞音乐、说唱音乐、戏曲音乐和民间器乐。京族比较有代表性的民间音乐主要是民歌与民间器乐。

京族民歌由唱词和曲调组成,歌的调子有 30 多种,内容丰富多样,可以说是包罗万象:有反映京族历史、传说故事的,也有歌颂古代民族英雄的;有唱述人生哲理和友谊的,也有表现爱情婚姻的;有反抗封建统治者、表现阶级矛盾和阶级斗争的,也有反映抗击外来侵略者的;有反映劳动创业的,也有表现丰收喜悦的;有唱本民族风情的,也有唱汉族古典诗词的。按内容可分为历史传说歌、劳动歌、生活歌、情歌、仪式歌、儿歌等。

(一)历史传说歌

这类歌主要是描述了京族由越南迁徙到京族三岛上定居,艰苦创业的艰辛历程。如叙述京族民众迁徙到沥尾岛的过程以及在岛上捕鱼、种田情景的歌谣:

> 京族祖先几个人,
> 因为打鱼春过春;
> 跟踪鱼群来沥尾,
> 孤岛沙滩不见人。
> 沥尾岛上鱼虾多,
> 打鱼生产有门路;
> 落脚定居过生活,
> 找到这处好海滩。
> 大空住定好几年,

娶妻生子不搬迁；
九头山上到沥尾，
路程迢迢八九千。
做了海来又种田，
父生子来子生孙；
鱼米之乡好生活，
山贼海贼来连连。①

京族祖先在海边，
独居沙岛水四面；
前续后接十几代，
综计阅历数百年。
父生子来子生孙，
靠海为业年过年；
木柱茅屋栏棚底，
在此食来在此眠。
京族民众住一村，
节衣缩食省点钱；
常被匪盗来抢劫，
春到晚难过年。②

（二）劳动歌

劳动歌包括各种号子和反映劳动生活的民歌。这些民歌有的描述劳

---

① 广西壮族自治区编辑组：《广西京族社会历史调查》，广西民族出版社1987年版，第27—28页。

② 《京族简史》编写组：《京族简史》，广西民族出版社1984年版，第44—45页。

第二章 京族民间文化的内容、特征与教育功能

动情景，有的诉说劳动的感受。如京族民歌《挖沙虫》：

挖沙虫

做完农工做海工，

潮退落滩挖沙虫，

妹挖沙虫哥捉蟹，

哥妹双双又相逢。

又相逢，

好似桃花迎春风，

沙虫满蔸蟹满篮，

浪伴歌声乐融融。①

这首民歌生动形象地反映了京族渔业生产劳动和男女分工合作的劳动生活情景。又如：

出海歌

海水浪叠浪，

姐妹哎，

出海心欢畅，

撒网捕鱼遍南海，

鱼虾堆满仓，

姐妹笑声扬（叮当叮）。

---

① 中国民间文学集成编辑委员会、中国歌谣集成广西卷编辑委员会：《中国歌谣集成·广西卷》，中国社会科学出版社1993年版，第1345页。

这首歌曲短小精悍，曲调活泼开朗，旋律中音程四五度的跳进比较多，犹如海上的波峰浪谷，高低起伏，使得歌曲富有变化，短短的几句歌词就把海上捕鱼获得丰收的景象描绘了出来，人物内心的喜悦通过衬词"叮当叮"来体现。

另外一首劳动歌曲《采茶摸螺歌》，也是一首生动、活泼的歌曲。

采茶摸螺歌

姐妹上山嗬采茶，

采了茶嗬下海摸螺，

下海摸螺一箩箩一筐筐，

一筐筐一箩箩，

姐妹采茶摸螺真快乐，

叮当叮，叮当叮。

这首歌的旋律是抒情与跳跃相结合，刻画了京族姑娘洒脱的形象，歌词简洁地把京族姑娘上山采茶和下海摸螺的快乐表达出来，最后以"叮当叮"作为结束，渲染了劳动生活的情趣。

京族的劳动歌还有《摇船歌》《渔家四季歌》《摸海螺》《拉网歌》《收网歌》《洗贝歌》《打鱼归来》《采珠谣》《赶春汛》《橹艇谣》《赶海》《捉螃蟹》和《欢歌擂鼓庆丰收》等，生动反映了京族人的海上捕鱼生活。

（三）生活歌

生活歌主要是指反映民众社会生活和家庭生活状况以及他们的思想感情的民歌。民歌运用生动形象的比喻真实地描述了在剥削阶级社会里，京族同胞艰难困苦的生活。如《肚饥饥》反映了过去京族人的苦难生活：

第二章 京族民间文化的内容、特征与教育功能

肚饥饥

肚饥饥，

一日三餐粥又稀，

人家粥稀用勺舀，

我家粥稀用捞篱。①

还有《十难歌》《左除右扣两手空》《守家规》《季节歌》《一日三餐粥稀稀》和《世上人难不如我》等也是反映京族民众生活的民歌。

（四）情歌

京族情歌是反映本民族民众爱情生活以及他们爱情观的民歌，在所有的民歌中，情歌无论是在数量上还是在思想性和艺术性方面都非常突出，把因男女爱情而激发出来的悲欢离合抒发得淋漓尽致。

《过桥风吹》是一首有代表性的情歌：

过桥风吹

相爱脱衫相送，

回家撒谎过桥遇大风，

风吹了，风吹了，

风吹无影又无踪。

相爱脱葵笠赠送，

回家撒谎过桥遇大风，

---

① 捞篱，一种竹篾编织的捞瓢，可捞渣而滤水。用捞篱舀粥，形容粥极稀。参见《肚饥饥》，曾世喜演唱，苏维光搜集，1981年采录，载中国民间文学集成全国编辑委员会主编、中国歌谣集成广西卷编辑委员会纂《中国歌谣集成·广西卷》（下），中国社会科学出版社1992年版，第1368页。

风吹了,风吹了,
阵阵风把帽吹向天空。

相爱把戒指赠送,
回家撒谎洗手掉水中,
冲到深处黑咕隆咚。

词意婉转,生动表现出一个恋爱中的人的天真羞涩。
又如《神仙也难猜》:

神仙也难猜

海边竹筏排对排,初次见面口难开,
有情装作无情样,就是神仙也难猜。
日头落海半天阴,葫芦落水半浮沉,
哥若真心沉到底,切莫半浮半沉挂妹心。①

用比兴手法形象地写出了恋爱中的少女微妙的心思。
《栽芥菜》反映了京族女子对美好爱情的追求:

栽芥菜

男:芥菜命啊芥菜命,同园撒落隔园栽,
一心只想同园长,谁知落得两分开。
女:沙滩上面栽芥菜,人讲不生我也栽,

---

① 苏维光、过伟、韦坚平:《京族文学史》,广西教育出版社1993年版,第127—128页。

第二章　京族民间文化的内容、特征与教育功能

三朝去看出嫩蕊,摘叶留心等哥来。①

京族情歌《唱十爱》中唱道:"一爱哥哥能干,下海打鱼上山种田,勤劳勇敢勤俭;二爱哥哥情意绵绵,知心话比蜜甜,真心实意把妹来恋。"京族姑娘把心上人的标准用具体的劳动来衡量,喜欢的是勤劳善良、并肩出海、用情专一的人,表现出健康、朴实的爱情观。《送妹回故乡》《问月歌》《想谁想人迷》《千里念》《摇船曲》《掷木叶》《何须对展找麻烦》《谢槟榔歌》《等妹拾做箫》《借帽·摘槟》《撑船过海》《织女牛郎》《海鸟陪写信》,等等,都真挚地表现了青年恋人的欢乐与忧愁,希望和失望。

(五)仪式歌

仪式歌是伴随着民俗活动而吟唱的歌谣。京族仪式歌主要是在节日庆典、宗教仪式、人生仪礼、迎宾待客等场合上吟唱的礼俗歌。这些礼俗歌是在特定的仪式场合中吟唱的,气氛或喜或悲,极富感染力。

在哈节的迎神、祭神、送神等仪式过程中,以"哈"的形式表达当地人对神的崇拜是一项不可或缺的重要内容。《进香歌》是为神灵进香时由桃姑②边舞蹈边唱的歌谣:

进香歌

静静听那"唱哈"歌声,

独弦琴伴奏多嘹亮,

当更深夜静时,

海风送来的香火味多清香。

---

① 苏维光、过伟、韦坚平:《京族文学史》,广西教育出版社1993年版,第197页。
② 仪式中表演歌舞的女艺人,京语译音,又称哈妹。

把一炷炷香奉献，

"哈妹"的笑脸像葵花向阳，

亭内两侧的文武官员，

勤飞翔必然会由远到近，

边看那一副副镀金的对联边听那歌唱。

一炷炷香火在挥舞啊，

是那京家的一颗颗心献上，

像一朵朵浪花在盛开，

一阵阵香火味任君品尝。

一缕缕的香火烟，

飘呀飘到四面八方。

敬天敬地保佑人畜平安，

敬镇海大王为民除害京家永不忘。[①]

哈节上还唱对神灵和祖宗的恩德表示赞颂和感恩的《神灵灵》《哈节祝词》《敬神乐鼓》与《"求"字如此深意》和感念父母恩情的颂词《积善奉善》《父辈栽树儿乘凉》《父母育儿情义重》《父母话儿记在心》以及颂唱生活的哲理诗和抒情诗《不靠天地靠自己》《年正当想相逢时》《见枝花开花正红》和《春天未过夏到时》等。

宗教仪式歌主要有《德圣公》《月下是谁顶灯》《明月》《千里念》和《京族结义歌》等，这类歌谣多在一些宗教仪式或活动中咏唱。

婚礼上也有许多礼俗歌，整个婚礼充满歌声。新娘在离开娘家前，要唱《辞行歌》，表达对父母的养育之情的感谢。歌手在伴送新娘去夫

[①] 阮成珍演唱，圭苑搜集，苏维光翻译，1981年采录，载中国民间文学集成全国编辑委员会主编、中国歌谣集成广西卷编辑委员会纂《中国歌谣集成·广西卷》（下），中国社会科学出版社1992年版，第1352页。

第二章 京族民间文化的内容、特征与教育功能

家的路上,要唱《送新娘歌》以示安慰。在举行婚礼时,新郎新娘要唱《结义歌》,互表忠贞不贰的爱情。

(六) 儿歌

京族的儿歌多与渔业有关,寄托了父母对幼儿的一片深情,唱起来非常柔和、流畅和悦耳。如《落船舱》:

落船舱

月亮光,照四方。

人来等,桥来扛。

扛哪个?扛七郎。

七郎几多?算来才五双。

扛去哪?落船舱。

姐姐来送别,两眼泪汪汪。

阿婆来陪,阿公来望。

唱歌来伴送,独弦琴响叮当。

海风吹白帆,船儿已开航。[1]

又如《捉螃蟹》:

捉螃蟹

爸爸去打鱼,妈妈去插秧;

我把大门锁,海滩去游荡;

捉得小螃蟹,大海水已涨:

浪涛追赶我,携篮走得忙;

---

[1] 韩肇明:《京族》,民族出版社1993年版,第62页。

回家拿刀斩蟹爪,起火锅煮螃蟹汤。

爸爸妈妈收工回,门口闻见海味香:

"小乖乖,小乖乖,小小学会把家当。"①

京族儿歌还有《螺儿甜》《白鹤歌》《月亮公公》《七月思》和《摇篮曲》等,这类歌谣多以儿童的思想、情趣、生活以及对客观事物的看法为咏唱内容。

京族常用的乐器主要有独弦琴、二胡、奏琴(三弦琴)、笛子、鼓、锣、钹、木鱼、竹板和海螺等。在这些乐器中,除了独弦琴和海螺外,其他的皆是由汉族地区传入的。② 独弦琴因其只有一根弦而得名,又称匏琴,是京族特有的民族乐器,结构简单而音调丰富、音色优美。原先只用半个大竹筒(或几片木片做成长方形木匣)作为琴身,琴身长约二尺半,一端插上一根小圆木与琴身成直角,另一端安上一个把手系一条弦琴,连接到小圆木上,即成独弦琴。奏时,用一枚小竹片拨弦线,弹出的声音娓娓动听。③ 如今改良后的独弦琴有木制半圆管状独弦琴、牛腿形独弦琴、龙首独弦琴、节瓜形独弦琴、孔雀形独弦琴等。虽然只有一根弦,却能够弹出四个音和装饰音、长颤音,琴音配着曲调,音色婉转幽雅。具有代表性的乐曲有《高山流水》《骑马》《赌博》《这样好,那样好》《静静的大海》《做海歌》《长工歌》《送迎新郎新娘歌》《槟榔歌》和《饮茶歌》等。

三 民间舞蹈

京族民间舞蹈带有明显的海洋文化色彩。主要分祭祀性舞蹈和自娱

---

① 吴满玉、冼少华等编著:《当代中国的京族》,广西人民出版社2005年版,第140页。
② 覃乃昌主编:《广西世居民族》,广西民族出版社2004年版,第199页。
③ 南宁师范学院广西民族民间文学研究室编:《广西少数民族风情录》,广西民族出版社1984年版,第304页。

第二章 京族民间文化的内容、特征与教育功能

性舞蹈两类。

祭祀性舞蹈有"进酒舞""进香舞""花棍舞""天灯舞""跳乐""花棍舞""摇船舞""纸马舞""火把舞"（竹马舞）等。"进酒舞""进香舞""花棍舞""天灯舞""花棍舞"等舞蹈一般由哈妹在哈节上表演，分独舞和二、四、六人舞等几种形式。演出的顺序，一般多根据祭祀程序的需要穿插进行。动律特点可以用圆、柔、收三字概括。基本步法有"三字步""躬身碎步"，主要动作有"轮指""转腕""手花""摇臂"等。如进酒舞在哈节上表演，祭祀队伍从海边迎接神灵回到哈亭后，主祭人向哈亭内的神台进酒时，四位哈妹随着主祭人在哈亭中殿所跳的舞蹈就是进酒舞。"主要动作是双手在胸前圆顺地相对向内旋转，做'轮指手花'和'双膝颤蹲'的舞蹈组合，并有施礼、作揖的动作，在热烈紧凑的鼓点伴奏中舞蹈，表现出对神的虔诚和尊敬。"[①] 在连续三至五日的哈节乡饮活动中，京族人要多次向神台进酒，因此，进酒舞多次被重复表演。在哈节的祭礼活动中，京族人不仅要向神台进酒，而且还要进香，进香舞就是哈妹进香时所跳的舞蹈。该舞蹈由两部分组成，一是"进香"，二是"跳乐"，由3至4位哈妹表演。哈妹先把香火点燃，然后绕场一圈，接着把香插在神位前的香炉里，在欢快热烈的鼓声伴奏下双手作"轮指手花"和"转手翻花"动作，然后左手拿香，右手转动手花，同时还唱"一支檀香透九重，敬天敬地敬神灵"。天灯舞是京族哈节最后一晚在哈亭内表演的民间祭祀性舞蹈，一般由四位姑娘组成。舞者头顶和手托盛着点燃蜡烛的碗碟，在鼓点伴奏下，转动托着碗碟的手腕，同时翩翩起舞，闪闪烛光犹如茫茫大海中的点点渔火。丧葬仪式上，为了表达对逝去长辈的悼念及对亡灵的慰藉，人们要跳"摇船舞"，用纸扎成小船，模拟摇船划桨舞步，以示把逝者平安渡至

---

① 杨涛：《"京舞"翩然招展 舞动文化人间》，《歌海》2009年第3期。

阴间。还有的跳"火把舞",舞者右手执1.3米长的竹棍,棍两头扎油棉或其他可燃物品,舞时点火,边唱边舞,主要动作是左手叉腰,右手执火棍在膀旁左右舞横"8"字花,有时双手背于身后,腰部随之扭动,借以超度亡灵。

自娱性舞蹈"对花屐""采茶摸螺舞""竹杠舞"一般在喜庆节日中表演。婚俗中,以对花屐寓寄命相好合,匹配成双,引而申之,便有中秋月下或哈节月夜,年轻人歌兴正浓之时,两相钟情的男女各出示一只花木屐配对成双,信为"天作之合",孕育出"对花屐"之歌舞。逢中秋节和哈节表演,多在月下进行。届时,青年男女聚集哈亭前草坪,先对歌,而后脱下花木屐相对认,男女各示一只,若左右成双,信为"天作之合";接着,相互碰打花屐,借以表达爱慕之情。动作简单,但节奏多变,且不乏即兴发挥。"采茶摸螺"亦称"摸螺舞",在传统节目采茶舞基础上,加摸螺、捶螺、玩螺等动作发展而成,由四人表演。舞者据"采茶摸螺"歌词,作形象性的手势,两手轻微击掌,两臂上下自由扇动,高潮时,辅以微耸双肩。舞蹈情调温柔、深情。①"竹杠舞"是京族人在节日喜庆或丰收的日子里跳的舞蹈,人们踏着明快的节奏于八根时起时落、互相敲击的竹杠之间,雀跃起舞,来回穿梭,乐起舞兴,欢快喜悦,生动地展现出一幅京族人美好的生活图景。②

四 民间戏剧

民间戏剧是指由民众扮演角色,在场地上表演的一种载歌载舞、有唱有白、有故事情节的小型综合艺术。京族民间戏剧是嘲剧。

京族嘲剧传统剧目主要有《阮文龙英勇杀敌》《等新娘》《二度梅》

---

① 《中国民族信息年鉴》编辑委员会:《中国民族信息年鉴》,《中国民族信息年鉴》编辑部2006年版,第137页。
② 杨秀昭主编:《音乐学文集》,接力出版社1999年版,第219页。

《宋珍歌》《金云翘》《刘平杨礼》和《石生故事》等。《阮文龙英勇杀敌》主要讲述法帝国主义侵占越南后,到处杀人放火,滥征苛捐杂税,民众生活苦不堪言。阮文龙组织民众杀敌反抗,在出征前与妻子告别,妻子鼓励他安心前往,自己负责照顾子女的故事。《等新娘》描述京族地区青年男女结婚的盛况。京族原来有男方到女方家等新娘的习惯,到时男女双方青年齐集,摆花对答,这个剧目即是对京族等新娘婚俗的生动再现。京族《二度梅》在汉族古典戏剧《二度梅》的基础上改编而成,但与汉族《二度梅》不同。汉族的《二度梅》主要描写晚唐的故事,而京族的《二度梅》则主要描写越南在法帝国主义统治时期,陈杏元与梅良玉相爱的故事。法帝国主义强迫陈杏元与番王之女结婚,陈杏元誓死不从,跳崖自杀,为崖下死于侵略军枪下的女鬼所救,最后与梅良玉团圆的故事,颇具地方特色与民族色彩。这些剧目数量虽少,但内容却很有教育意义,且情节都比较曲折、生动,故长期以来盛行不衰,深受广大京族民众的喜爱。嘲剧有唱词,也有道白,伴奏乐器有二胡、笛子、锣、鼓、竹梆等。

五 民间工艺

京族传统民间工艺主要有贝壳珊瑚工艺、珍珠工艺、石艺、木艺、铁艺、竹(藤、草)编工艺等。

京族三岛所在的海港,群山环抱,水深浪静,是珠蚌生长最理想的地方,人们利用天然的海洋产品制作美丽的贝雕、珍珠与珊瑚等工艺品。贝壳品种多样,大的像簸箕,小的像米粒,形态繁多,色彩各异,一个贝壳还可以磨出多层色彩,纹理也很美丽,可制作风铃、吊篮、玩具、酒烟具、文具、台灯、发卡、瓶插、鱼缸、项链、首饰盒等实用工艺品,以及各种挂屏、座屏、屏风、圆雕等艺术欣赏品。贝壳经过切割、拼接并粘贴,还可做成贝雕画。贝雕是选用有色贝壳,巧用其天然色泽和纹理、形状，经剪取、车磨、抛光、堆砌、粘贴等工序精心雕琢成平贴、半浮雕、镶嵌、立体等多种形式和规格的工艺品。所制作的工艺品品种多、题材广，主要以花鸟、人物、山水、静物等为题材，珠光晶莹，古朴典雅，具有鲜明的装饰性和观赏性。珊瑚、珍珠可做手镯、手链、项链、吊坠、玩具等，光泽艳丽，温润可人，晶莹剔透。即使是海滩上随处可见的普通海螺，也可与贝壳、珊瑚一起组合，制成各式各样的工艺品。人们利用天然提供的材料，依势取形，然后用堆、叠、连、粘等方法，将贝壳、珊瑚等制成美不胜收、韵味十足的艺术品，展现了他们的生存智慧和生态审美追求。

图 2-1 京族贝壳艺术品 （作者摄）

京族竹编工艺有竹筐、竹箩、竹蓑衣、提篓、竹瓢、竹壳草鞋等；木器工艺有木蒸笼、木臼、木犁耙、饭排、搅饭叉、木锤、纺车、风车等；铁器工艺有铁锤、锄头、铁锹、犁、耙、镰刀、鱼叉等；石制工艺主要有石缸、石磨、石凳、石舂、石盆、石雕等。

六 民间习俗

京族民间习俗包括衣食住习俗、人生礼俗、节日习俗、民间信仰、社会组织、习惯法规、生产习俗、民间竞技、游戏活动以及禁忌习俗等方面。

（一）衣食住习俗

京族传统服装简洁、朴素，但富有民族特色。男性穿长过膝盖的窄袖袒胸上衣，裤子宽大，腰间束彩色腰带，头戴黑色或棕色的圆顶毡帽，称作"头箍"。女性习惯穿窄袖紧身的对胸开襟衣，不束腰带，下穿长而宽的黑色、褐色或白色裤子。节日、婚庆等仪式场合还要穿一件长而宽大的外衣，外衣一直垂到小腿部，下摆开衩，形似旗袍。女子发式较为讲究，梳"砧板髻"，即将头发正中平分，两边留有"落水"，结辫于后，用黑布条或黑丝带缠着，再盘绕于顶。京族妇女的头饰主要是耳环，出门常戴斗笠。

图 2-2 京族女装　（作者摄）

图 2-3 京族鲶汁 （作者摄）

图 2-4 京族风吹饼 （作者摄）

京族的饮食丰富多样，具有浓郁的海洋气息。日常饮食以大米为主食，辅以玉米、红薯、芋头等，逢年过节喜吃用糯米制成的食品。肉食以海产品为主。典型食品有鱼汁，又称"鲶汁""鱼露"，是民间传统调味品，以各种小鱼腌制而成。风味食品还有风吹饼、白糍粑、炒米

第二章 京族民间文化的内容、特征与教育功能

粉、糯米糖粥以及以海产品为原料的清蒸海鱼、酸甜鱿鱼卷、贝肉烩粉丝、白螺炆酸笋等海味特色菜。过去妇女喜欢将槟榔和蒌叶、石灰掺杂咀嚼，男子抽竹筒水烟。

旧时的京族民居是草庐茅舍，称"栏栅屋"，墙壁以木条和竹片编织，有的再糊上一层泥巴，或用竹篾夹茅草、稻草等作墙壁；屋顶盖以茅草、树枝叶或稻草（极少数盖瓦片）。屋内四角以木墩（多是苦楝木）或大竹作柱（也有以石头作柱墩的），再在柱墩上横直交叉地架以木条和粗竹片，上铺有竹席或草垫，作为草庐的"地板"。"地板"上面住人，下面就是鸡、鸭、鹅等家禽栖息的地方，有百越"干栏"式建筑的古文化积淀。从20世纪50年代始，随着经济的发展，石条瓦房逐渐代替了栏栅屋。石条瓦房是以长方形淡褐色石条砌成的住宅，这种独立式的单座居室内用条石或竹片木棉之类，分隔为左、中、右三个单间，厨房与畜圈在居室旁另建。如今生活富裕的京族，其民居大部分是两三层的小楼，带有阳台和装饰性栏杆，小楼临山面海，俨然山间别墅。

图2-5 京族传统民居"栏栅屋"与"石条瓦房"　（作者摄）

此外，哈亭是京族哈节活动的重要场所，是京族象征性的建筑之一。哈亭是庙式建筑结构，顶部呈"八"字形，盖上红色琉璃瓦，四角飞檐，屋脊正中立有"双龙戏珠"雕塑，大门门楣上挂着书写有"哈亭"二字的大牌匾。哈亭的内部结构分正殿和左、右偏厅。正殿是

— 97 —

"龙庭",祭祀镇海大王、高山大王、广泽大王、点雀大王、兴道大王。偏厅分别是左昭、右穆,祭祀的是十二家先神位(即祖先神位)。

图 2-6 京族哈亭 (作者摄)

(二)人生礼俗

在传统文化习俗中,人生礼俗在人生历程中占据重要角色,它包括了诞生礼、成年礼、婚礼、寿礼和葬礼等环节。京族有着独特的生育、成年、婚恋、祝寿与丧葬等人生礼俗。

1. 诞生礼俗。京族婴儿出生后,要用红纸书写"庆诞"并携带槟榔、柏枝、橘子等吉庆物,给外婆家"报姜"。外婆家的人在婴儿出生的第十二天才能将这个喜讯告诉亲友,并相约一起带着鸡、瘦猪肉、粽子等来女婿家"送姜"。婴孩诞生后第三天,家人要杀鸡祭祖做"三朝",众亲友都来祝贺。此外,还要给孩子"定花根",即把孩子出生日和时辰交给算命先生,算命"定花根"。若算命先生说婴孩命里带某煞,就要认相应的某一姓氏的人、物或神为契爷。契爷必须为孩子起一个名字,如认阮姓人为契爷,孩子就叫阮生、阮养或阮保等,认木头为契爷的,由道公代起名为木生、木养或木保等,以求孩子平安吉祥。为保小孩四季安康,每年农历八月初十或十二月二十六,妇女们还祭拜三

第二章 京族民间文化的内容、特征与教育功能

婆庙，庙内供奉的三位菩萨专管村内小孩平安。

2. 成年礼俗。京族男子成人仪式也称入簿仪式，在每年的农历十月初十举行，由村中18周岁的男子凑资合买香烛、纸宝、鞭炮等物，到哈亭列队朝拜，拜时每四人一批，每人四拜。哈亭乡饮是男子的事，一旦入簿参与乡饮，意味该男子进入成年，因此，入簿仪式就相当于习俗上的"成丁礼"了。[1] 京族女孩到了14岁就开始梳分头，盘结"砧板髻"和戴耳圈，标志着开始进入成年了。[2]

3. 婚恋习俗。京族青年通过"踢沙"和"掷木叶"来试探自己的意中人，两人情投意合想要结婚，必须还得通过"蓝梅"（京语，"牵引情丝"之意，即媒人）做媒，通过"蓝梅"为对方传唱情歌和对花屐，且要得到双方家长同意。双方父母同意后，将男女双方的"年庚"交请算命先生推算，若命合，则将媒人送来的女方年庚暂存，否则交媒人退还女方，谓之"合年生"。若算命先生推算男女之命相合，即将女方年庚置于神案上，以验其征兆之凶吉，谓之"定彩头"，时间三至七天不等，若在这段时间内安然无事，则认为吉祥，得祖先默许，可以成婚；反之，其间若有不如意之事发生，则认为不吉，将年庚交媒人退还女方。经合年生、定彩头后即商议聘礼，男家备办酒米、猪肉、槟榔挑送女家，谓之"报命好"。男家在婚前一个月或数个月，即请算命先生择定迎娶及"开容"等日期，将猪肉1块、槟榔1包等礼物送往女家，谓之"送日子"。京族婚礼仪式非常隆重，京族女孩在出嫁前三天或七天要哭嫁三天，整个婚礼过程都伴随着饶有趣味的歌唱活动。

江平镇附近的恒望、竹山、楠木等村，部分京族人信仰天主教，并建有天主教堂，他们的婚姻制度和结婚仪式均按照天主教的教规来

---

[1] 符达升等：《京族风俗志》，中央民族大学出版社1993年版，第111页。
[2] 余益中等：《广西北部湾经济区文化发展研究》，广西人民出版社2009年版，第216—217页。

进行。

4. 祝寿习俗。在京族地区，50岁以上的人被视为老人，被称为"翁古"，到了这个年龄后，每年的诞辰，晚辈们都要给他们祝寿，杀鸡、宰鸭甚至宰猪祭祖，大摆筵席，众亲友带着"寿礼"前来祝寿。祝寿时，受祝者衣冠焕然，高高坐于堂屋正中，接受人们（先本家后外戚亲友，按长幼排辈顺序）参拜，说吉庆话，唱祝寿歌。待祝寿完毕后，才入席正式欢宴。[①] 如老人生病或久病不愈，家人需请法师为其"做十保"，祈求神灵和祖宗"赐福"，保佑病人早日康复。

5. 丧葬礼俗。京族历来实行土葬，丧葬的过程主要有：报丧、抹身更衣、入殓封棺、出殡等，请"师傅"主持整个过程。50岁以上的老人因病去世，俗称"百年归老"，其家人或族人要请道公为其举行较隆重的修斋仪式，意谓还父母"功德"，以尽儿女孝道。其中有一项仪式叫"动鼓修斋"：封棺后，由丧家择日为死者做斋，一般在夜间进行，斋台周围挂上十余张神像，敲锣打鼓由道公诵经。葬后第三天，再用新泥土填坟，人称"复坟"。葬后第七天晚上开始，逢七必送饭，需送七次。若葬地不好，三年后的重阳节开坟"拾骨"，择好吉日、吉地，重新移葬。

（三）节日习俗

京族的传统节日主要有春节、清明节、端午节、哈节、中元节、中秋节、冬至，等等。受汉族和杂居的壮族的影响，京族的春节、清明节、端午节、中元节、中秋节、冬至等节日习俗与汉族、壮族大同小异，如过春节、二十三送灶、除夕祭祖、贴对联、守夜、放爆竹、包粽子、煮糯米糖粥，新年互相拜年，元宵节吃汤圆、赏灯等。清明节时，

[①] 马居里、陈家柳主编：《京族——广西东兴市山心村调查》，云南大学出版社2004年版，第170—171页。

第二章 京族民间文化的内容、特征与教育功能

山心、江龙等地的京族仿照当地汉族的风俗进行扫墓、拜祖，沥尾、巫头两地则是在农历十二月二十至三十扫墓、祭祖，清明时不扫墓。端午节的习俗，则是在门前插艾叶、吃糯米粽、喝雄黄酒等。农历七月十五"孟兰节"主要是拜祖拜神；中秋节赏月、吃月饼等，情况大体与当地汉族相同。

除了受汉族影响，日常生活中融入汉族的重要节日之外，京族仍然保存着本民族传统的节日活动。哈节是京族最隆重的民族节日。"哈"取自京语，根据现有的调查材料，"哈"的意义有两种解释：一种意为"吃"，"哈节"即为"祭神节"（神吃）、"乡饮节"（人吃）；另一种意为"歌"或者"唱歌"，"哈节"就是"歌节"或者"唱歌节"。20世纪50年代以后，"哈节"也常被称为"唱哈节"，这一名称得到了当地京族民众的认可。[①] 京族各地哈节日期有所不同，沥尾在农历六月初九，巫头在农历八月初一[②]，山心在八月初十，红坎在正月十五。每逢哈节，京族男女老幼均身着节日盛装，迎神、祭神、入席唱哈、送神，祈求渔业丰收、人畜两旺。祀神完毕即入席宴饮、唱哈，主要节目有情歌、灯舞、乐舞、歌唱族杰，等等。农历十月初十是京族的食新米节，在农作物收获后的第一天，人们关起门来吃新米，祝贺当年丰收，预祝来年风调雨顺。京族还有"祈福日"和"还福日"，年初"祈福"，年尽"还福"，在春节过后即农历二月二十左右祈福，而年尾即农历十二月二十左右还福，意即一年来有很多收获，感谢圣神赐予的福气。

(四) 民间信仰

京族信仰多神，信奉的神灵大多来源于自然宗教、道教和佛教，也有少数人信仰天主教。京族地区有灵光禅寺，供奉观音菩萨；有三婆

---

① 符达升等：《京族风俗志》，中央民族学院出版社1993年版，第94页。
② 巫头原来是在每年农历六月初九过哈节，20世纪90年代中期改为农历八月初一过哈节。

图 2-7 哈节的迎神队伍 （作者摄）

庙，供奉观音老母、柳行公主和德昭婆；有伏波庙，供奉汉朝伏波将军马援。这体现了京族信仰习俗的多元格局。由于对海上风云变幻莫测的自然规律认识不足，京族民众信奉的神灵同海洋密切相关，虔诚供奉镇海大王、海龙王、海公、海婆等神灵，祈求神灵保佑出海平安、渔业丰收。京族人家中还供奉祖灵和灶神、土地神等。此外，恒望、竹山、楠木等村有天主教堂，当地京族人信仰天主教，属北海教区指导，派有司铎、修女在此主持教务。信教的人在教堂里念经祈祷，信奉上帝，遵从教习，遵守教规。天主教在京族其他地区的影响不大。

（五）社会组织

过去，在京族地区，有一种称为"翁村"[①]的组织，一般由"翁村""翁宽""翁模""翁得"和"翁记"五种人组成，各有其具体的分工与职责，类似于原始社会末期农村公社的长老制度。"翁村"为该组织之首，由村内的"格古"（京语谓长老）和民众公推一位具有一定

[①] 在京语中，"翁村"为"乡正"或"村正"之意，顾名思义主持正义、解决纠纷、主持祭仪、筹办修筑海堤、修桥铺路等公益事业。

第二章 京族民间文化的内容、特征与教育功能

图 2-8　哈亭里供奉的神灵　（作者摄）

文化知识并能说会道、大公无私的年长者充任，任期三年。"翁村"在任期间，如能忠于职守，办事得力，民众信服，一般多可继续连任，直到任满两届后，才能自行卸任；如果在职期间办事不公，出现渎职行为，或是偶遇父母亡故，身负重孝，民众认为不吉利的情况下，"格古"或民众即可随时将其罢免，另选他人。"翁村"的职责是：主持制定村规民约并监督执行；协调、处理村内各种纠纷或案件；主持召开各种会议及对外联络；负责筹办"唱哈"活动及其祭祀仪式；领导村民开展渔业、农业生产及其他公益事业等。其余的四种人则在"翁村"的领导下，由"翁村"与"格古"联名推荐，经民众民主选举产生。其中"翁宽"主要协助"翁村"管理与处理事务，执行处罚，由七人组成，一正六副，每年改选一次，根据工作表现，可连选连任，反之可随时罢免。"翁模"的人选条件则较严格，须具有人财两旺和妻媳齐全条件的人才能获得提名，入选前还要到神庙中专事履行"册卜"仪式，如果连续三兆均为"胜窖"者，即算入选，反之则被淘汰，另选他人。"翁记"在任期间，民众不能任意罢免。"翁宽"等人的具体职责各不相同，除了协助"翁村"处理村中的日常事务以外，每人还有各自的具体分工。"翁宽"

教育人类学视野下的京族民间文化传承研究

主要负责管理山林和对违法者执行处罚等;"翁模"主要负责"哈亭"的日常管理及烧香等事务;"翁得"主要负责"哈亭"以外的各神庙的日常管理及烧香等事务;"翁记"则主要管理村里的文书账目。"翁村"组织较为民主,凡遇重大事情,事先须召集村中德高望重的"格古"及部分民众代表共同商议处理的办法,非经反复商议不作决定。① 20 世纪 50 年代以后,这种"翁村"组织已不复存在。

(六)习惯法规

旧时,京族的许多乡村为维持本村社的社会秩序,调整和规范社区成员的道德行为,订立了维护公益事业的乡规村约,这些规约先是由"翁村""翁宽""翁记"召集村中父老公议,然后由村民大会通过。规约形成后,全村必须恪守,不得违犯。规约内容大致包括:(1)禁止砍伐公山林木,违者罚款;(2)禁止开掘高坡四处的土地,违者罚款;(3)凡偷盗海水陆地岸上的渔网、网丝等件者,罚款若干;(4)凡偷芋头、菜薯等物者,被捉得定罚款若干;(5)凡偷海上船只者,重罚;(6)凡吸鸦片、赌博者,处罚;(7)凡勇与匪斗者,赏若干。② 乡约的内容包括了团结御匪,严禁偷盗,有关婚嫁、祭祀、捕鱼、风俗习惯等各项,其中禁止砍伐树林、保护自然资源的规约和禁令占有很重要的地位。这些规约都有具体的条款,例如禁止砍伐公山林木的规约中具体的条款有:"民居后山一带山林,折生枯木、树木根等项,一概净禁……不遵如约内,贪图利己,擅入盗掘,破巡山各等,捉回本村,定罚铜钱三千六百文及猪首一只,糯米十斤,酒五十筒,谢神有恩不恕。或余村人等何系可堪,捉得赃物回详,本村定赏花红钱一千六百文正。"③ "约定禁山

---

① 覃乃昌主编:《广西世居民族》,广西民族出版社 2004 年版,第 192—193 页。
② 高发元主编:《中国少数民族道德概览》,云南民族出版社 1992 年版,第 389 页。
③ 国家民委民族问题五种丛书编辑委员会、《社会历史调查资料丛刊》编辑组:《广西少数民族地区碑文、契约资料集》,广西民族出版社 1987 年版,第 264 页。

第二章 京族民间文化的内容、特征与教育功能

林、木条、生藤及木根等项,一概净禁,若不论何人不遵禁例,擅入砍伐,守券捉得,本村定罚券钱贰仟陆佰正,收入香灯,或村内诸人捉得,本村定赏花红钱陆百正。"①禁偷防盗一类的条约,内容具体丰富,涵盖面广,如对农作物偷盗的规定有:"……如有何人,不遵约法,夜出偷盗园蔬薯芋等物,拿获到案者议罚洋银柒佰元贰毫正……日间偷盗薯芋等物者,罚洋银叁佰元陆毫正……"如偷盗渔业用具的:"有婪心偷盗海边筏索等物者,原赃带到者,罚洋银叁仟元陆毫正。"如偷人家中之物的:"有偷盗家私什物等件,拿获原赃及盗带到者,议罚洋银叁佰元陆毫。"另外对偷盗熟视无睹的也有规定:"近邻如有被盗入室,或遭火焚舍,或焚草棚,若有闻报即来救火,如有闻声不至者,即系该名有份行之,事过失主人报到者,即照约罚银十元正。"对可以开垦绿化的荒坡也有严格的约定,"约本村净禁诸各地头及高坡四处一皆净禁,不得开掘,若何人不按如约,擅入开掘,本村定罚铜钱叁仟陆佰正不恕……"②等。这些规约由"翁村"监督施行,视犯者行为轻重给予处罚,对有功者颁奖。在京族的历史上,这些村规民约对于村落社会秩序的稳定、渔农生产、林木保护、禁偷防盗以及生活习俗等方面都曾起到了十分积极的维系、保护和调整的作用。

（七）生产习俗

京族主要从事远、近海捕捞和海产养殖,在长期的劳动实践中形成了与渔业相关的生产习俗。因为京族各岛各村自然地理条件不同,其传统的海洋渔业也各有特色,山心村以渔箔为主要捕捞方式,巫头除了渔箔还有塞网等捕捞方式,沥尾以拉网、鲨网捕鱼捉鲨,并发展了深海捕捞作业。潭吉、红坎、竹山、恒望等村的京族人家也有渔箔、拉网、塞

---

① 覃乃昌主编:《广西世居民族》,广西民族出版社2004年版,第203页。
② 同上。

网、鲨网等工具和设施从事海洋渔业。除上述渔具及其捕捞方式外,还有挖沙虫、扒螺、捉蟹、拾贝等作业。

拉网是一种曳地网作业,在沿海进行捕捞。拉网有大小两种:大网长约120丈,高约9尺,网身由6张缯网织成,网眼小而密;小网约100丈,高约7尺,网身由4张缯网织成,网眼大而疏。作业时,首先驾竹排在海边作半圆形放网,由岸上的两组人分别把网的两头慢慢拉起,即可把网内的鱼捕获。拉大网需30—40人,拉小网需20—30人,集体拉网。塞网是利用海水潮涨潮落张网捕捞。一般网长1500米,高约3米,是京族最大的渔网。作业在海滩上进行,把人分为3组,各组的人又分工号桩、插桩、拉网、挂网和挑沙土等,待潮涨到相对稳定时,在大海的方向把网放下围成半圆形,海潮退时鱼在网中,即可捕捞。渔箔也是浅海滩涂捕捞设施,选择海水流急的滩涂作箔地,整个渔箔都用木条和细竹围插而成。一所箔地需要用大小木条1万—2万条,竹子数百支,渔箔分头、身、尾三个部分,头大、身细长、尾圆而小,状如漏斗。涨潮时鱼群随潮水游至岸边,退潮时,鱼群从渔箔头部的"篱构"顺水流进"疏篱",再流进尾部一个比一个小的3个"箔漏",即可捕捞。此外还有鲎网、鲨鱼网、连丝网、刺网、南虾缯、大虾缯、墨鱼笼、鱼钩等20多种工具及其捕捞方法。京族人根据长期积累的知识,掌握了海洋鱼类产卵洄游、索饵洄游、季节洄游等活动规律,开展一年各个季节的海洋捕捞作业。[①]

高跷捕鱼是京族在长期的生产实践中总结出来的捕捞鱼虾方法。在京族三岛浅海一带,小鱼小虾一般在1米多深的浅海活动,这个高度不能行船,海水又刚好淹过头顶而不能徒步行走。京族人总结出了在腿上绑高跷以提高高度的做法,这就是高跷捕鱼。随着生产方式不断进步,

---

① 李甫春等:《中国南方少数民族的变迁》,民族出版社2010年版,第64—65页。

第二章 京族民间文化的内容、特征与教育功能

现在高跷捕鱼已逐渐被其他方式所取代。

京族海洋渔业的主要渔具设施有拉网、塞网、渔箔、鲎网、鲨鱼网等,都是大型的生产工具设施,制作或购置投资大,并且必须数十人集体操作,这种捕捞作业使京族社会形成了由"网头"和"网丁"组成的合伙占有生产工具、集体进行捕捞生产的劳动组织形式。网头由网丁民主推荐产生,一般由体力强、技术精、经验多的老渔民担任,其主要职责是组织网丁开展渔业生产,负责承租或制作渔网,主持捕捞中的祭祀仪式,指挥网丁追逐鱼群,躲避台风,并同网丁一起劳动,共同分配,没有特权和额外报酬。每年农历十二月二十日至二十八日,京族海洋捕捞合伙劳动组织隆重举行"做年晚福"仪式,由网头主持拜神祈求海神保佑来年生产安全、丰收。到正月初一这一天,捕捞合伙劳动组织还欢聚一堂,宰猪饮酒,称之为"还愿"。在日常生产生活中,网丁若发生意外事故或生活困难,大家都互相帮助。网丁可自由领取股金,退出合伙组织,不受任何约束。[①] 20世纪50年代以后,"网"组织自行解体。

在20世纪70年代以前,京族地区曾流行一种称为"寄赖"的见者有份的劳动成果分享方式。每逢遇到海上有塞网捕鱼,村民可以带上鱼罩、鱼叉到塞网内捉鱼,而塞网的主人通常不会阻拦。当有船家从海里捕鱼归来,路过的村民都可以前去"寄赖"几条鲜鱼回家享用。"寄赖"的人一般不会太过分,而船主也乐意村民去他的船上"寄赖",因为"寄赖"的人越多,越能显示出他的慷慨大方。如今虽然出深海捕鱼的船家已经不多,"寄赖"的现象也日渐减少,但"寄赖"仍然经常出现在村民的口头表达之中。尤其是在吃饭喝酒之时,主人往往希望多一些人前来"寄赖",人来得多才会让主人觉得自己朋友多、有面子。

---

① 李甫春等:《中国南方少数民族的变迁》,民族出版社2010年版,第65页。

（八）民间竞技、游戏活动

京族传统体育竞技活动主要有"跳竹竿""捉活鸭""摸鸭蛋""顶头""顶臂""顶竿""打狗""踩高跷"等。

跳竹竿。将两条长木杠平行摆放，两杠之间相距 3 米左右，上面再与木杠垂直平放 8 根竹竿。竹竿分为四对，每对间隔 70 厘米左右。操竹竿的 8 个人同样分为四对，相对蹲在两边，按每对人持一对竹竿的方法握住竹竿两端，随着鼓点节奏将竹竿一开一合，跳竹竿者灵巧地跳跃其间，只要腿、脚、腰或脖子等部位被竹竿夹住或碰着都算不成功，只得认输，退出比赛。可分为单人跳、双人跳和多人跳几种方式。

捉活鸭。将一定数量的鸭子放入河塘、海里，人们下水追捉四处奔逃的鸭子，以捉住鸭子数目多少决定胜负。比赛分个人、集体两种形式。

摸鸭蛋。将煮熟的鸭蛋扔进海里，稍等片刻，随着裁判的一声令下，参赛者同时跳进海里去抢摸，摸到鸭蛋多者获胜。

顶头。比赛时，两个参赛者双膝跪地，双手撑地互相对顶。比赛三轮，每轮约 10—20 分钟，赢者获胜。

顶臂。两人相对，地上画一中线。比赛开始时，两人同时伸直双臂，掌心与对方相握，双方发力推顶，直到一方推越中线，把另一方逼退，才告一轮结束。反复较量三轮决定胜负。

顶竿。两人相对而立，地上画线为界，以一条长三米左右的平滑竹竿分别置于双方的颈脖间或腹部。比赛时裁判员一声令下，双方同时用力，奋勇向前推顶。谁越过界河，谁就是胜者。连续进行三轮或五轮以定胜负。参加这项活动的人有男有女，分单人和双人。

打狗。五六个人在海边的沙滩或草地、坪地上挖几个小坑，每人拿一条木棍或扁担，击打一个称为"狗"的六边形木柱体。

踩高跷。亦称为"搏脚"，即在两脚下各缚上一根 0.8—1.4 米的木桩，扛着"虾笋"去浅海，以捕捞虾多者为胜，可在平地上、海滩及

第二章 京族民间文化的内容、特征与教育功能

海水里行走,需要掌握一定的技巧。

京族民间游戏主要有:以海上的彩贝壳为玩具开展的"捉贝"(相当于汉族的"捉子")以及"走田"(相当于汉族的"猪仔煲")、"赶狗占窝"(即汉族的"赶狗"或"打狗")、"走坑""做家家"(即"过家家")等。还有一种盛行的"捉迷藏",民间俗称"黯鸡估"。开始时大家围成一圈,由领头人随意拿出一件物品(如大螺壳或彩贝之类),顺序传递,迅速交接。传递物到谁的手上接不稳而掉了,谁就当"黯鸡",伙伴们就用一条毛巾把他的双眼蒙牢,他就像一只"盲鸡"一样,伸开双手瞎扑,扑向伙伴们,谁要是逃避不及,就会被"黯鸡"抓住,然后"黯鸡"就摸被抓到的人的头和脚,"估"(猜)其姓名,如果"估"中了,就会换被抓到的人来当"黯鸡"。否则,原来的"黯鸡"就得继续当下去,等到抓着人,且猜中了其姓名,才能把毛巾解开,让被猜中者去做"黯鸡"。游戏就这样反复进行。[①]

(九)禁忌习俗

京族的生产禁忌主要同渔业有关。如织网时不准别人问三道四,怕影响收获。忌人从渔网上跨过,晾置不用的渔具时要在边头挂上一团长满刺的植物,以驱除邪恶和镇住鬼神。未经主人许可,旁人不得随便动用渔具。未下水的新竹筏,人不能坐在上面。坐船时不可将双脚垂在船舱内外。船头是专门烧香敬神的地方,人不能乱坐。每次出海之前,人们都要在门外烧一堆火,将网从火上边抬过,取意"兴旺"。在海上捕到第一网鱼时,必须将网中的几尾大鱼扔回海里,认为这么做是积善德,会得到海龙王的庇佑。在船上移动灶具或网具时,必须用双手捧或二人抬,忌单手拖,否则认为有"搁浅"之嫌,不吉利。

---

① 霍红:《西部少数民族传统体育的现状与走向》,四川大学出版社2007年版,第214—215页。

生活上的禁忌范围较广。如建造房舍、畜舍时都要择吉日，否则认为会遭到天灾人祸；忌在哈亭台楼和三婆庙正前方盖房子，认为会触犯神灵，给家人带来厄运；忌住不按照传统规矩建造的房屋，有"宁置败家田，不住败家屋"的说法；上山打柴带米出门时，忌米粒掉在地上，否则认为上山会遇凶险；忌夜晚在林间吹口哨或唱歌，否则认为会招来鬼怪；天黑后忌向别人借钱；逢初一、十五忌别人进门借火、借盐腌鱼，否则认为家里的"水头"（指钱财）会给别人扯去；在船上，忌把饭碗倒覆而放，汤匙忌从碗边滑过，否则认为渔船会有搁浅、翻船的危险；忌把脚踏在炉灶上；避免把饭烧焦，因为焦与礁同音，恐触礁，不吉利。做菜不用煎或炒的方法，因为煎炒均意味着"无水头"，是出海无获的表示。出海时做菜的油要说成"滑水"，因为油与游谐音，游水意味翻船，很不吉利，而滑水则寓意顺当、流利。在订婚到结婚这段时间，男方家忌打破碗、煮烂饭、六畜损失、鸡鸭生软壳蛋，女方家忌见两蛇相近等。

有些禁忌是专门针对妇女的。如妇女绝不可以从任何网具上跨过；出海搬头网忌碰见女人；到渔箔中抓鱼、出门时也不愿见到女人；孕妇和坐月期间的产妇不能进入哈亭，忌移动床铺，忌在孕妇房内剪东西（怕孩子嘴歪）；出海的人忌出入产妇的房屋；孕妇和身体虚弱的小孩忌见棺材；产妇产后七天才可以外出，但不能到水井挑水，不能到厨房煮东西，否则必冒犯灶君。

第二节 京族民间文化的特征

文化是人类适应环境的过程和结果，人类不同群体生活在不同的环境中，这是人类文化多样性形成的根基。京族生产生活环境总体特点是处在祖国南疆前沿、南临海洋，概括起来就是"边""海"。在这一环

第二章 京族民间文化的内容、特征与教育功能

境中形成的民间文化具有海洋性、跨国性、兼容开放性、生态性等与中原地区或其他地区民间文化不同的特征。

一 海洋性

京族同胞生活在蔚蓝浩瀚、碧波荡漾的海边，在长期的海洋开发历史中，京族形成了丰富多彩、具有独特内涵的海洋文化，他们创造的民间文化具有浓郁的海洋性特征。

（一）生产、生活习俗的海洋性特征

1. 生产方式。京族的生产方式主要是渔业捕捞和养殖加工，渔农（养殖业）结合。过去由于生产技术比较落后，浅海捕捞和杂海渔业是京族原始的谋生方式，浅海捕捞主要以拉网、塞网、渔箔、鱼笼等传统捕捞工具在近海作业，杂海渔业则以较为原始的竹筏、麻网、鱼钩、鱼叉、蟹（螺）耙、沙虫锹、牡蛎刨等工具从事简单的近海渔业生产。在长期的海洋渔业生产过程中，京族创造和传承了丰富的有别于其他民族的海洋民俗文化。

2. 服饰。热带的海洋性气候影响了京族人的服饰习惯，形成了京族以简单凉快为主流的服饰文化。京族服饰的取材、造型、颜色等与海洋自然地理环境相适应，以方便在水中作业和海滨生活，常以丝绸为料，质地柔软，女性穿在身上线条突出，衬托女性的婀娜身姿，且透气性良好，沾水易干，适合在海边穿着，在风格上表现出轻柔飘逸之美。人们头戴的斗笠内斗很深，斗笠几乎盖住整个脸部，可防止海边太阳暴晒，起到防护面部的作用。服装的颜色多用大块单一色彩，如浅蓝色、白色，很少着杂色和装饰品，年轻人多喜欢海天一色特征的淡蓝色衣服，或具有蓝天白云映衬美表征的深色衣加白色外套。京族服饰具有大海的自然美特征：轻柔飘逸，洁净明快，这和海滨自然环境造就的审美意识有关。

3. 饮食。京族主要从事海洋渔业，自古以来其饮食文化具有鲜明的海洋特色，以大米为主食，肉食以鱼、虾、蟹、螺为多，制菜多用海鲜，喜欢用"鲶汁"（又称"鱼露"，即以各种小鱼腌制而成的鱼汁）调味，其特色饮食主要有炒海蜇皮、海参、对虾、大蚝蜊、水鱼、青蟹、花蟹等，名菜有螺蟹米粉汤、烧大虾、烤生鱼片、鱼露、蚌肉羹、烧石花鱼、炖海龟、清炒海龟蛋、清蒸海鱼、酸甜鱿鱼卷、贝肉烩粉丝、白螺炆酸笋、煎鲜虾、红炆蟹、炒墨鱼花卷、烩海味全家福等，原料均来自大海。京族饮食文化与海洋有着密切的联系，也与自身的经济生产方式关联，是海洋及各种因素共同影响下的结果。

4. 居住。京族人常年在海边生活，因而常处于潮湿的海洋气候环境中，早期的京族竹木结构的"干栏式"建筑可以有效保持干燥和防止屋内环境的潮湿。因为石材比较适应海边潮湿的气候，后来石条瓦房取代了简陋的"干栏式"建筑。石条瓦房是以长方体石条砌成的住宅，房屋内部一般用条石和竹片进行分割，房屋顶和瓦间采用石块和砖头进行压制，这样能有效地防止海风破坏。这种石条瓦房坚固耐用，防风抗湿，可以很好地适应海边的环境和气候条件。同时，为适应台风环境，京族沿海的村落也大多建有围墙，围墙坚固厚实，能很好地抵御台风侵袭。

5. 信仰。京族以海洋环境为依托，向大海获取维系生命之物质和精神食粮，创造了大量与海洋渔业有关的物质财富和精神财富，使其本民族的信仰习俗文化呈现出丰富的海洋文化特色。由于海洋捕捞危险系数大，加上过去人们生产力低下，难以与大自然相抗争。在这种情况下，京族人就把生存的希望寄托于海洋神灵的庇佑上，他们通过各种祭祀仪式，祈求海神保护岛上建筑不受台风袭击，保佑出海渔民平安归航，保佑岛民渔业、农业丰收。京族信奉的海神主要有镇海大王、海公、海婆、龙皇天子、水口大王、观世音和伏波将军等，海神信仰成为京族祈求海上平安、渔业丰收、村社和谐信仰习俗之核心。京族人把镇

第二章 京族民间文化的内容、特征与教育功能

海大王列为崇奉众海洋神灵之首,在修建或重建哈亭时还把镇海大王的牌位放在哈亭中央供奉,唱哈节期间要到海边将镇海大王迎回哈亭祭拜。京族的海神信仰仪式具有明显的海洋文化特征。

6. 民间游戏与竞技。京族民间游戏、竞技与海洋渔业生产的方式及海洋地理环境密切相关,具有一定的海洋性特征。例如儿童以海上的彩贝壳为玩具开展的"捉贝"游戏,富于浓郁的海洋生活气息。冲浪、跳水、潜水、游泳、划龙舟、帆船等海上活动是京族人生活环境的集中体现,他们将海洋物质创造性地体现在娱乐锻炼上,构成了丰富的海洋民俗体育文化。捉活鸭、摸鸭蛋、踩高跷等体育竞技活动也与海洋生活相关。

7. 医药。京族依海而居,以海为生,利用海洋药用资源,以当地特有的土方土法来防病治病,探索、积累、总结出很多宝贵的医疗经验,形成富于海洋特色的医药习俗文化。据初步调查发现,京族"三岛"上共有野生植物634种,其中有药用价值的植物396种。[①] 京族人在长期与疾病斗争的过程中,对草药的使用和服法有相当丰富的经验(看、摸、嗅、尝)。目前发现的单方、验方、土方300多种,京族民众使用记载的中草药及海洋药物200多种。[②] 当地京族医生所抄录的民间手抄本民间验方中,记载了常用海洋类药物包括软体动物类(沙虫、鱿鱼等)、各种鱼类、节肢动物类(虾、香螺等),甚至海水、生盐均可入药。中国鲎、海蛇、海马、海龙、海星、方格星虫等,这些海洋生物都是"京族三岛"上的常见物品,也是常用的海洋药物。京族作为中国少数民族中唯一的渔业民族,其长期生存的自然环境、生产生活方式均与内陆地区有很大的差别,这也就决定了京族在疾病的诊治习俗方面

[①] 滕红丽等:《广西滨海生态过渡带的药用植物及其可持续利用研究》,《时珍国医国药》2008年第7期。

[②] 陈丽琴、邓子敬:《京族海洋医药习俗研究》,《百色学院学报》2016年第2期。

有着鲜明的海洋文化特点。

(二) 民间文学艺术的海洋性特征

生活在京族三岛上的京族,他们的民间文学作品描绘出一幅幅海滨风情画。如京族故事《山榄探海》中说:一天,山神王来到"三岛"游览南海。他看到大海茫茫,碧波连天,海面在阳光下起伏动荡,泛出宝石般的颜色。① 在《京岛传说》里,人们织网、捕鱼,一代一代在三个沙岛上繁衍,三个沙岛绿树成荫,石砖屋座座,海上白帆点点,岛上田畴片片,成了三个仙境一样的渔岛。② 阳光、大海、碧波、白帆、绿树、沙岛……这是一幅令人神往的海滨风景画卷,异于秋霜尽染的山林景象和禾苗葱绿的田垌风光。京族民间故事《公蟹不脱壳》《白牛鱼的故事》《灰老鱼的故事》《鲨的故事》《海龙王开大会》《海龙王救墨鱼》《乌龟头》《海白鳝和长颈鹤》《海獭》《公蟹和母蟹》《鹅为什么不吃鱼》《老虎与螺贝》和《海珠成岛》等描写了辽阔无垠的大海,美丽的岛屿和海底森林,丰富多样的鱼、蟹、龟、虾、螺贝、水草、珊瑚等海洋动植物,使京族民间文学作品富于浓烈的海洋文化气息。京族民歌用海岛与海上所见、所闻、所感、所知的种种景物、情事,提炼形象的赋、比、兴,以表达京族渔民的思想、感情、理想、愿望和审美情趣。京族民歌《进言歌》:"冬去春来天放暖,万物竞茂开笑颜,渔哥繁忙捕鱼网,梦里急着到海旁。坐上摩托去海边,装上炊具和渔网,撒下渔网捕大鱼,渔哥心中乐荡漾。大鱼大虾海螃蟹,要啥有啥乐滋味,满载鱼虾转回家,不忘孝敬老人家。"此歌描述的是京族人撒网打鱼的劳动习俗,洋溢着浓郁的海滨生活气息。即使是京族青年男女表达情意的情歌也多取材海边生活,如"牡蛎煮汤清对清,妹想恋哥讲正经,真

---

① 苏维光等:《京族民间故事选》,中国民间文艺出版社1984年版,第84页。
② 同上书,第4—5页。

第二章 京族民间文化的内容、特征与教育功能

想恋哥真情吐,待哥接妹回家门。渔网浮标最耐浸,千风万浪打不沉,合力拧成船橹缆,任摇不断见真心"①。《人悉景不欢》:"悉景色不欢,人悉景色也忧愁。日西斜遥望大海,是谁的船白帆点点时隐时现?每当斜阳望大海,水天一色知情人在哪里?"②《青鲨我敢骑》:"不知死,你生吃海蛇不剥皮,你以为我是小海鸥,你不知我是青鲨鱼!不怕死,青鲨我敢捉来骑,四海浪峰我踩平,你知我犀利不犀利?"③ "潮涨潮退不离海,风吹云走不离天;大路不断牛脚印,海上不断钓鱼船。"④ 滨海风光,大海、海鱼、海风、海岸、海港、海景、海鸥、渔民、渔业、渔船、大网、盐田,等等,无不浸润于京族文化之中,这些京族民歌的歌词描述了京族独特的生活环境,表达京族人的生活情怀,深深打上了其生存环境的烙印。京族不少民歌以大海为题材,内容充满了对海上景物的咏唱,而且民歌的艺术特色如同大海的性格,有的曲调高亢,传递很远,歌声高低起伏,如波峰浪谷,有的旋律却缠绵回肠,犹如平静的海湾。加上常用独弦琴作伴奏,受独弦琴颤柔抖动的音调、声韵影响,歌曲的旋律颤动、委婉。"还有一字多音的词曲结合方式;既注重了'词情'又强调了'声情',更大量地使用颤音、波音、倚音、滑音等装饰旋律,使其曲调绵延悠长,如吟如诵,柔美细腻,显示出特有的韵味,轻盈飘逸的歌声,就像大海的波浪起伏,更像海上的渔船在海浪中飘摇、渔民撒网的抛物线,这正是海洋文化的形象表现,京族特有的民间音乐大都体现出这样的海洋文化特殊韵味。"⑤

京族民间舞蹈具有浓厚的海洋性特征,主要表现为舞蹈动作对海洋

---

① 苏维光等:《京族民歌选》,广西民族出版社1998年版,第78页。
② 苏维光:《京族文学史》,广西教育出版社1993年版,第19—20页。
③ 林建华:《殊途同归:壮京文学比较研究》,《广西民族学院学报》2005年第6期。
④ 《京族文化的民族性海洋性特色》,中国网,http://www.china.com.cn/culture/aboutchina/jingzu/2009-09/08/content_18483351.htm 2010-02-01。
⑤ 卢克刚:《京族民歌研究》,《歌海》2010年第5期。

生物、海水波浪、人类游泳姿势等相关的海洋特征的模仿和表达。京族民间舞蹈在动作上的总体特征是"圆""柔""收",轻柔的手部动作,是对海洋的模仿,让人想起海水的起伏不定,吞吐反复。海水能够根据地心引力保持海平面,京族舞蹈模仿了这种平衡感,表现出来的是一个手臂和腰、腿互相弯曲的具有和谐美感的角度。在模仿海洋生物方面,舞蹈《海石花》就模仿了水母、鱼和螃蟹等海洋生物,展现出了海洋生物生动的生存状态。人遨游于海水中,利用海水浮力与大自然进行嬉戏与活动,手的摇摆正好展现了人类在海洋中的自由浮动状态。[①] 过去,京族民众居住在偏僻的海岛上,以捕鱼为生,长年出没于大海之中,遇到海上风浪突变时,往往有去无还,在这种特殊的生存环境下,渔民每天的工作都是如履薄冰、如临深渊、战战兢兢,容不得半点马虎。因此,反映在京族民间舞蹈的动作规律上,一般是以"圆""柔""收"为主。京族竹竿舞也是与海洋生态环境有关,京族人世代生活在海边,以海洋捕捞为业,日常劳作都在船上,船行浪大,需要人们不时跳动才能在竹排上站稳,由此衍生了舞蹈"跳竹杠"。"跳天灯"舞蹈动作端庄优美,脚跟落地时坚实,膝部颤动有力,这是他们长期行走在沙滩上形成的舞蹈特点,体现了他们平时走在沙滩上,由于脚跟先着地形成的动律、动态特征。可见,京族民间舞蹈在动作、道具、节奏和整体氛围方面都体现了海洋文化特色,是适应海洋生态环境的结果。

二 跨国性

如前所述,学界多认为越南主体民族京族的祖先是骆越(雒越)人,我国京族在明代时从越南迁移到京族三岛,可以说,如今我国京族

---

① 杨冬燕:《京族舞蹈的海洋性特征与社会意义》,《歌海》2009年第5期。

第二章 京族民间文化的内容、特征与教育功能

与越南京族是"同根生的民族"。由于这种特殊的渊源关系,京族民间文化具有跨国性的特征。

京族居住的京族三岛与越南芒街隔海相望。京族字喃史歌《氵万尾京族简史》唱道:"越南涂山是祖籍,洪顺三年的一天,先祖来到福安里。"① 史歌讲述了京族的族源,这种特殊的族源使京族的一些民间文化形态与越南的民间文化形态存在着同中有异、异中有同的特点。京族民间音乐在五声音阶调式的内地文化基础上,融合了一些越南民歌的特点,使音阶调式根据内容、语言的需要发生一些变形。《唱十爱》《引线穿螺好主张》和《跑马打老番》均使用在五声音阶基础上变形的四声音阶,《灯舞歌》《摇船歌》使用了变形的六声音阶。另外,京族民间音乐的唱词大部分都是六、八句式结构②,这也与越南诗歌典型的民族形式一致。但诗的内容又有中国京族的特色和北部湾三岛渔业地方色彩。民歌还吸收融合了越南民歌的常用衬词,如《出海歌》:"海水浪叠浪,姐妹哎,出海心欢畅,撒网捕鱼遍南海,鱼虾堆满仓,姐妹笑声扬(叮当叮)。""叮当叮"是越南民歌常用的表情性衬词,从这里可以看出京族音乐受到了一定的越南文化的影响,在长期的交流、融合过程中形成了今天独特的民族风格。③ 作为一种跨国的、同源异流的民族乐器,京族独弦琴反映了中越两国跨境民族深厚的文化联系。无论是在形制、传统乐曲或是艺术风格方面,京族独弦琴均体现出民族性与跨国性的特点。我国京族古老的曲目大都由越南民歌发展而来,如《高山流水》《过桥风吹》《穿针引线》《骑马》和《赌博》等,这些民

---

① 陈增瑜:《京族字喃史歌集》,民族出版社 2007 年版,第 3 页。涂山:越南海防市附近。洪顺三年:洪顺是越南十六世纪后,黎封王朝的年号,即公元 1511 年,大约是我国明朝武宗正德六年。福安:即氵万尾旧村名。京族祖先迁居此后,为其起的村名。——原著作者注。

② 六、八句式结构是诗歌的单句六个字,双句八个字。用的是腰脚韵,即单句的末字要与双句的第六字同韵,双句的末字又须与下一个单句的末字同韵。

③ 叶峰:《京族音乐文化探微》,《作家》2009 年第 8 期。

歌在流传过程中，不断吸收汉、壮等民族的音乐元素，已与越南本地同名乐曲有所不同。而各民族乐曲《流浪歌》《敖包相会》《刘三姐》《小河淌水》《思念》和《春天舞曲》等也成了我国京族独弦琴的著名表演曲目。在音高组织、旋律形态、曲式结构等方面，我国京族独弦琴在保留传统艺术特点的同时，又吸收了他族文化的养分，逐步发展成为与越南独弦琴艺术既有共性又有中华民族个性的独弦琴音乐文化。京族嘲剧也是吸收了越南的民间艺术养料，又融入自己本民族特色的艺术典型。

中越两国都有灰姑娘型故事流传，如中国壮族的《叶限》《达稼与达仑》与中国京族《米碎姐与糠妹》、越南的《阿米和阿糠》。中国京族《米碎姐与糠妹》由越南的《阿米和阿糠》传承而来，但在流传过程中受京族三岛的自然环境以及与汉、壮族共居文化交流密切的人文环境的影响而发生变异，既与越南《阿米和阿糠》有相似之处，又有异于越南故事具有中国京族特色与地域色彩。

三 兼容开放性

在500多年的历史进程中，京族与汉族、壮族等民族杂居，其民间文化与杂居诸民族相互影响、相互交融，既传承保留了越族先民文化原有的海洋性特征，又吸收了汉、壮等民族的农耕文化，形成了多元性、开放性和兼容性的文化特色。京族民间文化同样具备兼容性，展示了京族民众兼容并包的民族情怀。

（一）民间故事传说

京族在与他族的交往和融合过程中，积极"采借"他族神话、传说、故事、唱本、戏曲、古典小说以及其他文化元素来丰富和发展本民族的民间文学，形成多元性、开放性和兼容性特征，主要体现在民间故事、传说、民间音乐、戏剧等方面。

第二章 京族民间文化的内容、特征与教育功能

《金仲与阿翘》的故事是"中越文化交流、京汉文化交流的成果"①。越南阮攸出使中国,将我国文人青心才人的长篇小说《金云翘传》用京语和"六八民歌体"创作了同名叙事长诗。这首长诗流传于民间,被改编成了越南民间故事。京族先民从越南迁到中国,定居于京族三岛后,又把这个故事进一步本土化。阮攸长诗中男女主人公原为"金重"和"王翠翘",而故事里已变异为"裴金仲"和"阮阿翘",不再姓"金"和姓"王",而改姓京族的"裴"和"阮"了。故事的地点,也由中国山东、江苏、浙江改为有"哈亭"建筑和"哈节"习俗的中国京族地区,还摆脱了"胡少保平倭立功"情节的羁绊,变异为纯属裴金仲和阮阿翘悲欢离合的京族民间故事。

京族《董永与刘姑娘》是从汉族的董永传说演化而来又经京族本土化了的故事。在京族故事中,汉族的"七仙女"变成了京族的"刘姑娘",因为刘姓在京族三岛上是一个大姓。京家以打鱼为生,又常常遭到渔霸等人的剥削,长期缺粮,传说中符家小财主串通县官给董永出的难题之一是缴粮两万斤,显然是京族百姓生活的反映。结局以喜剧收尾,不同于汉族传说中夫妻分离的悲剧结局。从故事情节中我们还可看出汉族故事的影子,但具体细节、人物则发生了变化,人物、情节及结局上发生的变异都是汉族故事京族化的标志。

在京族《梁祝传奇》中,梁祝故事绝非汉族梁祝故事的简单重复,而是经过京族民众精心改造的产物。京族梁祝故事虽然主要情节与汉族梁祝故事基本一致,如"求学""结拜""同窗""送别""访友""祭坟""化蝶"等情节要素均得以展示,但在主题表现、生活场景、民俗风情与情节处理方式等方面均显示出浓烈的京族特色。②

---

① 符达升等:《京族风俗志》,中央民族学院出版社1993年版,第149页。
② 陈丽琴、李玢辛:《论京族民间文艺的兼容性》,《广西师范学院学报》(哲学社会科学版)2014年第6期。

此外，京族还有与壮族及其他民族民间文学之间相互影响、相互交流的民间故事传说。《米碎姐和糠妹》与《达稼与达仑》情节大体相同，但是京族民众加入了哈亭、唱哈、海贝、鱼虾、虾婆、拉提果等有别于壮族的习俗与风物，具有京族海洋性文化的特征。《田头公》的故事与汉、壮族《白马状元》及壮族《莫一大王》的情节非常相似，显然也是杂居民族文化交流与影响的结果。不少类型的民间故事，如《蟾蜍将军》《青蛙王子》《蛇郎》《好心的弟弟与坏心的哥哥》等都是京、汉、壮、侗等民族共同流传而又各具民族特色和地方特色的故事。①

（二）民间音乐

京族民歌用两种语言演唱，一种是用京语演唱的"京曲"曲调民歌，另外一种是用汉语粤语方言（当地称为"白话"）演唱的"白话山歌"曲调民歌。京族是一个跨国民族，有自己的语言，与越南语基本相同。京族没有本民族的文字，在京族地区曾流传用汉字的造字法创制出的"字喃"，因结构复杂，未能得到推广流行，但京族流传的歌本、经书、乡约等史料，都是用字喃记录的。京族民歌保留了比较多的古汉语词汇和结构，词汇有"斛""冇""岂""如是"等。如《世上人难不如我》："世上人难不如我，顾得朝来晚冇餐，手捧筛箕去借米，凄凉冇敢同妹叹。"②语法结构像"盼伴侣交接与共"，用现代汉语表达一般是"结交在一起"。这种语言现象与汉族文化的交流有关，京族在与汉族长期的交往中吸收了汉族的白话口语而使之成为如今京族地区的方言，京族民歌使用当地京语与白话这两种方言演唱民歌，无疑具有京族地区的文化色彩。

---

① 陈丽琴、李玢辛：《论京族民间文艺的兼容性》，《广西师范学院学报》（哲学社会科学版）2014年第6期。

② 苏维光等：《京族文学史》，广西教育出版社1993年版，第142页。

第二章 京族民间文化的内容、特征与教育功能

（三）民间戏剧

嘲剧是京族传统民间戏剧，"京族传统戏剧受汉族古典戏剧影响，用京族本族语言及曲调编创"①。传统剧目主要有《阮文龙英勇杀敌》《等新娘》《二度梅》《宋珍歌》《金云翘》《刘平杨礼》和《石生故事》等，不少剧本取材于汉族神话、故事、传说、通俗小说与历史故事，并融入本民族的文化特色。如《二度梅》受到汉族的古典戏剧《二度梅》影响，但与汉族《二度梅》不同，融入了许多京族民俗风情内容，颇具地方特色与民族色彩。嘲剧有唱词，也有道白，配合以一些动作，受两广戏剧的影响，如演出中常有一把扇子作各种舞姿，扇子的运用也很灵活，不仅可以帮助表演，还可以作为各种道具的代用品，这与广西北路壮剧中扇子的作用是一样的。其伴奏乐器有二胡、笛子、锣、鼓、竹梆等，亦受广戏的影响。可见京族民众用自己的智慧将他族故事加以改造和变化，使之贴近自己的生活，体现了民间文学的变异性特征，同时呈现出了京族民间文化的兼容性与开放性特色。

（四）民间信仰

京族人的宗教信仰是多元的，信奉佛教、道教或基督教、天主教等，如今"三岛"上仍有不少体现各种宗教和民俗信仰的寺、院、宫、庙，这些也是多元文化交汇的体现。京族民间信仰最明显的特征是崇拜海神，而海神崇拜恰好体现了京族民间文化的兼容开放性特征。近代京族信仰的主要海神——镇海大王、海公、海婆、观音、伏波等都不是京族三岛上的土著神，而是由周围汉、壮民族和越南越族祖先传入并被当地人所接受的。京族迁移到中国京族三岛后，为了融入当地民族的生活环境，接纳了"镇海大王""龙皇天子""观音菩萨""伏波将军"等

---

① 余益中、刘士林、廖明君：《广西北部湾经济区文化发展研究》，广西人民出版社2009年版，第213页。

海神，而且把"白龙镇海大王"列为京族人崇拜众海神之首。海公和海婆是京族祖先从越南迁徙到京族三岛后，延续了京族祖先的自然崇拜和英雄崇拜。京族的海神信仰具有多元化、兼容性特点。

四 生态性

京族民间文化产生在"边""海"的特定的自然环境和社会环境中，是人们为了适应环境而创造的，其发展则是自身与环境互动的过程，具有因地制宜的生态性特点。

京族同胞善用自然，就地取材、因地制宜地制作和发展乐器，随便拿一条树枝、竹管、稻草秆、一个田螺壳，甚至顺手摘下一片树叶就能制成一件乐器，制作简单，携带方便，却给人们带来许多欢乐。独弦琴、海螺、竹梆、竹杠等京族民间乐器，是京族人在独特的南滨海洋自然环境中做出的自然选择。沙滩上处处可见的海螺是天然的乐器，房前屋后竹梆、竹杠随手可得，当地盛产的瓠瓜和楠竹也被用来制作独弦琴。独弦琴的制作材料、形制、音乐旋律及曲目内容均体现了自然环境的深刻影响，它是京族地区特定自然场域生成的自然选择。依据目前广西制造的独弦琴外形特征，可将其分为自然形和仿生形，制作材料有竹、木两种。自然形独弦琴是顺着制作材料外形进行加工、处理、制作而成的，分为竹制圆管状和半圆管状两种。最初人们使用的独弦琴是竹制的，后来当地人对竹制独弦琴进行革新，用当地盛产的棕榈木作为木制独弦琴琴体及琴架的材料。仿生形独弦琴是指模仿动物整体或局部外形及其他物的形状研制而成的。不管是最初的竹制圆管状独弦琴，还是后来的木制半圆管状独弦琴、牛腿形独弦琴、龙首独弦琴、节瓜形独弦琴、孔雀形独弦琴，都体现了人们对自然环境的顺应与利用。京族地区属亚热带气候，京族人聚村而居，周围竹木茂密，房前屋后遍种瓜菜，属滨海亚热带植物环境。人们就地取材，利用岛上盛产的楠竹（毛

第二章　京族民间文化的内容、特征与教育功能

竹)、棕榈木、牛角材料制作独弦琴,扩大独弦琴的琴声,使独弦琴突破自身的缺陷,成为京族居民日常生活中的主要乐器,最终演绎成京族独有的民族乐器。即便是改良之后的独弦琴,其外形也与京族地区常见的风物相关。① 独弦琴所创乐曲内容多描写大海、岛屿和丰富多样的各类海洋动植物,富于浓郁的海洋生活气息,如《静静的大海》《大海情深》《船夫谣》《摇网床》《采珠谣》和《赶春汛》等。独弦琴的演奏技巧一般有大、小、上、下滑音、倚音、波音、颤音、人工泛音等,可以模仿潮水声、鸟叫声、喧闹声等。因善用颤音、波音、倚音、滑音等装饰旋律,其曲调绵延悠长,轻盈飘逸的琴声,时而高低起伏,时而平静舒缓,如同大海的性格。"可见,独弦琴是在特定的海洋自然环境和亚热带植物环境下,京族对生存环境的适应与选择的产物。"②

京族三岛一带有一种地质断裂层岩,当地人称"红石",质地硬中带软,容易加工,且其原始状态就具相对工整的长条形。京族人就地取材,利用它来建"石条瓦房",石条砌墙,瓦顶木檩,屋脊为连续石条,由于海边风沙频繁,京家人还在屋顶脊及瓦行之间压置着一块连接一块的石块或砖头。这种"石条瓦房"因其极大地提高了抗台风能力而迅速得到普及,代替了原来的草庐茅舍和栏栅屋。房屋的周围一般都种有果树、剑麻、仙人掌等,既可美化环境,又可避免风沙。京族"石条瓦房"是京族民众为了抵御强劲的海风,适应临海而居的自然生态而建造与传承的。

京族地区高温多雨,其独特的地理和气候环境非常适于竹类植物的生长,人们在屋前屋后、村寨周边种有竹子,竹资源十分丰富。京族同

---
① 陈丽琴:《京族独弦琴艺术生态研究》,《广西民族大学学报》2013年第2期。
② 宋唐:《京族独弦琴考察与研究》,《歌海》2007年第3期。

胞善于利用周边丰富的竹资源,编制生产、生活用具。竹编制品主要有以下几大类:一是农具类,农业生产中有诸多农具是用竹为材料编制的,如竹篓、竹筐、竹箩、牛嘴笼、竹牛铃、谷桶翅、竹筛、竹泥箕、竹簸箕等。二是渔具,如螺筐、竹鱼笼、鱼罩、鱼筌、竹筏等,是伴海而居的京族捕鱼捞虾的必备工具。三是生活用品,如竹米筛、竹桌、竹锅盖、竹菜筒、竹席、竹火钳、竹菜盆、竹编鸡笼、鸡罩、竹菜篮、竹雨帽头套、竹编刀套、竹蓑衣、套鸟笼、鸡鸭仔笼、斗笠、提箩、针线篮、竹箍、摇篮、竹水桶、竹瓢、竹椅、竹凳、竹水筒、竹枕、蒸笼、竹床、竹箱、竹盒、竹帽、竹餐具、竹柜、大篾垫等。可见,京族同胞日常生活中普遍使用竹制用具,是与该地区有多种竹子的生态环境有关。

由此可见,独特的自然生态和人文生态深刻地影响了京族民间文化风格的形成,使其具有生态性特征。

第三节 京族民间文化的教育功能

"每一种民族文化具有什么样的教育功能?如何借用这些功能促进人的发展?这些都是教育人类学研究的范畴。"[1] 民间文化内涵丰富,是一种不可缺少的教育资源。民俗"对社会有着极大的控制力、调节力和规范力,其教育功能不容忽视"[2]。"个体生活的历史首先是适应由他的社区代代相传下来的生活模式和标准,从他出生之时起,他生于其中的风俗就在塑造着他的经验与行为,到他能说话时,他就成了自己文化的小小的创造物,而当他长大成人并能参与这种文化活动时,其文化习

---

[1] 王军:《民族文化传承的教育人类学研究》,《民族教育研究》2006年第3期。
[2] 卜湘玲、李亦桃:《民俗不容忽视的教育资源》,《贵州教育学院学报》2005年第1期。

第二章 京族民间文化的内容、特征与教育功能

惯就是他的习惯,其文化信仰就是他的信仰,其文化不可能性就是他的不可能性。"[①] 可见,包括民俗在内的民间文化对个体的教育和塑造起着重要的作用,是永不枯竭的民间教育资源。在京族社会里,京族民间文化具有重要的教育功能,承担着深刻影响京族人身心发展的教育重任,主要体现在对人的智力因素和非智力因素发展的影响上。

一 京族民间文化对人的智力因素发展的影响

智力是人的心理系统的重要组成部分,是存在并表现于人的社会实践活动中各种能力的综合体,侧重于观察力、记忆力、思维力、想象力和注意力等认识方面的各种能力。它的发展和表现受到情感、动机等非智力因素的影响,也受到人的文化背景的制约。京族民间文化对人的智力因素发展的影响主要体现于语言文字的学习、各种知识的习得以及想象力、观察力、记忆力的培养方面。

(一)语言文字的学习

语言是随着人类沟通的需要产生的,交际功能是它的本质功能,也是人与动物最本质的标志区别。博尔诺夫说过:"语言作为一种符号,从一开始就引导我们进入世界,我们只能像语言为我们描述的那样去理解周围的以及自己心中的世界。""每一个在语言中成长的人对世界的看法不可能跳出语言的这种解释界限。"[②] 从教育人类学的角度来看,语言是作为世界观的语言,每一种语言都包含着一种特殊的世界观。世界各民族都在自己特定的生存环境中形成各具特色的语言文化,语言文化成为凝聚和体现各民族思维与创造力的象征性符号。

京语是京族人的母语,"属于越南语北部方言","类属于汉藏语系

---

① [美] 本尼迪克特:《文化模式》,何锡章、黄欢译,华夏出版社1987年版,第2页。
② [俄] 博尔诺夫:《教育人类学》,李其龙等译,华东师范大学出版社1990年版,第103页。

壮侗语族"①，是京族民众智慧的结晶，也是最具持久性的民族标志。它承载着京族人深厚的历史文化和特有的民族品质，是传承京族民间文化的重要载体，也是京族民众情感沟通的桥梁和纽带，是形成民族凝聚力与产生民族认同感的重要手段。京族人的京语与越南语基本相同，只有个别词语的发音和一些外来新词汇的读音略有不同，因而京族人与越南人的简单交流基本没有障碍。京族小孩从出生便开始接受京族语言的教育，长辈教孩子说话、唱歌，给孩子讲故事、笑话，都可以帮助孩子学习京语。

京语被京族人称为"字喃"或"喃字"，是一种仿效汉字结构而创造出来的京语化的古文字，主要采用假借、形声、会意三种造字方法。作为一种富有民族特色的文字，"字喃"对于京族人而言并非只是普通意义上的文字，而是一种神圣的社会符号，被认为是京族文化底蕴的重要表征。京族每年"哈节"期间，祭祀中所用的"唱词（本）""祝文"必采用"字喃"写成，"哈妹"唱哈所依据的传统京族民间歌本，如《京族哈歌》《京族传统叙事歌》等，也多以"字喃"写成。人们在学习唱哈的过程中学习"字喃"、掌握"字喃"。京族神职人员举行民间祭祀仪式时所用到的经书、"符咒"也用"字喃"书写，师傅要向徒弟传授"字喃"，这属于语言文字的教育。京族人的族谱、旧的乡规民约等也多用"字喃"写成，人们在传承这些民间文化时也习得了本民族语言。反过来，京语的学习与提高也使京族传统文化得以更好地传承下去。

（二）各种知识的习得

1. 历史知识。京族是一个迁徙民族，这一群体绝大部分为穷苦的渔民，特定的人口构成、生产生活状况及地理环境等因素，使京族有关

---

① 周建新、吕俊彪：《从边缘到前沿：广西京族地区社会经济文化变迁》，民族出版社2007年版，第187页。

第二章 京族民间文化的内容、特征与教育功能

自身历史的文字记录相对匮乏。世代相传的家谱、族谱、喃字文献等，记载了京族的迁徙经过。如《迁徙歌》唱道："京族祖先几个人，因为打鱼春过春，跟踪鱼群来巫头，孤岛沙滩不见人……前续后接十几代，综计阅历数百年。"① 教育后人要记住祖先迁徙的历史和艰辛。有关京族三岛的传说、哈节由来的传说故事叙述了京族"三岛"和哈节的历史由来，也起到探索京族起源方面的历史教育作用。近现代有关民族英雄的传说和歌谣，承载着特定的历史事件口耳相传至今，年轻一代从这些传说故事和歌词中获得本民族历史知识。

2. 生活知识。京族民众在生产劳动特别是海洋渔业生产中，认识了动植物及其特性，并在此基础上创作了一系列有关动植物故事，这些故事中包含了大量的动植物知识。例如《山榄探海》将十万大山中的橄榄分为红山榄、白山榄、黄山榄、黑山榄四种，故事还追溯物种的来源。《白牛鱼的故事》中的"白牛鱼"实际上是鲸。《海龙王救墨鱼》中讲到了墨鱼的活动情况。还有不少关于海獭、蟹、鳝鱼、螺、鲨等海洋动物以及鹅等家禽动物的故事，其中不仅包括了动植物种类及名称的知识，也包括了这些动植物的特性、活动范围及其由来等方面的知识。这些包含有大量动植物知识的故事在京族地区流传，京族长者对后辈从小进行不断讲授，让后辈从小接受动植物知识教育，了解、认识动植物，尤其在尚未有正规学校教育的古代，这些无疑是京族最重要的自然常识教育。② 此外还有《何物歌》："何物顶圆脚底方？何物顶方脚底圆？何物边圆中间方？何物中方边又圆？谷箩顶圆脚底方，筷子顶方脚底圆；铜钱边圆中间方，石磨中方边又圆……"是猜调歌中的一种形式，在京族中广为流传，其内容十分丰富，有唱山川河流的，有唱生物

---

① 《京族简史》编写组：《京族简史》，广西人民出版社1984年版，第44页。
② 韩达主编：《中国少数民族教育史》第三卷，广东教育出版社1998年版，第1082页。

的，有唱常见用具的，有唱农作物和植物的，天下万物，几乎无所不唱，蕴含着丰富的生活知识。《何物歌》把千百年来京族人在生活实践中总结出来的经验，一代一代传下去，使后代继承先辈的文化遗产，发扬光大。

3. 生产知识和技能。在京族地区，生产知识、技能及自然知识的教育还通过谚语、俗语、故事、歌谣、舞蹈等方式进行。京族谚语不仅蕴含着京族人对自然生态的认识和生存智慧，也是传授渔业、农业生产生活知识与技能的重要手段。长辈会在平时吃饭或休息时给孩子们吟诵谚语，在村社中老人会经常念叨，孩子们正是在家庭、村社时常的吟诵中学会观察天气，懂得"六月来西北，毒过老番贼"，"日西晚东，雷雨共鸣，海水慢流"等观天知海情的知识。京族民间文学中包含着丰富的生产生活知识，其中有很多关于捕鱼、挖沙、捉蟹的歌谣、故事，对京族民众生产生活技能的培养具有重要的作用。如在民间流传上千年的《水旗歌》告知人们水期规律，赶海人要掌握水期，才能下海打鱼、捞虾、耙螺，根据《水旗歌》所吟唱的时间，海边人能准确知道什么时候"合水"，意为什么时候合适出海。甚至儿歌也具有传授生产知识的作用。如"爸爸去打鱼，妈妈去插秧，我把大门锁，海滩去游荡，捉得小螃蟹，大海水已涨，浪涛催赶我，携篮走得忙，回家拿刀斩蟹爪，起火煮锅螃蟹汤。爸爸妈妈收工回，门口闻见海味香，'小乖乖，小乖乖，小小学会把家当'"[①]。《采茶摸螺舞》等反映生产生活的舞蹈，对京族年轻一代进行生产生活经验的教育，用形象化的手段传播生产生活知识。高跷捕鱼技艺是京族富于特色的民间文化，在京族三岛浅海一带，小鱼小虾一般在1米多深的浅海活动，这个高度不能行船，海水又刚好淹过头顶而不能徒步行走，京族人总结出了在腿上绑高跷以提高高度的

---

① 叶峰：《京族音乐文化探微》，《作家》（下半月）2009 年第 8 期。

第二章 京族民间文化的内容、特征与教育功能

做法,即高跷捕鱼。京族长辈在日常生活与劳动实践中通过示范影响和具体指导教育年轻一代学习高跷捕鱼,识别各种渔具和网具的名称、式样特征、功能与具体操作使用方法,传授生产知识和技能。笔者在京族"三岛"采访时,一位京族老人告诉笔者:"我们小时候,长辈经常给我们讲故事,告诉我们京族是从越南那边迁移过来的,还告诉我们京族英雄的事迹,我们才懂得京族的历史和英雄人物。长大一点了我们要帮家里干活,长辈就教我们怎样捕鱼啊捉虾啊,还经常讲些谚语,教我们怎样观察天气,因为出海要好天气才行呢。"京族民间文化中蕴含着丰富的历史、生活和生产知识,京族民众通过民间文化的传承,将各种知识传授给后代。

(三) 想象力的培养

想象力是人脑对已有表象进行加工改造而创造出新形象的过程。想象是在记忆表象的基础上进行的,它以直观形式呈现人们头脑中的具有形象性特征的表征,而不是言语符号。想象力的发展是智力发展的一个极其重要的方面,因为想象力匮乏的人,思维会显得机械而偏执,不可能具备较高的分析问题和解决问题的能力。爱因斯坦曾说过:"想象力比知识更重要,因为知识是有限的,而想象力概括着世界上的一切,推动着进步,并且是知识进化的源泉。严格地说,想象力是科学研究中的实在的因素。"[1] 这段话说明了想象力的重要性。

京族民间文学有利于人的想象力的培养。许多京族民间文学作品将读者或听众带入一个想象的时空当中,感受京族美丽的自然风光和多姿多彩的民族风情,感知一个民族在迁徙过程中的苦难历程。京族民间故事《山榄探海》以一种奇幻般的情节叙述来展示京岛美丽的风光:"在北仑河畔的十万大山中,生长着红山榄、白山榄、黄山榄、黑山榄,人

---

[1] 转引自燕国材《智力与学习》,教育科学出版社1982年版,第68页。

称它们为'山榄四兄弟'。一天,山神王来到三岛游览南海。它看到大海茫茫,碧波蓝天,海面在阳光下起伏动荡,泛出宝石般的颜色,感到非常神奇。它回到十万大山,唤来'山榄四兄弟',问谁敢去探探大海的秘密。白山榄和红山榄争着要去。临行前,山神王再三嘱咐:'海上光怪陆离,你们切勿贪玩,尽心观察,速去速回。'从此以后,十万大山就只有黄山榄和黑山榄守山了;白山榄和红山榄变成了不怕风浪不畏潮淹的海底森林,使大海变得更加绮丽、迷人。"[1] 京族的迁徙传说歌则是对久远的民族迁徙历史的追忆:"浮萍随水流遥远,谁招命运到这边?回顾当面心酸事,官去贼来民贫贱。为了生活打转转,辛勤无文隔夜钱;官府不管民饥寒,只好跪拜求神仙。京族祖先几个人,因为打鱼春过春;京族祖先在海边,独居沙岛水四面;前继后接十几代,综计阅历数百年。"[2] 这些作品能引起听众或读者无边的想象。

京族民歌还以其朴实无华的歌词叙述、清脆悠扬的旋律,传达着超越语言表达方式的情感体验,这种独特的音乐魅力是与世世代代京族民众的想象力分不开的。浩渺的海水抚摸着这如明珠般的京岛,湿润的海风裹着涛声回转于明净如洗的晴空下。京族人生活在这种优美自然的环境中,对大自然的美妙声响并没有停留在意识层面上,而是凭借这种感悟与想象力,创作出一首首清脆悠远的海歌。

(四)记忆力的培养

记忆力是人们把经历过的事物储存在大脑里并能提取出来的能力。一个人只要大脑功能正常,外界的信息总会在头脑中留下痕迹并保存下来,但记忆的种类、数量、质量和提取记忆的能力是有差异的。"按照记忆的内容和表征的方式,记忆分为形象记忆、声音记忆、情节记忆、

---

[1] 苏维光、过伟、王戈丁:《京族民间故事选》,中国民间文艺出版社1984年版,第84页。
[2] 《京族简史》编写组:《京族简史》,广西民族出版社1984年版,第44页。

语义记忆、动觉记忆。"① 不同的活动形式，发展出不同的记忆能力。

京族民间文化中，木艺、贝壳工艺、藤编、剪纸、刺绣等需要人们将日常所见到的花鸟虫鱼、山河树木、人物神态、生产生活场景等牢记在心，在脑海中勾勒出图形，用工具将丰富多彩的画面呈现在人们面前，因此木艺、贝壳工艺、藤编、剪纸、刺绣等民间手工艺术发展了人的形象记忆能力。京族民间文学因其自身的本质和口头性特征决定了其传承主体自身具备良好的记忆能力，同时在此类民间文学的传承过程中也加强了对传承主体各种记忆能力的培养。如京族人所熟知的《三岛传说》（《京岛传说》），笔者在京族地区走访的几位京族老人都能说出三种以上有关京岛传说不同情节的版本，大致可归纳为"蜈蚣说""打鱼说""镇海珠说"等类型。如此丰富复杂的传说故事必然要求故事的讲述者具备清晰的记忆能力，而讲述这些故事无疑有助于人们记忆能力的培养和提高。

京族民间歌舞同样具有加强京族人的记忆能力的培养作用。有关京族的历史源流、生产生活知识、男女社交、伦理道德、风土人情等大都靠民歌记录、传承，使京族民歌的传承呈现为一种纯粹的"口传心授"模式，大量的民歌凭借记忆进行口耳相传。这样的传承方式必然促进京族人记忆力的培养。京族有不少的民间舞蹈，舞者必须按照规定的套路，哪个节奏踩哪个节奏跺，抒情时悠然自得地旋转，激越时兴奋昂扬地跳跃，技巧丰富，动作繁多，在整个舞蹈过程中，刺激舞者的记忆组块，从而培养其记忆力。

二 京族民间文化对人的非智力因素发展的影响

非智力因素是智力因素以外的一切心理因素的总称。"是由各要素

---

① 王军、董艳：《民族文化传承与教育》，中央民族大学出版社2007年版，第21页。

有机结合而成的一个动力系统，它主要由需要、动机、情绪、情感、兴趣、意志、气质和性格等诸多心理要素构成。"① 京族民间文化对人的非智力因素发展的影响主要体现在道德品质的培养、审美观念的培养以及民族认同的强化等方面。

（一）道德品质的培养

京族民间文学富含道德品质教育内容，教育人们勤劳、勇敢、正直、善良、孝悌、团结互助，养成美好的品德。例如京族民歌通过民间传说和人物故事的传唱，歌颂英雄，弘扬正义，使京族人得到正确价值观的培育熏陶。如京族民歌《京族白话情歌对唱》："问：二十四孝何人孝？第一何人孝义强？何人卖水来养父？何人杀子养亲娘？答：二十四孝舜儿孝，第一舜儿孝义强，超得卖水来养父，曹安杀子养亲娘。"② 又如京族史歌《澫尾京族简史》中的"大伙团结如一家，纵然饥馑也不怕；共同发誓相帮助，集中捕捞分鱼虾"③，反映了齐心、团结的重要性。京族各姓氏人共同居住在京族"三岛"上，聚村而居，团结互助，和睦相处。如《巫头史歌》唱道："姓裴姓陶段黎阮，刘何吴武潘孔黄；十二姓人互相依，巫头岛上聚一堂。"④ 京族人采用民间富有教育意义和影响力的人物事迹编辑成歌，并在大街小巷中传唱，让京家男女老少铭记于心，脑海里形成民歌中人物的精神模范，从而逐渐养成正直谦让、团结互助的道德品质。京族民歌也体现出很多人生哲理，旨在引导广大年轻人树立良好的思想道德观念，能够遵守社会公德，尊老爱幼，维护良好的社会环境。例如民歌《积善奉善》号召人们要做好事，要以善为行为准则，积善行善，乐善好施。《有益寄语牢记心》则号召

---

① 参见柳友荣《新编心理学》，安徽大学出版社2000年版，第104页。
② 吴家齐：《京族白话情歌对唱》，陕西旅游出版社2000年版，第352页。
③ 王红：《海洋文化精神的诗性表达：京族史诗研究》，《广西社会科学》2012年第3期。
④ 陈增瑜：《京族喃字史歌集》，民族出版社2007年版，第33—34页。

第二章 京族民间文化的内容、特征与教育功能

所有人都要将那些有益的语言牢记在心里,并努力落实。《颂德圣公》是一首民间信仰诗,意在通过神灵对族人进行道德规范教育。很多民歌还会歌颂朋友之间的友谊地久天长,例如《同结日月义同天》《京汉结义》等表达了朋友之间"义结金兰",相互扶持、有福同享、有难同当的情形。这些京族民歌表达出一定的人生哲理,对人们的工作、学习与生活有一定的导向作用。京族传说故事也颂扬了劳动民众的纯朴、诚实、善良和聪颖,表达了人们弃恶扬善的优秀品质。如《蜈蚣精的故事》歌颂勇敢为民除害的人,教育人们要懂得感恩。京族机智人物系列故事《计叔的故事》集中体现了劳动民众的勤劳、勇敢、乐观、幽默、富有智慧和正义感的优秀品质。京族抗法民族英雄杜光辉的故事充分表现了京族人不畏强敌、抗击法帝、保卫祖国边疆的爱国主义精神。《三兄弟》教育年轻人应该怎样对待父母和老人,应该怎样认识和对待其他事物,培养他们良好的世界观和道德观。在动植物故事《白牛鱼的故事》《灰老鱼的故事》《鲨的故事》和《海龙王开大会》中,动植物均被赋予了人格化的鲜明个性,会说人话、做人事,有好坏、善恶之分,渗透了人类社会深刻的人生哲理,蕴涵了现实生活中的美与丑、善与恶的价值取向。在田野调查中,笔者有幸聆听京族民歌手黄玉英演唱民歌:"父母话儿记在心,一生一世做好人;乡亲邻里要和睦,不负父母教儿恩。夫妻恩爱要长久,免得父母心担忧;尊老爱幼夫妻情,求少健康老长寿。"她还告诉笔者:"唱这首歌是用来教导京族子女的,在我们这里,晚辈一定要尊敬长辈,女人尊重男人,这是我们的民间礼规习俗,人人都得这样。"京族以民间文学这种喜闻乐见而又通俗易懂的方式对人们进行品德教育,代代相传。

京族有本民族的习惯法,通过相约俗成,议定、宣讲以及执行习惯法活动,告诫、制约、矫正人们按习惯法所规定的准则行事,保证人们真诚、友善、和睦相处,通过言传身教和各种集体活动进行培养教育,

陶冶教育一代代本民族成员。

京族婚俗中，女子在出嫁之前通常要哭三个晚上，俗称"哭朝"。一哭父母，感谢父母养育之恩；二哭叔伯姑姨，感谢长辈的关怀教育；三哭兄弟姐妹，倾吐割舍不下的手足之情。通过"哭朝"习俗对新娘进行品德教育，告诫新娘出嫁后要与丈夫和睦相处，辛勤劳动，孝敬公婆，做个好媳妇。

京族人重视孝道教育。老人到了50岁后的每年诞辰，晚辈们都要给他们祝寿，寿礼极为斟酌用词，除了杀鸡、宰鸭，还要宰猪祭祖，大摆筵席。村族兄弟、亲友、嫁出去的女儿等都要带着"寿礼"前来为其祝寿，以此教育后人要尊敬、孝顺老人。京族对父母和前辈的丧事非常重视。他们认为，父母及前辈终生忙碌辛劳，建立家业，抚育子女，恩重如山，子女们有责任和义务为其举行隆重的丧葬，以报养育之恩和教育后人。京族丧葬习俗亦是对生者的一种道德教育。

京族的儿童游艺样式丰富，具有培养儿童勇敢、诚信、沉着、冷静、坚强、团结合作等品质的作用。例如，在跳竹杠、顶头、顶臂、顶竿、"捉贝""走田""赶狗占窝""走坑""做家家""老鹰捉小鸡"等游戏中，每个儿童轮流担任角色，可以培养和锻炼儿童的责任感和组织能力，也有助于培养儿童良好的情绪、情感，形成良好的意志品质。有的游戏需要2—3名儿童共同合作方能进行，有利于培养儿童的合作精神。

京族传统节日具有深刻的伦理道德教育价值，是培养人们尊敬祖先、尊老爱幼、互敬互爱等伦理道德和高尚情操的民族原生态课堂。例如京族传统节日哈节上，人们祭神、祭祖，宣传本民族英雄的事迹，向后辈传扬祖先的功德业绩，参加哈节的各种禁忌，以及"乡饮"中座位的安排等，都向整个族人尤其是年轻人传达了以下信息：要敬仰祖先、尊敬长辈、勤劳互助和洁身自好等内容。这些信息作为京族的道德教育内容，规范了整个族人的行为，使本族的传统文化能够一代一代传

第二章 京族民间文化的内容、特征与教育功能

承下去。

（二）审美观念的培养

"审美是一种高层次的追求，不同文化背景的人们具有不同的审美观念、追求目标。一个民族的审美观念，是民族文化的深厚积淀、精粹结晶，为同文化背景的人们所认同。"[①] 京族民间文学刚劲清新的风格和朴实无华、生动形象、富有生活气息的语言，都是来自于京族深厚的生活土壤，又经过了加工提炼，因而具有美的艺术魅力。它体现了京族民众的美学观和审美理想，蕴含着对大自然和人生社会的审美评价，可以帮助京族人提高审美能力和艺术鉴赏能力，培养健康的审美观和艺术趣味。如京族民歌以其独特韵味和别具一格的浪漫气息，得到京族人乃至跨民族跨文化人们的审美认同，具有独特的审美形式和审美观念，主要表现在歌词的内容和音乐形式两个方面，也正是这两个方面的有机结合，才产生了京族民歌的整体艺术感染力。首先是在歌词的内容上，京族民歌反映了京族民众生活的方方面面，是由本民族的社会实践生活素材加工而成。海洋不仅是京族人生存空间的一部分，更是他们生活的一部分，对海洋以及生长其中的动植物的偏爱是京族审美观念的特殊体现。如儿歌《螺儿香》的歌词中写道：

螺儿香

爬上山，去玩耍，

我们大家去采茶。

跳下河，去玩耍，

我们大家把螺扒。

螺儿香，螺儿大，

---

① 郑荣馨：《得体修辞学》，暨南大学出版社2014年版，第147页。

装满筐儿带回家。①

又如《出海歌》：

出海歌

海水浪叠浪，

姐妹（哎），出海心欢畅；

撒网捕鱼遍南海，

鱼虾堆满舱，

姐妹笑声扬，

叮当叮，

叮当叮。②

与海洋相关的类似作品在京族民间文学中比比皆是，体现了京族人的审美情趣，培养了他们崇尚自然、热爱海洋的审美观念。

其次是京族民歌音乐形式之美，表现在结构、旋律、调式、声部等方面。京族民歌朴实、真挚、秀美，是用轻巧、滑动、纯真的音色抒发内在的美，从而陶冶人们的性情。特别是演唱短小民歌，或小曲小调时，更以轻松、温馨、甜美、圣洁为基本的表达方式，"听京族民歌，好比在最炎热的夏季喝到了冰凉的清凉饮料一样，解渴、舒心"③。让人尽情享受优美的旋律，感受美的熏陶。

京族民间舞蹈具有浓郁的海洋性特征，体现了独特的美感与魅力，富于审美教育价值。如《采茶摸螺舞》，舞者在《采茶摸螺歌》的歌声

---

① 转引自苏维光、过伟、韦坚平《京族文学史》，广西教育出版社1993年版，第157页。
② 同上书，第123页。
③ 沈嘉：《京族民歌的演唱特色》，《中央民族大学学报》1997年第4期。

第二章 京族民间文化的内容、特征与教育功能

中轻盈起舞，摸螺、捶螺、玩螺，舞蹈情调活泼、深情，表现京族妇女参加劳动的愉悦。京族舞蹈的动作还常模仿海洋生物，如鱼儿、螃蟹等，活灵活现地展示了海洋生活的场景。京族舞蹈的海洋性主要表现在京族舞蹈的手部动作方面，它模仿海平面的轻柔、反复，体现均衡感，可用"圆""柔""收"三个字概括京族舞蹈的总体特征。轻与柔的手部动作是对海洋的模仿，让人想起海水的起伏不定、吞吐反复。京族舞蹈模仿了海水的平衡感，表现出来的是一个手臂和腰、腿互相弯曲的具有和谐美感的角度，具有强烈的艺术感染力。

京族服饰给人以美的视觉感受。京族传统服装简洁、朴素，女性习惯穿窄袖紧身的对胸开襟衣，不束腰带，下穿长而宽的黑色、褐色或白色裤子。节庆场合外加一件长而宽大的外衣，外衣一直垂到小腿，下摆开衩，形似旗袍。京族服饰常以丝绸为料，质地柔软舒适，女性穿在身上线条突出，衬托出女性的婀娜身姿。服装的颜色多用大块单一色彩，如浅蓝色、白色，年轻人多喜欢海天一色特征的淡蓝色衣服，或具有蓝天白云映衬美表征的深色衣加白色外套。整体上看，京族服饰具有轻柔飘逸、洁净明快的审美特征，人们穿之赏之，受到了服饰美和形体美的审美教育。

此外，京族贝壳珊瑚工艺、珍珠工艺、石艺、木艺、竹（藤、草）编工艺等民间工艺，外形生动，色彩丰富，题材多样，手艺灵巧，人们观之赏之，获得强烈的审美感受，审美观念得到了培养和提高。

（三）民族认同的强化

"民族认同即是社会成员对自己民族归属的认知和感情依附。"[①] 京族传统节日、民间文学、语言、衣食住习俗、民间信仰等都是京族民间文化的重要组成部分，是京族民众认同的最基础要素。而"一个民族的

---

① 王希恩：《民族认同与民族意识》，《民族研究》1995年第6期。

物质文化和精神文化，诸如历史、生产、服饰、饮食、居住、婚姻、天文、历法、农耕、宗教、传说、禁忌、音乐、舞蹈等，很大程度上来说，都可以通过其传统节日集中表现出来"[1]。从这个意义上来说，京族传统节日是京族民众学习本民族文化的重要途径和形式，对增强民族的凝聚力和形成民族认同感有着重要教育意义和教育价值。

京族的传统节日主要有春节、清明节、端午节、哈节、中元节、中秋节、冬至等，其中哈节是京族最隆重的民族传统节日。哈节寄托了京族的理想追求和审美情趣，已成为京族凝聚力和认同感的标志。哈节和哈亭几乎浓缩了京族所有传统文化的精华。哈节活动最能集中展示京族传统文化全貌，是京族人长期从事海洋渔业生产的文化积淀，哈亭则是京族传统文化传承的重要载体。除哈节上祭祀、唱哈以及"坐蒙"一整套祭神娱神传统仪式外，独弦琴、京族歌舞、神话传说、英雄故事、民族服饰、民族小吃等传统文化都在哈亭里聚集。通过在节庆活动中对本民族传统文化和历史的宣扬，哈节完成了对族人特别是年轻一代的信仰、历史、文化、道德规范的教育与传承。例如哈妹所唱的"哈词"主要有下面几个方面的内容：民间宗教信仰，目的在于借助神灵对族人进行道德规范教育；京族各种故事传说和民间叙事诗，如《琴仙》《宋珍与陈菊花》等，宣传抑恶扬善，追求美好生活等内容；情歌，歌唱男女之间纯真的爱情。这些内容都富于教育意义。哈亭里张贴的关于京族历史的传说、民族英雄的传说故事、京族习惯法等，教育后人记住民族历史和英雄，遵守乡约，做个好村民。哈节上的京族食品、服饰、民间工艺品以及所跳的民间舞蹈、所用的字喃等都是让京族民众集体认同的民族文化。哈节文化满足了京族人的精神需要，成为民族凝聚力和认同

---

[1] 中央民族学院民族研究论丛编委会：《民族学论文选（1951—1983）》，中央民族学院出版社1986年版，第223页。

第二章 京族民间文化的内容、特征与教育功能

感的标志。春节、端午节、中秋节、清明节等节日也是增强和维系京族认同感的重要文化纽带。节日中的祭祖、吃粽子、赛龙舟等活动使平日里忙碌的人们放下手中的活,都来感受节日的气氛。端午节期间,人们互相访问、送礼,共享餐宴,对增加人们的互相了解、促进民族内的和谐与团结、增强对自身民族文化的认识有着不可忽视的作用。清明节是家人团聚、缅怀祭祖的重要日子,孩子们在这一时刻特别能体会到父母的仁爱和养育自己的艰辛。人们在欢度春节、中秋节时,那种积极向上的心理状态,以及祈求风调雨顺、互相祝福、欢聚团圆的传统情怀,都会极大地增强人们的凝聚力、向心力和认同感,这种教育影响是潜移默化、深刻而久远的。

总之,京族民间文化对京族民众具有教育、感化作用,不仅促进了族人观察力、记忆力、思维力、想象力的培养和提高,让人们习得各方面的知识,而且对族人道德品质和审美观念的培养以及民族认同的强化等方面也产生了重要影响,是民众生活中非常重要的教育资源。

第三章 京族民间文化的教育传承模式

教育是传承文化、保存文化和创造文化，使后人继承前人积累的文化成果，推动文化和人类发展进步的大动脉。"文化发展离不开创造、发现、选择和传承"[1]。文化人类学家认为，文化传承就其本质而言不仅是一个文化过程，而且是一个教育过程。[2] 民族文化的传承主要是通过教育得以实现的，一旦离开了教育，文化的传承将无法进行。"民族文化传承的途径是多种多样的。包括家庭教育、社会教育和学校教育等几乎所有的教育形式。"[3] 在京族地区，民间文化的传承教育也有家庭教育、社会教育、学校教育三种方式，这三种教育对京族民间文化的传承保护具有深刻的影响。在学校教育出现之前，传统的家庭教育和社会教育是京族社会的主要教育方式，是传承民族文化艺术和推动社会进步发展的重要途径和手段。在学校教育出现之后，它们仍是京族教育的重要组成部分，尤其是在民间文化的传承方面，传统教育发挥的强大作用是学校教育无法替代的。

---

[1] 顾明远：《民族文化传统与教育现代化》，北京师范大学出版社1998年版，第71页。
[2] 哈经雄、滕星：《民族教育学通论》，教育科学出版社2001年版，第5页。
[3] 王军：《民族文化传承的教育人类学研究》，《民族教育研究》2006年第3期。

第三章　京族民间文化的教育传承模式

第一节　家庭教育传承

家庭教育是指在家庭中，由家长自觉地、有意识地按一定的社会对人才的要求，通过家庭生活和言传身教自上而下地对子女实施的教育，广义地理解为给下一代传承所有的知识，它是延续和发展人类文明的一种传统手段。对于少数民族来说，在正式学校教育机构出现之前，家庭教育起到了养育和教育民族儿童的作用，同时也承担着传承民族文化的任务。京族民间文化的传承，有很大一部分是通过家庭教育进行的。

一　日常言传身教的传承

京族家庭教育主要采用言传身教的方式，且贯穿于京族家庭的日常生活之中。在长辈的言语教导和身体力行的过程中，孩子不断地习得民族语言、民间文学、各种知识技能、伦理道德等民族文化。

京语的学习是幼儿在父母及长辈的言语教育下渐渐习得，并在其成长过程中不断地丰富和成熟。在京族家庭中，幼儿1岁左右从简单的发音开始，由祖父母、父母等长辈开始教授幼儿发音，逐步学习和积累京语词汇，如人物称谓和事物名称等，而后随着孩子年龄的增长以及他们基本词汇量的扩充，长辈便开始教幼儿母语儿歌、俗语、寓言故事等。幼儿在学语言的过程中逐渐扩充本民族母语表达的知识和概念，随着儿童年龄的不断增长，继而从母语所代表的固有民族文化中汲取营养，受到家庭教育中所蕴含的文化传统和行为方式的熏陶。在很大程度上可以说，没有京族家庭中语言的传承教育，京语不可能大面积地存在。因此，京族家庭教育是传承京语最主要的方式。

京族孩子年幼时，父母或其他长辈会一边拍着孩子，一边讲着故事或哼着儿歌，或唱着童谣，让孩子早入梦乡。空闲时间，大多数家中的长辈会给孩子们讲故事传说，讲述民族英雄和民族历史。在这样不断日积月累的熏陶过程中，孩子们便记住了父母或其他长辈讲的故事、儿歌。京族民歌手黄玉英告诉笔者："我小的时候呢，老人常常给我讲故事、唱歌，现在我老了，有了孙子孙女，我也常把以前从老一辈人那里听到的故事讲给我的孙子孙女听，教他们唱唱民歌，不教他们就不懂了。"[①] 家庭口头传承并不像手工技艺那样有很明确的目的性，有时大人们无意识地讲述，孩子们却记在了心里。许多京族故事、传说、歌谣、谚语等口头文学就是这样不断地被长辈们教给孩子，一代代地传下去，至今仍在流传。

京族家庭教育中有关伦理道德的内容主要是教育后代养成孝敬父母长辈、诚实礼貌待人、勤劳勇敢、惩恶扬善等优良品德，这种教育大多也是采用言传身教的方式，且贯穿于京族的日常生活之中。每个家长都教诲子女要勤劳、尊老爱幼、以诚待友、不偷不抢、不干其他不符合社会规范的事。京族人从小就被教育要敬老、互助和礼让。见了面要打招呼问好，或点头致意。路遇长辈，称大爹、大妈或伯伯、叔叔，对平辈称兄、姐，对年幼者称小弟、小妹；遇客人或负重者，要主动让路，若遇负重的长者同行，要主动帮助并送到分手处；给长辈和客人端茶、盛饭，必须双手捧给；在饭桌上，须等最年长的老人入席后才能开饭；长辈未动的菜，晚辈不得先吃；凡有好吃的或是老人喜欢吃的食品，首先要敬给老人或给老人留下一份；先吃完的要逐个对长辈、客人说"慢吃"再离席等。儿女外出归来，要给长辈打声招呼；家中长幼有序，和谐相处。在孩子成长的过程中，家长通过教育孩子如何分辨长幼辈分，如何待人处世的日常行为，并通过自己的身体力行，给孩子作出榜样，

---

① 受访谈人：黄玉英，访谈时间：2016年7月12日，访谈地点：沥尾家中。

第三章 京族民间文化的教育传承模式

让孩子从小耳濡目染，在潜移默化中了解社交礼仪常识、待人处世原则，养成良好的道德品质。

在京族传统社会里，人们很重视对孩子的生产知识与技能的教育。在日常生活中，京族通过父母传子女、长传幼的形式，示范和指导少年儿童，让他们识别渔具、网具的名称、式样及其特征、功能及具体操作方法。待他们年纪稍大一些又传授制造渔具和网具的方法、技巧。京族青少年在十五六岁时便开始参加出海捕鱼活动，在长辈带领下掌握渔业生产的各种实践经验和技术。除基本经验与知识外，要成为经验丰富的渔民，还应具备一些特殊本领，如掌握气候变幻、渔期汛情、潮水涨落、鱼群洄游等渔业生产的规律性常识。因此，京族长辈在向青年传授渔业经验时，很注重传授这些规律性常识。京族农业生产教育晚于渔业生产教育，而且不如渔业生产教育那样普遍。其主要内容有农具的识别、使用和制作方法与技术的传授，农作物的生长规律及其耕作方法与技术的传授，田间地头管理的基本知识的传授等。家庭中的长者或社会成人在生产劳动过程中以及生产归来的闲暇时间通过言传身教把这些知识有意识地传授给年轻一代。京族也有少量的手工业生产，主要有鲶汁腌制以及木质用具、竹器、竹（藤、草）编制作等手工业。对京族手工工艺本身的发展而言，家庭是十分重要的传承场，其传承最早是通过家庭成员之间的互相传授而继承下来的。这些技艺通过家庭内部传承或师徒传承的方式，由年长者在实践中传授给年轻一代。山心村的黄尚文是京族鲶汁（也称鱼露）技艺的传承人，他告诉笔者："鲶汁是京族地区的特产，调味用的。以前我还小的时候，家里老人做鲶汁时，就把我们小孩子喊到身边，让我们看，给我们讲是怎么做的，我们就会自己做了。先在大缸下部凿一个小孔，插上小竹筒，用活塞堵上。把小鱼放在缸内加盐，压实盖好，几个月后小鱼渐渐融化，经过滤后就得到鲶汁了。我也把这些方法告诉给我的儿女和孙子孙女了。"①

图 3-1 山心村黄尚文在制作鲶汁 （作者摄）

有的京族人家中还保留有家谱族谱，长辈经常给后代讲家谱族谱上记载的家族历史和民族历史，让后代懂得自己的祖先从哪里来，为了开辟新的家园经历了怎样的苦难和艰辛，让后代记住先祖的功劳和美德，并将这些美德传扬下去。可见，家族中的长辈通过言传身教的传承方式，对民族传统文化持续地传承和发展起到了重要作用。

二 仪式中的教育传承

每个人的一生中都有必经的几个生活阶段，每个人的社会属性就是通过这些重要阶段不断确立起来的，在各阶段中自古以来便用一定的仪式做出表示，以便获得社会的承认和评价。在这一生中各阶段所

---

① 受访谈人：黄尚文，访谈时间：2014 年 11 月 26 日，访谈地点：山心村黄尚文家中。

第三章 京族民间文化的教育传承模式

标志出的仪礼,就是人生仪礼[①](也有人称为人生礼仪)。人生仪礼"主要包括诞生礼、成年礼、婚礼和葬礼。此外,标明进入重要年龄阶段的祝寿仪式和一年一次的生日庆贺举动,亦可视为人生仪礼的内容"[②]。

人生仪礼是社会的民俗事象之一。有人类学家认为:"仪式外的社会生活是无人性的,而人性只能在仪式中得以发现。"[③] 这种理解固然有些绝对化,但仪式在全人类及社区生活中的重要性却是毋庸置疑的。无论是诞生礼、成年礼、婚礼、葬礼还是祝寿仪式,都包含着丰富的民间文化。京族家庭教育中,长辈利用这些仪式为晚辈传授知识、传播道德规范、传承民间文化艺术。

(一) 诞生礼

诞生礼是人生仪礼中的第一个环节,标志着人生的开始,在人生的诸多仪礼中有着重要地位,是京族同胞很珍重的仪式,至今仍传承着一套与求子、产子、婴儿的新生息息相关的民俗和礼仪规范。京族孩子生下后要"定花根",即将孩子出生时的年、月、日、时辰等交给算命先生,算命"定花根"。若算命先生说婴孩命里带某煞,就要认相应的某一姓氏的人、物或神为契爷。契爷必须为孩子起一个名字,如认阮姓人为契爷,孩子就叫阮生、阮养或阮保等,认木头为契爷的,由道公代起名为木生、木养、木保等,以求孩子平安吉祥。孩子生下第三天要做"三朝",届时杀鸡祭祖,宴请亲朋。婴孩生产数天后,男家要送肉、米、酒、姜等礼物到女家"报姜",岳父接到"报姜"后,选定日子告诉族人,届时由岳母带队挑着鸡、糯米、衣物等送给产妇,即"送羹"慰问产妇。在"百日"和"周岁"的习俗活动中也有类似宴请亲朋、

---

① 乌丙安:《中国民俗学(新版)》,辽宁大学出版社2002年版,第210页。
② 钟敬文:《民俗学概论》,上海文艺出版社1998年版,第156页。
③ 张振涛:《冀中乡村礼俗中的鼓吹乐社》,山东文艺出版社2002年版,第264页。

歌舞活动。京族小孩还有戴项圈和脚箍的风俗。每有小孩降生,无论男女,都佩戴有"吉祥如意""长命富贵"等字样的项圈和脚箍,认为此可保佑小孩快快长大成人,一生幸福。这些饰物一般戴至七八岁左右,只有少数人戴到 14 岁。① 笔者在京族地区采访时,一位京族老人这样说:"我们这里有小孩出生,家人就要帮小孩算一下命,再'定花根',还要戴项圈、脚箍,这样以后这个小孩才能健康平安。就这么一代一代传下来的。"这些习俗文化借助诞生礼仪及生育习俗,在家庭成员的严格遵守下,代代相承。

(二)婚礼

婚礼是古代"五礼"中的"喜礼",它标志着一对社会认可的男女将行使婚媾的权利,组成一个新的家庭,共同担负起繁衍后代、发展家庭的义务,履行正式社会成员的责任,属于人生仪礼中"划时期"的礼仪。因此,同我国各民族一样,京族特别重视这一礼仪,婚礼通常是隆重和热烈的,新郎、新娘及伴郎、伴娘要着盛装,并伴有许多民间歌舞等表演活动。

婚礼上,人们或以祝词,或以唱诵歌谣以及象征性活动等方式告诫新人,要和睦相处,和和气气过日子,尊重对方的长辈,承担好养育子女的责任等。结为夫妻的男女新人都要接受父母长辈的教育和训导,并在此过程中获得婚姻家庭道德规范的教育,完成新的人生角色的转换。京族成员在参加婚礼的过程中,了解了本民族的婚俗,也受到了一次民族文化的洗礼与道德的熏陶。

京族青年男女订婚时要通过"蓝梅"(即牵引情丝的人)为对方传唱情歌和对花屐来完成,即让"蓝梅"将自己想好的一首情歌捎给对方,同时还送去一只描有花草的彩色木屐,如果双方相互赠送的那只彩

---

① 毛公宁:《中国少数民族风俗志》,民族出版社 2006 年版,第 1681—1683 页。

第三章 京族民间文化的教育传承模式

色木屐合在一起正好左右相配合成一对时,这对情侣也就结成了。[1] 京族民歌"(男方)托媒送去屐一只,渴望纳福成侣伴,如果姻缘能匹配,我与父母齐心欢。(女方)谢你送来屐一只,花招蝴蝶好相伴,屐已巧合成对偶,意合情投结凤鸾"[2],反映了这种"蓝梅传歌对木屐"的婚恋风俗。过去,京族女孩出嫁前三天或七天要哭嫁三天。一哭父母养育之恩;二哭年少不懂事时多得兄弟关照;三哭兄弟姐妹情深。其母、婶、嫂等也陪哭,教其今后做人的道理。"我们以前结婚时要唱哭嫁歌,结婚前要学的,不会唱哭嫁歌人家会笑的。我妈妈和几位大婶教我唱的。"民间歌手武瑞珍如是说。

认亲是京族迎娶新娘前的一项礼仪活动。迎娶日的前一天,新郎须请一位善唱者"带中"陪同,前往女家正式拜见岳父、岳母和新娘的其他长辈,称为"认亲"。新郎和"带中"一到女家,女家请来的"带中"就会一面唱歌,一面向来宾敬献槟榔、香茶。女方"带中"每唱完一首,男方"带中"要即兴填词回敬一首。双方酬唱应对,多为祝福之词。酬唱完毕,女方歌手还会故意刁难戏弄新郎,以探测新郎能否应付自如。男方歌手要机智,适度应对,以免新郎受窘。

婚礼当天,男家挑选两三对得力的男女歌手做代表,前往女家迎接新娘。女家也有两三对歌手伴着新娘在家等候。这时女家大门紧闭,在屋前路上或林子里搭有三重挂彩的"榕门"作为"关卡"。第一关由男女歌童把守,第二关、第三关由成年得力歌手把守。男家派出的迎亲队伍经过每一道关卡,都必须用歌逐一回答守卡歌手的盘问,直到守卡人认为满意,才能撤卡通过。人们把这一礼仪称为"破关",

---

[1] 南宁师范学院广西民族民间文学研究室:《广西少数民族风情录》,广西民族出版社1984年版,第294页。

[2] 苏维光等:《京族文学史》,广西教育出版社1993年版,第134页。

也叫"撒歌卡"。① 男方迎亲歌手通过层层关卡的盘歌，顺利过"关"后才能进入女家堂屋。之后，双方歌手互相祝贺，唱吉利的礼歌。唱罢，入席吃宴。宴罢，两家歌手簇拥着面罩纱巾的新娘，拜别父母出门。在赴男家途中，双方不停对歌，辞别时唱《辞行歌》，出门唱《感恩歌》。② 到了夫家，新郎新娘双双拜堂，唱《拜堂歌》："跨过六槛跪下花席，屋里举行婚姻拜堂仪式。跪下敬拜祖宗，让他们保佑新郎新娘幸福长寿。"③ 拜堂完毕，宾客要向新人及他们的父母唱祝贺歌："祝贺四姓父母，双方结义和睦相亲。祝贺四姓结亲，选得吉日成亲万代。祝贺四姓相逢，桃花兰花开共一家。祝贺四姓亲家，媳贤婿好爸妈得养。"④ 之后，新郎新娘要捧槟榔敬父母长辈和宾客，宾客要唱《谢槟榔歌》。最后，新娘新郎唱《结义歌》，将整个婚礼的气氛推向高潮。在京家婚礼中，独弦琴也扮演了重要角色，婚礼过程中弹奏《送迎新郎新娘歌》《槟榔歌》《饮茶歌》等婚礼乐曲。整个婚礼过程中，人们唱歌弹曲，通宵达旦。一位京族老人告诉笔者："过去，我们京家人的婚礼，看看婚礼是不是隆重，要看杀了多少头猪，喝了多少斤酒，来了多少客人，是不是有热闹的对歌。"可见，婚礼上的对歌是很重要的。

可以说，民歌成全了京族的结婚庆典，使结婚庆典成为人们非常乐意参加的活动。婚礼上的歌唱活动是才艺比赛、礼俗展演、道德教化、审美教育、交际娱乐手段，它以这个社会人们喜闻乐见的方式进行持续的综合教育。有学者指出，庆典中的艺术"在身体上、感觉上、情绪上满足和愉悦了人类……确保了心甘情愿地参与和准确地完成那些

---

① 刘树枫等编：《西部民族风情千解》，中央民族大学出版社2003年版，第490页。
② 广西壮族自治区地方志编纂委员会：《广西通志·民族志》（上），广西人民出版社2009年版，第488页。
③ 苏维光等：《京族文学史》，广西教育出版社1993年版，第138页。
④ 南宁师范学院广西民族民间文学研究室编：《广西少数民族风情录》，广西民族出版社1984年版，第298页。

第三章 京族民间文化的教育传承模式

使他们联合起来的庆典。艺术'成全'了庆典，因为它们使庆典让人感觉良好。"[1] 民歌对唱正是使人们感觉良好、美妙的东西，所以人们才会热衷于歌唱。京族民歌在丰富京族传统婚礼仪式内容的同时，也使自身随极具生命活力的婚礼生生不息地流传下来。[2]

婚礼上的对歌、弹曲既是亲家双方及亲朋好友的感情交流，又是敦厚的礼仪，其中蕴涵的做人道理和礼节教养也在歌唱中传给了下一代。而婚礼上，人们穿着传统民族服饰，盛装出席，尤其是新郎、新娘、伴郎、伴娘更是精心打扮，各种饰物光彩夺目。婚礼上的食品制作精致，用具也都讲究外形美观。可以说一场婚礼就是一场艺术表演和艺术产品的展示，京族民歌、独弦琴曲、服饰、饮食、工艺品等借助生动、富于情趣的婚礼得以传承。

（三）祝寿仪式

京族同胞有为老人祝寿的习俗，祝寿仪式包含着丰富的本民族文化内容，家中长辈也利用这一仪式对后辈进行教育，传承民族文化。京族人一般把超过50岁的人视为老人，每年诞辰，家中晚辈们都要给他们祝寿，寿礼很隆重，除了杀鸡、宰鸭，还要宰猪祭祖，大摆筵席，村族兄弟、亲友、嫁出去的女儿等都会带着"寿礼"前来祝寿，说吉庆话和唱祝寿歌。祝寿歌的内容和唱词比较固定，内容是赞颂老人家养家糊口、养育后代的可敬精神，又告诫子孙后代要尊敬老人，懂得感恩，祝福老人长寿安康，安度晚年。倘若老人垂危或久病不愈，民间认为其是"脉络稀微"，需请法师为其"做十保"。法师立于神位前，合掌念咒，同时一人敲锣，另一人左手持牛角，右手持铃刀，边吹号角边摇铃刀与

---

[1] [美] 埃伦·迪萨纳亚克：《审美的人——艺术来自何处及原因何在》，户晓辉译，商务印书馆2004年版，第96页。
[2] 陈丽琴：《民俗传统：京族民歌传承的文化生态》，《广西师范大学学报》2014年第2期。

之配合。法师作法过程中，时而喃唱经文，时而舞蹈。最后用红纸写上病者的年庚贴在神龛上，祈求神灵和祖宗"赐福"，保佑病人早日康复。① 祝寿仪式反映了人们对老人的尊敬和爱戴，既教育了年轻一代，又传承了本民族民间文化艺术，京族祝寿歌舞在浓厚的敬老习俗中得以枝繁叶茂地生长。

（四）丧葬仪式

丧葬仪式是人生礼仪的最后一项仪式，它反映了人类的生死观和灵魂不死的观念。在许多民族的传统观念中，死亡并不意味着"人鬼之交"的结束；恰恰相反，其认为葬礼不过是人生旅途中一个新的转折点，是生命或"灵魂"从一种存在方式向另一种存在方式的过渡。② 因此，每当亲人死亡，人们常常聚集亲朋，在灵前载歌载舞，形成了五花八门的丧葬仪式和丧葬歌舞。同不少民族一样，京族丧葬仪式过程也伴随吊丧、唱经、舞蹈等活动，这一仪式其实也是教育青少年传承民俗文化的场合与活动。

京族丧葬一般有报丧妆身、入殓封棺、修斋出殡、埋葬等仪式过程，按习俗要等到所有的子女到齐才将去世的老人下葬，而子女无论离家多远都一定赶回来，是一种子女尽孝的表达与实践。丧葬习俗活动中，唱经、舞蹈穿插其中，成为仪式的一部分。京族家中老人去世时一般请法师"做斋"，道公在道场仪式进行到"开五方路"时要跳道场舞：一位身披袈裟、头戴佛帽的道公，在锣、鼓、钹的伴奏下跑碎步，作前后参拜仪式，绕场三周后退场，表示请将领赴地狱，打开"五方"路。接着，另一位道公骑纸马，执马鞭，扮演将领，跑碎步绕场三周，表示为孝男孝女到地狱去搭救亡灵。随后又一位道公扮将领的贤妻，手执火把，不断按"8"字花跑碎步，将领紧跟其后，二人又绕场三周，

---

① 马居里、陈家柳主编：《京族——广西东兴市山心村调查》，云南大学出版社2004年版，第170—171页。

② 周凯模：《祭舞神乐宗教与音乐舞蹈》，云南人民出版社2000年版，第124页。

第三章 京族民间文化的教育传承模式

表示贤妻为将领引路共赴地狱。最后,三位道公扮小鬼出场,站成斜排挡住去路,与将领、贤妻相互过几次招之后,小鬼退场,表示地狱门已经被打开,亡灵被救出。紧接着一个道公扮演艄公,在前面拉纸船,另一个道公扮演船妇,在纸船后做划船动作,边唱边舞,绕场一周后退下,表示保护亡灵过河升天界。① 这些表达了生者对逝去长辈的悼念及对亡灵的慰藉。而"竹马舞"是三年祭日时跳的舞。舞者右手持 4 尺长的竹棍,棍两头扎着油棉或其他可燃物品,舞时将棍两端点燃,边唱边舞,或是先唱后舞,内容均为超度亡魂。整个丧葬过程充满了一种孝的文化氛围,是对子女进行孝道教育的最好方式。

京族同胞在悼念中用歌舞来表达对过世老人的怀念和自己的悲伤之情,并对每个社会成员的一生进行持续的人格教育。葬礼通过歌舞巧妙地把一场丧事化为有趣但又有深意的游戏,展示了他们审美化生存的智慧,这种审美生存意识便是民间歌舞产生的心理基础。这些民间祭祀歌舞在京族丧葬习俗活动中不断地传承下来,丧葬仪式成为京族民间文化艺术传承的方式之一。

三 口头表演艺术的家传教育传承

京族很多民间文学作品富于教育性和哲理性,长辈们常常通过民歌、故事、谚语、俚语等对青少年进行生产知识、劳动观念和伦理道德教育,一代代传承京族民间文学。京族人常在茶余饭后用讲故事的方式打发着与孩子们相处的闲暇时光,使京族民间文学在耳濡目染中得以有效传承。一位受访者告诉笔者:"我们京族有很多故事的,小的时候常听父母讲,尤其是那些讲述大人物的故事,比如'杜光辉的故事',他可是个大人物,率领我们京族人打坏人,很厉害的,强盗来了打强盗,

---

① 韩肇明:《京族》,民族出版社 1993 年版,第 76—77 页。

法国人来了打法国人，他就是我们沥尾人，可惜后来在与法国人打仗的时候牺牲了，小时候很喜欢听父母讲这样的故事，现在我还经常给我的孩子讲这个故事，让他记住这个我们历史上的大英雄，孩子也很乐意听。"（女，京族，44岁，沥尾人，个体户）笔者随机采访一位小朋友，问他有没有听说过京族杜光辉的故事，他回答道："听说过的，是大英雄，我们沥尾村的，哈哈，我也是姓杜的，他是我们杜家出来的英雄，我妈妈告诉我的。"（男，京族，12岁，沥尾人，学生）父母用这种讲故事的形式让后代铭记历史。

京族民歌中有许多歌曲依靠家庭传承，例如民歌中的儿歌、催眠曲大部分是由父母传授给儿女的。不少民间歌手学唱民歌的方式是家庭传承，如有跟父母学唱的，有跟奶奶或姨娘学唱的。笔者在京族地区进行实地调查时，询问当地一位老奶奶是否曾经给她的孩子唱过儿歌、讲过故事，老奶奶回答："有的，有的，孩子小时候呢，我经常一边拍着孩子，一边讲着故事或哼着儿歌，哄着孩子早点睡觉，孩子睡觉了我才有时间做工呢。"她还告诉笔者，她也会唱山歌，是她的母亲教她的。在京族地区，有一些民间歌手的父辈还是一流的民间艺人。家庭传承常采用耳闻目染与口传心授相结合的方法，一般较为简单的曲调靠耳闻目染即可学会，而大篇幅古老的民歌歌词常用口传心授的方法传教给自己的后代。

京族地区有不少口头表演艺术家，他们是优秀的故事讲述家和民间歌手，也是重要的京族非物质文化遗产传承人，通过家传的形式将京族民间文化延续、传承下来。李甜芬的《走进京岛》中曾写道："在我翻阅京族文学史和采风中，发现这样的问题，众多的民间歌手和艺人，都是血缘之间的口头传承，如子承父，女继母等。"[①] 京族民间歌手、独

---

① 李甜芬：《走进京岛》，广西人民出版社2004年版，第71页。

第三章 京族民间文化的教育传承模式

弦琴独奏家苏海珍家族就是京族口头表演艺术家传教育传承的典型案例。苏海珍的父亲苏维光（已过世）是京族诗人、作家，一生致力于京族传统文化艺术研究，与人合作完成《京族文学史》《京族民间故事选》等多部京族文学专著，他是第一个把京族口头文学变成书面文学的人。苏海珍的母亲阮成珍是有名的京族民间歌手，不仅能歌善舞，而且擅长独弦琴弹奏。正是因为受到父母的熏陶与刻意传承，苏海珍成了一名独弦琴传承人，也是民间歌手，她又将京族的口头表演艺术传给了自己的女儿。在2015年沥尾举办哈节时，苏海珍告诉笔者："我的爷爷苏锡权（已过世），他是一位'京族通'，会唱民歌，很会讲京族民间故事，是我们京族有名的讲故事能手，可以讲60多个京族故事，我小的时候经常听爷爷唱歌、讲故事。爷爷对父亲影响也很大，为父亲后来的（京族）故事和民歌的搜集与整理工作提供了很多素材。"笔者也在翻阅1984年出版的《京族民间故事选》时发现，在全书50篇民间故事中，有24篇是由苏锡权讲述的。由此可见，由苏锡权—苏维光、阮成珍—苏海珍—苏海珍女儿四代人纵向的传承，构成了京族口头表演艺术的家传教育传承。京族独弦琴传承人苏春发在传承独弦琴技艺与民歌的过程中，也是通过四代人（苏春发叔叔苏善辉—苏春发—苏春发儿子、女儿—苏春发孙女）的家传形式来传承。苏春发从五岁起因受叔叔苏善辉影响，耳濡目染接触独弦琴，走上学习独弦琴之路。苏维宝、苏维贵、苏小燕分别是苏春发的长子、次子、小女儿，从小就开始学琴，尤其是苏小燕琴技出色，随父亲参加过全国性表演。苏琪岚、苏珊珊是苏春发的长孙女、次孙女，如今分别上中学和小学了，她们均于四岁开始和苏春发学琴，现在已经掌握左手摇杆的各种技法，流利地弹奏独弦琴曲，经常在各种表演会上给观众弹奏曲子。[①] 从苏春发的叔叔

---

① 受访谈人：苏春发，男，京族，访谈时间：2016年7月12日，地点：沥尾村。

苏善辉（父辈）—苏春发（本辈）—苏维宝等三人（子辈）—苏琪岚等两人（孙辈），上下跨越了四代人，其实是一个以苏春发为核心，上沿袭、下传承的独弦琴演奏世家。京族还有一个独弦琴传承人、故事讲述者阮志成，他告诉笔者："独弦琴的技艺是由爷爷教给我的，爷爷是很有名的独弦琴乐师阮世和，苏春发也是我爷爷的徒弟，我们小时候在一起练琴，现在我有空闲时经常去我的琴房练琴，时间久了，对独弦琴有了特殊的感情了，不想让它失传，所以我最近几年一直教我的孙子，想让他把这门技艺传承下来，还有一些古老的京族传说故事，这些在学校里是学不到的，也应该让后辈知道。"可见，京族口头表演艺术的传承人基于对民族文化的那份热忱，通过家传的形式传承，努力将京族民间文化延续至今。

由此看来，家庭教育是民族文化传承的有益文化环境，它为京族民间文化提供了一种集中自觉的传承途径。

第二节　学校教育传承

"教育人类学主要是研究教育是如何对人的形成产生影响的。民族文化传承是教育的重要内容和手段。因此，进行民族文化传承的教育人类学研究，必须紧紧围绕文化传承对人有哪些影响，是怎样影响的，以及文化传承的途径和机制来进行。"[①] 学校也是民族文化传承的一个重要途径。学校教育作为当代教育活动的核心部分，是一个国家和民族文化发展程度的重要标志，它是人类文化传承的主要渠道，同时也因其自身所具备的目的性、组织性、计划性和普遍性等特点成为传承民族文化

---

① 王军、董艳主编：《民族文化传承的教育人类学研究》，中央民族大学出版社2007年版，第8页。

第三章 京族民间文化的教育传承模式

的重要场所,不仅要传授现代的科技知识,还要传授优秀的民族传统文化。现代学校教育也成为京族民间文化传承的有效手段。

过去京族没有正规的学校,京族的学校教育主要靠私塾、书院、教会学校等教育形式来完成知识与文化的传承。1906年,杜光辉、黄志光等人在沥尾最早创办私塾,之后苏锡权等人接管维持,主要采用汉族的蒙学教材《三字经》《百家姓》等进行教学,间或进行民族传统文化教育。1887年江平镇建立"南服书院",1912年该书院发展成为京族第一所小学——江平镇国民小学,教育内容有生产劳动、生活习俗、道德宗教、语言常识、文艺体育,其中涉及许多民间文学内容,如京族传说和故事等。法国传教士分别于1850年、1925年设立"竹山三德村教会学校"和"江平恒忘村教会学校",以诵读经书为主,兼学常识、数学、地理等课程。1928年后,京族地区逐渐出现小学、中学等正规学校,课程内容也涉及京族传统文化。[1]

1949年以后,京族地区的现代教育得到了迅速发展,先后建起多家幼儿园、小学、中学。1989年,江平中学专门为京族学生设立京族初中班,招收京族学生62人。1991年,防城县政府又批准成立了防城各族自治县民族中学,面向全县各少数民族(包括京族)招生。同年,江平镇政府颁发了"民族教育综合改革实验计划",把建立江平民族中学和民族小学班纳入了议事日程。针对京族学生的情况,当地教育部门及学校对京族学生实行三语(京语、粤语、普通话)教学,并选编《京族民兵智歼残匪》《北部湾畔展宏图》等讲述京族民众聪明才智的文章以及在反抗外侵、对敌斗争、填海造田过程中的英雄故事作为乡土教材供京族学生学习。[2] 1995年,国家投资加上京族人集

---

[1] 陈时见:《京族近现代教育的发展及其特点》,《广西民族研究》1995年第3期。
[2] 韩达主编:《中国少数民族教育史》第三卷,广东教育出版社1998年版,第1102页。

资,办起了中国第一所京族中学,到2008年,京族学生703人,占学生总数的67.8%以上。[①] 从2008年起,笔者多次走访当地京族学校、巫头小学、山心小学,进行"民族文化进校园"相关内容调查,发现京族学校在传承京族文化方面进行不断探索与尝试,做了大量的实际工作,收到了良好的效果,主要依托民族文化进校园的政策环境,挖掘京族文化资源,大力弘扬京族文化,通过双语双文教学、开发乡土教材、民间艺人进课堂、师资队伍的培养、开展丰富多彩的课外活动等进行京族文化的传承教育,使学校教育成为京族民间文化传承的良好途径。

一 京族韵味的校园环境建设

"学习环境是影响学习者学习的外部环境,是促进学习者主动建构知识意义和促进能力生成的外部条件。"[②] 良好的校园环境有助于学生积极主动地学习文化。为了使京族民间文化在学校中得到更好传承,京族学校以传承京族文化为主题,对学校进行了整体规划,力求使校园体现京族韵味,为京族文化传承提供良好的环境。

近年来,在政府的政策和资金的支持下,依托"民族文化进校园"的大环境,京族地区学校很重视京族文化的校园传承,营造有京族韵味的校园环境,取得了良好的效果。京族学校林副校长告诉笔者:"现在'民族文化进校园'是民族地区学校的一大特色,不少学校都在重视传承民族文化,我们学校在这方面工作开展得比较早,也有一定成效,有一些经验。我们学校是唯一一所以'京族'命名的学校,京族学生占了大多数,因此,建校以来一直比较重视京族传统文

---

① 数据来源:东兴市京族学校,2008年《东兴市京族学校简介》。
② 梁林梅、杨九民:《教育技术学》,北京大学出版社2012年版,第106页。

化教育。学校建成了'民族教育展室',主要展示学校教育教学成果,京族的历史、节日、生产习俗、民间文学艺术等传统文化,成为学生学习和了解京族文化的窗口;建成了'民族教育小基地'和民族文化宣传长廊,大力宣传京族文化,营造浓厚的民族文化氛围;还建有富于浓郁民族特色的'读书亭'和体现了京族民族精神的雕塑,另外还设有京族民间工艺室和独弦琴训练室。让学生在校园中受到京族文化的熏陶,增加对京族文化的了解和热爱,展示学校的办学特色以及京族的特色文化,让校园环境与民族传统文化对接,老师和学生是欢迎的。"[1] 笔者随机采访了一位刚下课的老师,他说:"一走进我们学校的校园,就感受到了浓浓的民族文化氛围,我们老师在上课时经常将京族文化介绍给学生,学生也喜欢学。"在校园里活动的学生也接受了笔者的采访,一位同学说:"我很喜欢我们学校,校园很美丽,还有京族文化特色的读书亭、雕塑、长廊,我们在学校里学到了很多民族文化知识。"另一位同学则说:"我是京族人,在学校里看到有宣传自己民族文化的长廊,很亲切,也喜欢老师给我们讲京族的各种知识。"显然,学校对民族特色校园环境建设的重视,提升了师生对民族文化的认知度。

二 京族文化的课堂教学传承

在教育教学方面,京族学校探讨将民族文化渗透到教学全过程的教学模式,使学生在学习科学文化知识的同时,也受到民族精神的熏陶。2001年下半年,在广西大学东南亚研究中心福特基金项目"中越边境民族文化振兴与经济发展比较研究""京族文化资源保护开发研究"课题组的指导和帮助下,沥尾、山心、巫头三所京族小学的5位老师和课

---

[1] 受访谈人:林副校长,访谈时间:2015年12月11日,访谈地点:京族学校。

图 3-2　京族学校的民族教育展室　（作者摄）

图 3-3　巫头小学的民族文化长廊　（作者摄）

题组成员 2 人组成了 "京族乡土教材编写组"，于 2002 年暑假编写完成了《京族乡土教材（试用本）》,[①] 从历史、地理、民间故事、习俗文化、生产劳动、自然生态、民族团结七个方面介绍京族的历史与文化。

[①] 袁少芬：《民族文化的保护开发与经济互动——来自京岛的报告》，见方铁、何星亮《民族文化与全球化》，民族出版社 2006 年版。

第三章　京族民间文化的教育传承模式

2002年9月至2003年7月，该教材在沥尾小学、山心小学、巫头小学一至六年级中使用，每周开设1课时，期末对学生进行考查。据调查，在《京族乡土教材（试用本）》试用的一年期间，上述三所小学的学生对学习和了解京族文化的兴趣普遍提高，积极主动学习、了解京族文化的学生占调查学生总数的90%。[1] 2003年暑假，《京族乡土教材（试用本）》完成修订，印刷200余册提供给沥尾、山心两所小学作第二期试讲，学生和家长都反映好。目前正在开发《京族学生礼仪手册》（分为小学版、初中版），让学生学习和了解京族的优秀传统文化。一位家长告诉笔者："我是京族人，我觉得在学校里开一些京族文化课是很好的，孩子在学校听了老师讲的京族故事啊、风俗习惯啊这些知识，很感兴趣的，回家也讲给我们听，我们也是好开心的。京族的孩子嘛，还是要了解一下自己民族的文化，不然就容易忘本了。"可见，家长对开设传统文化课程是认可的，也肯定了孩子对学习乡土教材后的收获。

从2004年开始，京族学校在四到九年级增设了京语课程，实行"京语、普通话双语"教学。一位教授京语的老师告诉笔者："我现在给学生们教京语，每个年级一周安排2—4节京语课，学校已经把京语教学作为课程组成的重要部分纳入常规教学管理了，到期末时，学校要统一进行质量考核，和其他科目一样的。目前，学生经过初步学习后，一般能掌握京语基本语法，会写简单的单词，能说一些日常用语，有的学生还能用京语进行一些简单的对话交流，效果还是不错的，学生也比较感兴趣。我本人是京族人，我觉得在京族地区把京语传承下去是非常必要的，希望能尽自己的力量教好学生，把学生学习京语的积极性带动起来。"笔者还采访了一位已经学了两年京语的学生，当被问到对学校

---

[1] 林秀贵：《大力开发乡土教材，使京族文化走进校园》，载中央民族大学民族基础教育研究中心《中国乡土知识传承与校本课程开发研讨会论文集》，中央民族大学出版社2009年版。

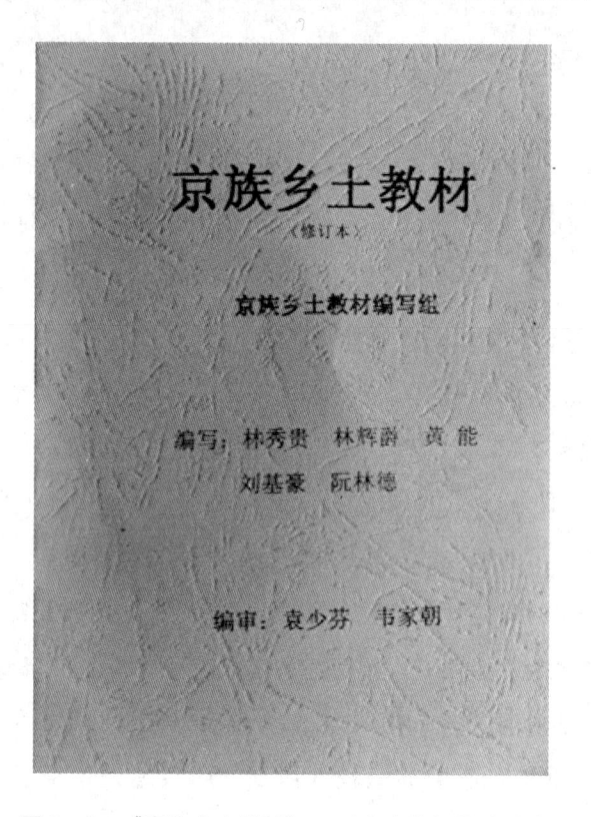

图 3-4 《京族乡土教材》 （京族学校提供图片）

开设京语课程的看法时，他认真地回答："我们班同学都喜欢学习京语，我是京族人，我觉得会说京语才像个京族人呢，我对学习京语很有兴趣，也很珍惜在学校学习京语的机会。我以前在家里说白话，学了京语以后，我在家里也常跟爷爷奶奶说点京语，家里人也支持我学习京语。"从调查情况来看，如今京族学校的学生对学习和了解京语的兴趣普遍高涨，大多数家长也支持。此外，京族学校还充分利用综合时间活动课、地方课、班团课等进行民族常识的教学，让学生了解本民族本地区的地理概况、民族成分、民族来源、社会变革、经济发展、风土人情、英雄人物等。同时，根据学科特点，在各学科中渗透民族常识教育，如着手开发《竹杠舞训练技巧》《独弦琴训练技巧》《踩高跷训练技巧》等校

第三章 京族民间文化的教育传承模式

本课程,把竹杠舞、踩高跷等京族传统体育项目纳入现代体育课的教学中;在音乐课堂教学中传授京族传统器乐、传统舞蹈、民间歌曲;在美术教学中组织学生画京族风情画;在科普活动课上学习京族手工艺品制作等。① 教学生进行京族手工艺品制作的老师告诉笔者:"我带领学生到海滩上捡贝壳、海螺、沙子,到树林里拾树枝,找竹片、藤条等,课堂上教学生将这些物品按不同的形状粘起来,制成各种小物件,学生兴趣很高,也做得有模有样的,我把学生的作品摆放在工艺品制作室,供人观赏,大家很有成就感,对京族文化也更加认同了。"可见,学校在教学中重视对京族文化的传承和弘扬,开设京族文化校本课程,增强了京族学生的民族文化认同感,有效地促进了京族民间文化在学校的传承。

图3-5 京族学校的京语教师在给学生上京语课 (京族学校提供图片)

三 京族文化的课外活动弘扬

京族学校先后成立了京族优秀特色文化兴趣班,开设了独弦琴、京

---

① 受访谈人:林副校长,访谈时间:2015年12月11日,访谈地点:京族学校。

图 3-6 京族学校"京族民间工艺制作室"中摆放的
学生制作手工艺品 （作者摄）

族歌舞、跳竹杠、踩高跷、帆板等京族传统文化兴趣科目，传承京族文化。学校分别成立了竹杠舞、独弦琴、踩高跷等艺术队，组建了京族腰鼓队，在课外活动时间由具有民族艺术特长的教师负责进行小组培训，同时还聘请京族非物质文化遗产（独弦琴项目）传承人苏春发、民歌手黄玉英、字喃专家苏维芳等老师到校指导。① 林副校长告诉笔者："我们学校除了课堂上重视对京族文化的传承教育外，还在课堂外开设了相关京族文化的兴趣班，聘请当地的非物质文化遗产传承人到学校义务为兴趣班授课，他们对京族文化的热情感染着学生，也带动了学生学习民族文化的兴趣，为学校的民族文化传承创造了良好氛围。从目前情况来看，学生在活动中学习京族文化的兴趣高，有部分学生多次代表京族团队参加国内外的活动，多次获奖，在社会上有一定的影响力。2002年以来，学校'京族竹杠舞队'代表防城港市参加了自治区各届少数

---

① 《东兴市京族学校民族特色教育总结》，京族学校提供。

第三章 京族民间文化的教育传承模式

民族运动会，均获得奖励；2004年以来，先后有香港基协中学、越南芒街陈富中学、越南芒街市青少年冬令营、韩国永同郡官员率学生代表团、香港广西社团总会等国内外的文化团体到我校开展访问交流活动。2008年以来，学校竹杠舞队、踩高跷队、独弦琴队先后参加防城港市'京族哈节'开幕式活动，独弦琴、竹杠舞的表演都成为'哈节'盛况中的焦点，得到了社会各界的充分肯定和赞扬。2009年学校也派出文艺队到越南芒街陈富中学进行访问交流活动；2010年6月，学校文艺队参加广西电视台资讯频道'欢乐乡村行——走进东兴河洲村'艺术表演；2010年10月，参加东兴市'长寿之乡'颁牌盛典表演，得到了各界人士的充分肯定；组建于1997年的帆板队多次在国内重大比赛中获奖，先后获得7枚金牌、4枚银牌、2枚铜牌，为广西区帆板队输送了两名队员。可以说，学校已成为东兴市乃至防城港市民族教育的展示窗口。"[①]

图3-7 字喃专家苏维芳、独弦琴传承人苏春发给京族学校学生教授字喃、独弦琴弹奏 （京族学校提供图片）

笔者通过对学校师生的访谈中得知，学校定期组织学生参观京族生态博物馆，了解京族发展的历史、风俗文化；组织学生看望慰问京族老人，听京族老人讲京族传说、故事等活动，让学生了解京族文化。学校通过开展民族文化兴趣小组课外活动，将京族民间文化融入活动中，为

---

① 受访谈人：林副校长，访谈时间：2015年12月11日，访谈地点：京族学校。

图3-8 京族学校学生在体育课上学跳"竹杠舞" 京族学校学生给代表团演奏独弦琴 (京族学校提供图片)

图3-9 京族学校的京族歌舞队参加"广西电视台乡村欢乐行"节目表演 (京族学校提供图片)

学生搭建起展示和了解京族民间文化等传统文化的宽阔平台,使学生增强了民族认同感,自觉传承本民族优秀的文化遗产。

而在京族地区以外的地方学校,也有不少学校将京族民间文化融入学校教学,促进了京族民间文化的传承与发展。例如,2003年,广西歌舞团李平在南宁市江南小学开设独弦琴演奏课教学,以学校教育的方式传承独弦琴艺术。2004年,广西艺术学院陈坤鹏教授在本科学生和硕士研究生中开设独弦琴演奏课程并使用自编的《独弦琴教程》进行教学,培养了一批高素质的独弦琴艺术传承人。广西艺术学院民族艺术

第三章　京族民间文化的教育传承模式

研究所也将独弦琴课程设为民族音乐理论方向研究生的技能选修课。① 广西大学把独弦琴作为民族器乐专业的必修课和所有音乐学专业的选修课，广西民族大学把独弦琴列入选修课课程；钦州学院、桂林师范高等专科学校等院校，也把独弦琴欣赏纳入大学生音乐欣赏课程之中。南宁第十四中学开设了独弦琴兴趣班，成立了南宁女子独弦琴乐队，多次代表南宁市政府和学校出国访问演出，反响强烈。2005年，南宁第十四中学女子独弦琴乐队在文化部举办的"华夏风采大赛"、北京电视台举办的"中华情·北京"中华民族艺术大赛以及中国广播影视才艺大赛中均获金奖，并于同年被中央电视台邀请参加"拥抱明天"联欢演出。② 2008年以来，东兴市教育局也重视并积极开展独弦琴艺术进校园活动，在当地更多的学校开设独弦琴、京族歌舞等课程。

在广西，把京族舞蹈融入课程建设的高校主要有：广西艺术学院舞蹈学院把京族舞蹈作为"广西民间舞"课程的教学内容之一；广西师范大学音乐学院把京族舞蹈编进"广西特有民族民间舞蹈原生元素教学组合系列教材"；广西民族大学艺术学院把京族舞蹈作为"民族舞蹈"课程内容。据不完全统计，近年来开展过京族舞蹈剧目排练与演出的学校有4—6所，它们分别在桃李杯、广西大学生艺术展演活动等艺术实践活动中进行了演出。如广西艺术学院陶艺参加第十届"桃李杯"，把京族舞蹈作为参赛内容；广西民族大学创作京族舞蹈《海韵》参加"广西第四届大学生艺术展演"；广西师范大学创作京族舞蹈《哈声节节》参加"广西第四届大学生艺术节"。京族舞蹈的艺术实践除了传统的校园文化节、大学生艺术展演等载体外，高校还与政府、企事业单位联手进行京族舞蹈开发。如广西艺术学院舞蹈学院在2015年与广西壮

---

① 黄志豪：《民间乐器多样性的保护与开发——谈京族独弦琴的活态传承》，《中国音乐》2009年第3期。

② 吉莉：《京族独弦琴传播现状调查与研究》，《艺术探索》2010年第5期。

族自治区区文联、区党委宣传部合作创作京族舞蹈诗《京岛人家》，开创广西高校率先创作京族舞剧类作品的先河。①

从以上的调查与分析中可以看出，学校教育已成为京族民间文化新的传承场，使京族民间文化在新时期进一步得以继承、弘扬、发展和传播。

第三节 社会教育传承

京族民间文化的传承除了家庭教育传承模式与学校教育传承模式之外，还有社会教育传承模式。从广义上来说，社会教育是指有意识地培养有益于人的身心发展的社会活动，其覆盖面很广。在现代社会里，社会教育传承模式不仅包括群体日常生活和节庆活动中的教育传承、师徒传承和族群交往中的传承，还包括政府参与下的传承、民族精英倡导下的传承以及现代媒体传承，传承途径多样。

一 日常生活中的群体教育传承

民族群体教育是在家庭教育的基础上，在民族村落和社区群体活动中，对本民族成员广泛进行的各种教育活动方式。在京族群体的社会生产和生活中，都伴随着群体教育活动，通过这些活动，引导群体成员建立本民族为适应环境而获得生存和发展的价值理念，并造就出相应的民族性格和形成一定的民族特质，有利于本民族文化的传承和发展。京族日常生活中的群体教育主要体现在群体的生产劳动、交际娱乐、祭祀活动、习惯法规和成年礼俗等方面教育，在这些习俗活动中，京族民间文化被一代代人习得并传承至今。

---

① 刘喜：《关于京族舞蹈在广西高校舞蹈教育中的传承思考》，《戏剧之家》2015年第9期。

第三章　京族民间文化的教育传承模式

（一）群体生产劳动教育传承

京族居住在沿海地区，古代以渔业为主，生产劳动教育相应地包括渔业生产教育、农业及手工业生产教育等多方面。京族人在群体生产劳动过程中创造、传承了本民族传统文化艺术。

渔业生产教育是生产劳动教育中的主要内容，京族人在生产过程中形成了一整套生产习俗，人们在群体生产劳动过程中习得、遵守、传承。比如，长辈在教育青年人进行捕鱼时，当拉起第一网鱼时，总是要求随手抓起三两条大鱼，放回到海里去，京族习俗认为，这样做是为了"积德行善"，表示渔家的"诚心"，这便是一种善良的传统意识和习俗观念教育。过去，京族有这样的习惯，即无论村中的任何人，遇见海边有人撒网捕鱼时，可不经主人同意，便拿上鱼罩、鱼叉到网内捕捉，主人不能加以干涉。夜幕降临，远方深海捕鱼的渔船满载而归时，村里任何人都可以到船上无偿分得三五斤鲜鱼。这种"见者有份"的习惯，京族人称之为"寄赖"。[①] 京族青少年从年长者那里受到这一习惯的影响，并在渔业生产实践中自觉不自觉地遵守，从而接受平等观念的道德教育。

京族群体生产习俗活动深刻地影响京族民间文艺的形成、传承和发展。我国著名民俗学家陶立璠先生在他的《民俗学概论》中谈到了民歌与生产活动等民俗的关系："……各民族的居住、服饰、饮食、生产、交通、家庭、村落、人生礼仪、宗教信仰、道德仪礼等民俗活动，都有相应的民间歌唱和讲述相随。"[②] 京族民间文艺深深地扎根于京族地区的民俗环境之中，作为众多民俗事象之一的生产活动习俗，无疑为京族民间文艺提供了生存的基础和空间。

京族世代生活在北部湾这一片土地上，在劳动生产实践中，总结出

---

① 《京族简史》编写组：《京族简史》，广西民族出版社1984年版，第11页。
② 陶立璠：《民俗学概论》，中央民族学院出版社1987年版，第292页。

许多劳动经验和生产技术，他们往往将艰苦的劳作寓于充满诗性的民间文艺活动中，把物质生活方式化成了具有审美意味的文艺形式。他们总结出了种田打鱼、摸螺洗贝等各种生产劳动技术。在劳动过程中，创造了与之相应的劳动歌舞，劳动的各个环节都伴随着优美的民歌和舞蹈。京族主要从事渔业生产，使用渔船、竹筏等在海上劳动，便创造了"海歌"，而"海歌"变成了京族人在海上劳作时必不可少的东西，疲惫时总会唱上几首，以缓解此时此刻的疲劳。如《渔汛歌》：

渔汛歌

潮涨潮落天过天，

渔家心头海相连。

渔汛来，闯浪尖，

摇橹把舵臂不酸。

驶尽艇，放尽网，

鱼虾蟹鲎满船舱。

满船舱哟满船舱，

回岸一卸成了金银山！[①]

又如《鱼满载》：

鱼满载

鱼满载，沉甸甸，

海面无风来鼓帆，

[①] 中国民间文学集成编辑委员会、中国歌谣集成广西卷编辑委员会：《中国歌谣集成·广西卷》，中国社会科学出版社1993年版，第1343页。

第三章 京族民间文化的教育传承模式

> 船儿累得走不动,
> 摇橹一天未见岸。
> 姑娘心,急如焚,
> 踩踏京家渔港湾,
> 望穿大海盼船归,
> 嗨哟!银鱼金虾堆如山!①

此外,还有《出海歌》《挖沙虫》《渔家四季歌》《摇船歌》《拉网歌》《收网歌》《洗贝歌》《采茶摸螺歌》《摸海螺》《数螃蟹》《打鱼归来》《船夫谣》《摇网床》《采珠谣》《赶春汛》和《捉螃蟹》等"海歌",都描写了京族同胞的海上劳作与海边生活情景。"京族音乐的节奏受到两方面的制约,一方面是该民族的劳动生活,另一方面是该民族语音的节律。"② 京族人主要从事渔业生产,捕鱼划船的节律直接影响到民间音乐的节奏。京族音乐节奏中经常出现拍子变换现象,拍子组合主要有以下几种:一是2/4、3/4节拍组合,如《饮水不忘挖井人》《打鱼归来》;二是2/4、3/4、4/4节拍组合,如《摇网床》;三是4/4、5/4、6/4节拍组合,如《高山流水》;还有一些是自由乐句,节奏、节拍非常自由,演奏者可以按自己弹奏习惯自由发挥,即兴创作,如《渔家四季歌》。音乐中变换拍的大量使用,主要是受渔业文化的影响,京族人出海捕鱼时,划动船橹的节奏时短时长、时快时慢,音乐的节奏随着划船节奏随机变化,适应船行的规律,逐渐形成具有京族特色的旋律律动的一种自由散板类型。③ 因此,没有京族渔业生产活动习俗,就不

---

① 中国民间文学集成编辑委员会、中国歌谣集成广西卷编辑委员会:《中国歌谣集成·广西卷》,中国社会科学出版社1993年版,第1344页。
② 刘建平:《京族唱哈节初探》,《广西民族研究》1992年第3期。
③ 张灿:《中越独弦琴音乐文化比较研究》,硕士学位论文,广西艺术学院,2011年,第60页。

可能产生这些"海歌",更不可能使"海歌"代代传承下来。

　　京族生产活动也对独弦琴的传承产生影响。一则关于独弦琴来历的传说透露出独弦琴与京族生产习俗的关系。传说很久以前,有位京族老人出海打鱼,海上刮大风,系在桅杆上的缆绳随着松紧而发出不同的声音,船桨打在缆绳上发出"叮"的声音。回到家里,老人砍一根大麻竹,去掉头尾留下一米长的中段,削去三分之一的一面,仿船的形状做成琴体,在竹筒的左顶端插上一根竹子做的摇杆(似船的桅杆),在摇杆上系一根织渔网的胶丝作琴弦(似缆绳),从左向右斜拉系在竹筒的右根部上,装上一个弦轴,右手握一根小竹片(似船桨),拨弹琴弦时,左手推拉摇杆,琴弦即发出高低不同的声音。老人死后便成了琴仙,并以琴声感动了作恶的鳖鱼精,人们才得以过上平静的生活。琴仙死后,京族人于每年阴历六月初十在庙里(现在的哈亭)弹着独弦琴怀念琴仙,独弦琴便成了京族人的消灾避难琴,成了京族人特有的乐器。[1] 这个传说不一定真实,但作为一种长期流传的文化积淀,它至少说明了独弦琴的产生与京族人生存劳作的环境有关,从文化生态的角度解释了乐器的来源。独弦琴演奏的不少传统乐曲反映了京族人的海上捕捞生活习俗。如《打鱼归来》《摇网床》《渔家四季歌》《船夫谣》《采珠谣》《赶春汛》《橹艇谣》《赶海》和《欢歌擂鼓庆丰收》,等等,描述了京族的劳动生产生活,京族的海上作业及海边生活促使独弦琴乐曲得以广泛流传。

　　京族民间舞蹈的表演内容、动作与京族海上生产活动有关。如《采茶摸螺舞》反映了京族劳动生活的场景,舞者将采茶动作与摸螺动作结合起来,配上具有浓郁风情的歌声,传达出了姑娘们上山摘茶与下海摸螺、捶螺的热闹场面。舞者时而模拟采茶的动作,时而以左手模拟握螺

---

[1] 王能:《京族独弦琴乐曲的写作与表现》,《歌海》2006年第3期。

第三章 京族民间文化的教育传承模式

状,右手伸出食指轻轻敲打,表示捶螺的动作,以轻轻击掌、手指轮转和两臂自然摆动等动作展现出了劳动之美。"摇船舞"由爷爷与孙女二人对舞,边舞边唱,一唱一答。爷爷最终被孙女说服,同意她出海捕鱼,表现了京族妇女要求和男人一样搏风击浪、出海捕鱼的强烈愿望,具有浓厚的渔民生活气息。还有"灯舞""耙海螺""拉网舞"等,都反映了京族同胞劳动的场面和愉快心情。京族民众在织网、补网的劳动中,都要用手腕穿梭打结,在拉网时则从小指到食指依次抓紧网纲,双手交替来回拉,同时后退。长期的劳动生活形成了京族"轮指"和"轮指手花"等手部动作和躬身碎步的步法,也被运用到民间舞蹈动作中。舞蹈中我们可以捕捉到一些模仿海洋捕鱼、拉网、织网等劳作场景的动作。如"敬酒舞"中,哈妹反复以双膝微颤的三角步进退往复于神案前,同时双手在胸前表演从小指依次轮指带动手腕转动的"轮指手花"和两手互绕、手指轮转拉开的"转手翻花"等动作,表达京族女性对诸神的爱戴和崇敬。这些动作也可以被认为是对京族织网、捕鱼劳动动作的夸张变形。[①] 这些舞蹈都是对京族劳动生活场景的艺术再现。"采茶摸螺舞""摇船舞""耙海螺""拉网舞"等是京族同胞经常跳的民间舞蹈,表现了人们对滨海生活与渔业生产的模拟。这一系列反映海洋生活的民间舞蹈由京族生产习俗而产生,可见京族生产习俗活动是当地民间舞蹈产生的土壤和保存的文化环境。

京族许多民间工艺品是因为劳动生产而制造出来的。如沙虫锹、牡蛎刨、蟹(螺)耙、鱼叉工具是为了适应海上捕捞而做;锄头、犁、耙、铁锹、铁镐、镰刀等则因农业耕作需要而产生;因为要摘采、收集农作物或经济作物,人们编织了竹筐、谷箩;为了加工粮食,人们制作

[①] 黄小明、胡晶莹:《论京族哈节舞蹈的审美意蕴——广西东兴市江平镇巫头村民间舞蹈田野考察》,《歌海》2009年第5期。

了石磨、石碾、石臼、脚踏舂等加工工具；要纺纱织布，制作衣服，于是就有了纺纱机、织布机；喂养家禽、牲畜需要鸡鸭笼、猪仔笼和牛嘴笼；即便是京族妇女的围裙，也是适应劳动所需。可见京族生产习俗活动是当地民间工艺衍生的土壤和传承的空间。

（二）交际娱乐活动教育传承

关于文艺的起源，其中有一种学说叫作"游戏说"，代表人物是康德、席勒、谷鲁斯等。康德认为艺术是"自由的游戏"；[①] 席勒认为，人的艺术活动是一种以审美外观为对象的游戏冲动，"过剩精力"是文艺与游戏产生的共同生理基础。[②] 德国学者谷鲁斯认为艺术与游戏在本质上是相通的。[③] 他们认为文艺起源于游戏，也就是说，文艺就是为了娱乐自己而诞生的。这种观点固然有其片面性，它把文艺的起源归于游戏可以说是过于简单化了，但它却明确指出了文艺的娱乐性，文艺与游戏娱乐之间的确具有密切关系。

京族民间文艺与交际娱乐活动关系密切，交际娱乐活动为民间文艺提供了生长的空间。这一点在民歌方面表现得尤为突出。京族是喜歌善唱的族群，唱歌是他们非常重要的交际娱乐方式。作为一个"以歌为生的特殊的族群，他们所有生活都围绕着唱歌而展开。唱歌，可以说是他们所有文化生命的支柱，也可以说是孕育他们全部生活智慧的摇篮。"[④] 在传统社会里，京族人往往以歌述志、以歌传情，蔚成风气。会编歌会唱歌的人很多，他们不但精通传统套路民歌，还可以随编随唱，逢啥唱啥，出口成歌。当他们见到客人时，不是用话来问，而是唱一两首歌来打招呼；碰上朋友和熟人时，就唱歌来闲谈聊天话家常；用民歌来庆贺

---

① ［德］康德：《判断力批判》上卷，宗白华译，商务印书馆1964年版，第179页。
② ［德］席勒：《美育书简》，徐恒醇译，中国文联出版公司1984年版，第140—141页。
③ 转引自许共城《艺术与游戏》，厦门大学出版社1988年版，第27页。
④ 潘年英：《文化与图像——一个人类学者的贵州田野调查及札记》，贵州人民出版社2001年版，第8页。

第三章 京族民间文化的教育传承模式

新年、祝贺喜事,赞颂美酒佳肴、丰盛席宴,赞颂房屋美观、家具精巧,以及主人热情大方、纯朴可亲,等等,表示一种礼节。总之,人们不管逢年过节、婚嫁、庆团圆、新屋落成等,都有民歌对唱。歌谣成为京族同胞进行社会交往、结识朋友、自我娱乐的绝佳工具。

京族青年男女谈恋爱,往往与歌紧密相连。男女对唱情歌,一般有一定的程序:见面歌、初交歌、查问试探歌、初恋歌、深交歌、结交定情歌、盟誓歌、别情歌和约会歌等,用歌表达了爱恋的全过程。京族青年的恋爱过程是在对歌中进行的,通过"踢沙"和"掷木叶"来试探自己的意中人,如果双方中意就对唱情歌,加深情感,如"哥想唱歌请过来,让妹看哥好身材。身材伶俐共你唱,倘若肮脏请走开","任你看,任你相面又相才。看身就系本民族,没有歌才不敢来"。订婚时还要通过"蓝梅"为对方传唱情歌和对花屐来完成。在传统社会里,京族以"善歌""好歌"作为衡量一个人自身价值的标准之一,以能歌为骄傲,以不会歌为耻,这样"一个社会的文化,是由一个人为了按照该社会成员所认可的规矩行事而必须知道和信仰的东西"[①]。因此,不会唱歌的人会被认为是"另类""不合群",难找到心上人,这就促使每一个人认真地向父母、他人学习唱歌,不断练习提高歌技。情歌便在这种以歌传情的传统文化氛围中得以生存繁衍。

歌圩是京族隆重而热闹的传统风俗活动,歌圩上除了部分未婚青年男女"倚歌择偶"之外,还有一些人来唱歌纯粹是为了娱乐,以歌会友。过去,在京族地区,歌圩是非常盛行的,如今虽然没有过去那种歌圩上人头攒动、歌声飞扬的情况了,但一些京族村落依然保留有歌圩。如沥尾村现在设有两个室内歌圩,每月逢十,来自沥尾村及附近村子的

[①] [美]克利福德·格尔兹:《文化的解释》,纳日碧力戈等译,上海人民出版社1999年版,第12页。

歌者都会自发聚集到歌圩上对歌，参加者以中老年人居多。2015年7月23日，笔者在沥尾村歌圩采访了京族歌圩管理人老李，他介绍道："我们这个歌圩是2003年成立的，政府也很支持，还正式在这挂牌呢。当时只有100多人，后来更多的老人加入进来了。每到歌圩日，我们老人就在这里唱歌喽，一般每个月10、20、30号这三个歌圩日。我们什么都唱，主要是对歌，想到哪唱到哪对到哪，很随意的，就是开心一下嘛。"江平镇也是每个月都有固定的歌圩，届时就会汇聚不少中老年人对唱山歌。笔者于2016年7月在江平镇老年人山歌协会采访时，不是歌圩日，没看到有人唱山歌，只看到有一个老人在山歌协会办公室看报纸，老人告诉笔者："江平镇老年人山歌协会在每个月的13日会举办歌圩，镇上和周边村子喜欢唱歌的中老年人会来这里唱歌，有唱白话歌的，有唱京语歌的，有的学唱，有的对唱，大家都挺开心的。老人也就是这样娱乐娱乐啦。"显然，对歌的娱乐方式有效地传承了京族民歌。

图3-10　京族歌圩　（作者摄）

　　交际娱乐活动中，群体之间的口耳传承是一种不知不觉中潜移默化式的传承，京族同胞在长期的生产生活和各种民俗活动中，由于多听

第三章 京族民间文化的教育传承模式

多看就"自然"地把上辈流传的民间文化传承下来。这种传承是"自然而然"学会的,没有明显、固定的个人对个人的教学关系,也没有专门的学习时间界限,一般在不知不觉中就学会了。民众就是老师,学会了再自然而然地传给其他人。耳濡目染是自然传承的主要方法,当然也包括个别情况下的口传心授。群体之间的自然传承在京族民间文化传承中属于比较重要的一种传承方式。比如民歌,在电视进入京族山村之前,人们劳动之余的主要娱乐就是在家中、野外的唱歌活动。笔者于2011年7月13日在京族地区调查时,采访过沥尾村一位年老的民间歌手,她告诉笔者,她之所以会唱很多歌,主要是她平时留心学唱。一到集体歌唱活动场所,她就会用心去听、用心去记,没人时学着唱,很快就会唱了。这种情况是很普遍的。过去,京族地区的男女老少几乎都是歌手。一些优秀的民间歌手在回忆他们唱民歌的经历时说:"我们本地人一般都会唱本地民歌。"当再问是谁教唱时,他们说:"没有专门的人教,我们都是听会的。"实际上,京族同胞随时随地自由歌唱就是学唱民歌的大课堂。除了在日常生活中随时随地吟唱山歌之外,婚丧嫁娶、新居落成、添丁贺喜,人们无不歌唱,尤其是重大集会上,歌者观者如海如潮。在这些丰富多彩的民俗活动中,人们耳濡目染,对本民族的民歌有了更多了解与认识,自然学会了唱歌、编歌。这种群体之间的传承基于人们之间长期的共同生活经历,其性质和结果则属于耳濡目染形成的个人文化积淀,不仅京族如此,这在各民族民歌的传承中也具有普遍性意义。

过去,在茶余饭后的空余时间,京族村内能说会唱的老人经常给孩子们讲述传说、歌谣和故事。这种教育随时进行,内容从古到今、从天上到地下、从生产到生活,包罗万象。老人通过讲故事、编歌谣等形式,教育子孙后代牢记祖先的历史,做诚实的人,勉励青年人见义勇为,对爱情要忠贞等,同时也传承了本民族的民间文化。

综上所述,京族民间文艺与他们的交际娱乐活动紧密相连,甚至有的社交娱乐活动就是艺术创造,民间文艺在人们的交际生活中自然地传承、繁衍,生生不息。

(三)群体祭祀活动教育传承

京族信仰道教、佛教、原始宗教和巫术等,崇拜祖先,相信万物有灵。由于京族人居住在海岛,且古时人们对海上风云多变的自然规律认识不足,人们信奉的神灵同海洋密切相关,如供奉镇海大王、海龙王、海公、海婆等神灵,祈祷神灵保佑出海平安、渔业丰收。人们还供奉祖先灵位、灶神、土地神等,体现了京族信仰习俗的多元格局。京族的许多祭祀活动离不开歌舞,不少内容都用民歌或舞蹈来表述,甚至有的歌舞与宗教难分彼此,歌舞本身就是宗教的内容。法师手上大多有经书、歌本、歌词,法师在念道经、唱道歌时,还有鼓、锣、钗、钹等乐器伴奏,演唱时还配有舞蹈动作和作法事。哈节的祭祀活动更是离不开歌舞,人们在哈亭中向神龙献歌敬舞以表达敬意。如《进香歌》便是为神灵进香时哈妹唱的歌谣:"……一炷炷香火在挥舞啊,是那京家的一颗颗心献上,像一朵朵浪花在盛开,一阵阵香火味任君品尝。一缕缕香火烟,飘呀飘到四面八方,敬天敬地保佑人畜平安,敬镇海大王为民除害京家永不忘。"[①] 祭神过程中由众哈妹头顶燃着三支蜡烛的大碗边舞边唱:"月下谁顶灯?行舟为何桨停?喜时上埠神游,愁时我弹一两次琴。"[②] 此外,还有《神灵灵》《敬神乐鼓》《哈节祝词》《人人都平安长寿》《人人都来拜神》《积善奉善》《"求"字如此深意》《吾乡民求年富贵》《让后代人永铭记》《尊神敬老我乡民》和《向神求财又求子》等都是人们在祭祀仪式上祈求神灵护佑,保护村寨人畜兴旺、渔业

---

① 中国民间文学集成编辑委员会、中国歌谣集成广西卷编辑委员会:《中国歌谣集成·广西卷》,中国社会科学出版社 1993 年版,第 1352 页。

② 苏维光等:《京族文学史》,广西教育出版社 1993 年版,第 11 页。

— 176 —

第三章 京族民间文化的教育传承模式

丰收、出海风顺平安唱的歌谣。在整个仪式中,必须严格按祭祀顺序的安排在仪式中穿插歌舞表演。《颂德圣公》意在通过神灵对族人进行道德规范教育:"德圣公,身降人间了解民情,谁善恶,告知朝廷。德圣公,曾教诲三句话,为国理事,不能废礼义:'一是佛,洁净二字;二是汉人,不分民族你我;三是心愿,福德处处均是。'住深山的民众,也要寻找相识。有益训语,要记心间,不愿听,我们亦尊重,八国里程,英雄江山。"[①] 表达了人们对大神德圣公的崇拜,祈祷大神保佑老少平安,生活幸福。在哈节祭祀活动过程中,哈妹还要按祭祀的顺序安排在仪式中穿插表演"进酒舞""进香舞""花棍舞""灯舞"等祭祀舞蹈,哈妹所表演的祭祀歌舞是节日中不可或缺的重要内容。京族民间祭祀活动就这样往往伴随着歌舞而行,为歌舞提供了传承的文化环境。

京族建造了各种庙宇,将信仰的神供奉在庙宇里。"哈亭"是京族人家供奉保护神、祭祀神灵的神庙和祠堂,每个村寨均建有"哈亭",亭内神台上设神位。最初哈亭只是一个简易的亭子,现在已经盖成砖瓦结构的祭祀殿堂,屋顶上还雕有双龙戏珠等雕塑。正堂两旁用木板和料石筑有台阶,大的哈亭可容纳200余人。从哈亭的建筑来看,哈亭是庙式建筑结构,分正殿和左、右偏厅。正殿祀镇海大王、兴道大王、高山大王、广达大王、安灵大王,另外的偏厅实际为宗祠。"哈亭"大门还贴着红对联,表示对祖宗的纪念。土地庙是京族普遍建造的建筑,用来供奉人们心中的神灵,一般每个村屯都拥有一个庙。庙堂的选址很有讲究,选址任务由该村的道公来负责。有的地方庙堂建造较为奢华,但大多比较普通,有的甚至是一个简易牢固的棚子,或是用石板垒的小房子,有的是凉亭式样。然后请进观音和关公等神灵加以供奉。

"宁置败家田,不住败家房。"京族人在修建房子时也要请道公占

[①] 苏维光等:《京族文学史》,广西教育出版社1993年版,第131页。

卜，选择黄道吉日。动工那天，主人要亲自动手砌第一块砖。建造过程也受信仰影响而遵循一定的仪式与禁忌要求。京族建房过程中有一个仪式是不能缺少的，即上梁仪式。建筑屋脊正下方的横梁称"上梁"，"上梁"被视为整个建筑的"主心骨"，因此上梁仪式是非常隆重的。请人选择好日子，上梁时要在梁上悬挂"富贵袋"。所谓"富贵袋"，就是一个30余厘米大小的红色布袋，袋里装着12两稻谷和12枚铜钱。"12"象征着一年中的12个月，表示主人家一年到头吉祥发财。新房屋落成搬进去之前还要举行仪式。由此看到，京族建筑与其民间信仰是分不开的。

在京族传统社会里，京族人进行宗教教育的形式之一，就是在生产、生活及重大节日里所进行的宗教仪式、群体祭祀活动。对于各种宗教仪式，京族青少年都按特定要求参加，现场目睹，实地观摩学习。例如，在渔业生产中，新网织好后在未下水之前，要准备好各种祭品到海边祭供海神，祈求海神保佑人们下海平安，捕鱼丰收。这种盛大的海边仪式吸引了京族青少年，他们在观察长辈活动的过程中接受宗教教育。哈节上有迎神、祭神、送神等祭祀活动，京族青少年也被要求参加。这些仪式对京族青少年接受宗教教育产生了重要影响，京族人进行宗教仪式的场所，也就是京族青少年接受宗教教育的课堂。

（四）习惯法规教育传承

过去，京族地区有许多习惯法规，规约着村民的言行合乎京族社会道德规范，这些带有强制性约束力的村规民约也在一定程度上促进了京族传统文化的传承。村规民约的内容涵盖了生产、生活的许多方面，虽然在1949年以后，这些村规民约的作用有所减弱，但仍然对村民的行为起到一定的约束作用，尤其是以碑文形式订立的有关保护山林、禁止偷盗及赡养老人等方面的规定，对当地社区的稳定和传统文化的传承至今仍有一定的促进作用。

在京族人的习惯法中，"犯法"指的是那些他们认为严重危害村民

第三章 京族民间文化的教育传承模式

利益的行为。京族人订立了一些习惯法规,这些规约先是由"翁村""翁宽""翁记"召集村中父老公议,然后由村民大会通过。规约形成后,全村必须恪守,不得违犯。在京族人看来,偷盗、乱砍山林、虐待老人、危害婚姻家庭关系的婚外性行为等都是可耻的"犯法"行为,应当受到严厉的惩罚。京族人以捕鱼维持生计,村民出海捕鱼所倚赖的船只及捕鱼工具多数情况下只能存放在海边,如果不对偷盗行为进行有效的约束,正常的渔业生产就无法进行。京族三岛地处海边,经常受到台风侵袭,村民唯有依靠茂密的山林减弱风力,减少自然灾害所带来的损失。为了保护岛上的山林,使其不受人为的侵害,"翁村"专门组织了一支由8—10人组成的护林队伍——"翁宽"。京族人有尊老爱幼的传统,如果有人对老人不敬,则不仅为家族中人及左右邻居所不齿,而且还会受到"翁村"的斥责。京族人比较重视家庭的团结与稳定,不能容忍危害婚姻家庭的婚外性关系。当地人认为,婚外性行为是一种伤风败俗的行为,当事者的家人会因此感到耻辱。京族人对于这些"犯法"行为的处罚是比较严厉的,一般会采用公开通报、罚款、体罚等方式,使触犯"规矩"的人受到身、心等方面的惩罚,其家人也会因此蒙羞。2015年7月,笔者在京族三岛上做田野调查时,走访过数位老人,他们对自己民族习惯法规印象深刻,下面略述一二。

以前我们京族人都靠乡规民约来维持治安的,如果有谁偷东西、乱砍山林、对老人不好,这些行为要受到惩罚的,通报或罚款什么的都由村长(翁村)来管。村长权力很大的,他有一个梆,有事就敲敲梆,大家听到了就来哈亭集中。山林是不能砍的,那些小的树木不能砍,干的树木才能砍,村里有人专门管这事,有一个队伍,还有个头头叫"款头"(宽头),他们每天都要巡逻,是义务的。山林是保护村子的,一般人都不偷砍,有的偷砍了被发现就要受到惩罚喽，罚按斤来算，砍了多少就罚多少钱。旧时，没有法律，就靠习惯法来管了。规定的内容很多，比如砍伐公山树木的，偷渔网工具或芋头之类的，还有吸鸦片、赌博的，对老人不好的，被发现就被惩罚了，有通报批评的，有罚款的，还有打棍子的，根据犯事的轻重来定，由翁村主持。做坏事的人被惩罚，挨打了，罚钱了，还被村里人耻笑，以后就不敢做了。①

京族习惯法规在所有成员中树立了一个标准的行为模式，强化族人的社会角色意识，并通过言传身教和各种集体活动进行培养教育。随着社会的发展进步和国家法律制度的逐步健全，京族民间传统的习惯法规如今多已废止。在京族历史上，这些习惯法规对于村落社会秩序的稳定、渔农生产、林木保护、禁偷防盗以及生活习俗等方面都曾起到了维系和保护的作用，对京族青少年进行无私奉献、热爱集体的集体主义思想教育具有实际的意义，有助于京族优秀传统文化的传承。

（五）成年礼俗教育传承

京族男子成人仪式也称入簿仪式，每年农历十月初十，京族人为村中18周岁的男子举行入簿仪式。届时由村中届龄的男子合买香烛、纸钱、鞭炮等物品，到哈亭列队朝拜，每人四拜，仪式由翁村主持。京族男子的姓名被登记入簿，这一行为代表族人赋予了成年男子一份有资格参加哈亭各种活动的荣耀，如迎神、入席听哈的权利等，同时也意味着他们需承担更多的责任与义务，如果他们犯了族规，将受到翁村组织的处置。入簿虽是个形式，但它却规约着成年人的行为，以及教导、督促他们学会自尊、自爱，提高自我管理能力。成年礼是人生礼仪中最重要

---

① 根据笔者于2015年7月23日在沥尾哈亭采访罗周文、高雄英的录音整理。

第三章 京族民间文化的教育传承模式

的环节,也是对个人进行民族文化传承的重要过程,成年礼对民族文化传承的重要意义在于:在生理上、心理上进行本民族文化的教育,使其能够承担社会所赋予的责任和义务。

二 传统节庆活动中的群体教育传承

节日是民族传统文化的集中展示,有的民族节日几乎包容了全部民间文化活动。一个民族的物质文化和精神文化,诸如历史、生产、服饰、饮食、居住、婚姻、天文、历法、农耕、宗教、传说、禁忌、音乐、舞蹈,等等,很大程度上来说,都可以通过其传统节日集中表现出来。[①] 因此,民族传统节日是本民族文化的绝佳载体之一,是人们展示民间艺术品互相比美的赛场。结构功能学派大师布朗认为"功能就是一部分活动对整个活动所做的贡献"[②],民族传统节日对整个活动所做的贡献就在于:节日构成独特的民俗环境,有力地控制着千百万人的行为选择,使民族文化艺术得以广泛而长久地传播,民间文化就在节日民俗的环境中生长、传承、传播、发展。

京族传统节日有春节、清明节、端午节、哈节、中元节、中秋节、重阳节等,京族传统节庆与民间文化尤其是民间文学艺术有着密切的关系。在民间文艺产生、展演、发展、传承的过程中,节日庆典扮演着不可或缺的角色。

(一) 节日与歌舞传承

京族节日多与民间歌舞紧密相关,歌舞活动在这些节日中往往扮演非常重要的角色。例如,中秋节时,京族青年男女唱哈赏月,饶有风

---

① 中央民族学院民族研究论丛编委会:《民族学论文选 (1951—1983)》,中央民族学院出版社 1986 年版,第 223 页。

② [英] A. R. 拉德克利夫-布朗:《原始社会的结构与功能》,潘蛟、王贤海、刘文远、知寒译,中央民族大学出版社 1999 年版,第 203 页。

趣。春节期间或重阳节，人们在哈亭举行歌圩，对唱互答，你来我往，其乐融融。而与民间歌舞关系最密切的节日要数"哈节"。"哈"为京语音译，根据调查有两种意思。其中之一是"歌""唱"，因此"哈节"便可译为"歌节"。不但如此，"哈节"的来历、活动过程都与民歌紧密地联系在一起。京族哈节缘何而来，在民间流传着各种传说。其中一个比较有代表性的传说是这样的：传说越南陈朝时代，有一位越南歌仙来到京族地区，以传歌授舞为名，动员京族民众起来反抗陈朝的黑暗统治，受到京族民众的敬仰，故后人修建"哈亭"，设立他的神位来纪念他。由于他的歌声悠扬动听，深受人们喜爱，人们便以歌传歌来歌颂和怀念这位歌仙，久而久之，每年一次的唱哈，便成为京族盛大的传统民族节日。[①] 京族民众用这个美丽的传说解释了"哈节"的来历。我们也可以看出，哈节的起源与民歌有着密不可分的关系。

　　在哈节的活动过程中，歌舞也始终扮演着重要的角色。哈节期间的活动非常丰富，而最主要、最原始的项目之一便是"唱哈"。传统的唱哈主要由两位"哈妹"和一位"哈哥"担任，演唱时先由一位哈妹演唱，另外一位在旁伴唱，哈哥依曲调拨弦演奏，如此一唱一和一伴奏，直到主场的哈妹唱累了，则由另一位哈妹替换演唱。哈节的整个仪式过程可以分为迎神、祭神、入席、送神四个程序，每个程序都要"唱哈"和跳祭祀舞蹈，舞蹈的伴奏主要以打击乐为主，包括鼓、锣、镲等。迎神是最为隆重的一项活动，由香公、翁祝、正祭员、陪祭员、通唱、引唱、执事、举旗撑伞方队、抬香案方队等组成的迎神队伍通常会在中午时到海边迎接神灵，迎回神灵后，一般会在下午或晚上安排"唱哈"，哈妹边唱边舞。如，哈妹一边跳舞一边唱《神灵灵》，内容主要是请神听歌敬神求神的话，其歌词翻译成汉语如下：

---

　① 韩肇明：《京族》，民族出版社 2005 年版，第 45—46 页。

第三章 京族民间文化的教育传承模式

神灵灵

今宵众人听"哈歌"

欢声乐声同来和

长夜清风送香味

芳香直升宫阙

花开喷香郁异样

一心善敬我敬上

万岁万岁万万岁

前往众神帝位前

奉上香火歌女下

两边文武往金殿

供奉香气透云天

敬天敬地敬乡神

神灵灵①

祭神仪式分为大祭和小祭，一般都会延续几天。哈节第二天是大祭，其后几天都是小祭。祭祀之后也要唱哈和跳舞。唱哈时主唱哈妹站在事先铺在哈亭大殿中间的草席上，边唱边用两根小竹棍伴奏，其余几个哈妹坐在演唱的哈妹身后，敲打竹片伴奏，旁边有人敲击锣鼓，将唱哈的气氛推向高潮。跳舞时，哈妹们集体站在草席上，面向神灵排成两列，在节奏鲜明的打击乐伴奏下起舞，不断交换队列，一天表演数次。入席，又称"坐蒙"，即乡饮，只有成年男子可以入席。这一仪式主要是在哈亭内设宴和听哈，乡饮的过程中哈妹们要表演传统歌舞，跟前几天的表演一样，她们先跳进香舞和敬花舞后才开始轮流唱哈，表演期间

---

① 歌词来自苏维芳搜集并整理翻译的《京族哈节唱哈词》手抄本。

图 3-11　哈妹黄玉英在唱哈　（作者摄于沥尾哈亭）

图 3-12　哈妹跳敬花舞　（作者摄于沥尾哈亭）

聚餐的人们则坐在偏厅的两旁尽情地边吃边聊，哈妹们在表演结束后也加入聚餐的人群当中。送神：这时的哈节活动已接近尾声，这一天也少不了哈妹唱哈，哈妹还要在仪式上表演花棍舞。京族民间认为祭祀神灵和祖先后，舞花棍可以驱邪鬼怪，同时也为神灵开路送行。哈节最后一

第三章 京族民间文化的教育传承模式

天唱哈结束后,送神仪式才正式开始,哈妹跳完花棍舞,送神仪式随之结束。哈节送神后第二天早上,人们要祭村庙,祭祀时要向神灵表演唱哈,当晚是"新贺",哈妹要在哈亭进行当年哈节的最后一次表演。每年哈节期间,除了哈妹在哈亭中"唱哈"以外,京族民众以及赶来参加哈节的越南民众还在哈亭外面自由对唱、赛歌,纵情欢歌,持续多天,热闹非凡。哈歌的内容十分广泛,既有歌颂神灵、祖先,也有反映人们日常生活、劳动内容,还有唱人情世故和人生哲理以及情歌等。笔者参加2015年沥尾哈节时,围绕"怎样看待京族民间歌舞在哈节中的传承"这一问题,分别对传承者与受传者进行访谈,一位哈妹(传承者)告诉笔者:"哈节是传承京族传统文化的最重要的节日,尤其是对京族民歌的传承很有帮助,每到哈节都要唱哈,唱哈是一个很重要的环节,我们会唱哈歌和其他民歌,受节日的影响,过后也会有一些年轻的姑娘会找我学唱民歌,我也会给她们讲一些京族传说。"(京族,女,60多岁,沥尾人,哈妹)一位受访的年轻女子(受传者)告诉笔者:"通过参加哈节,我对京族哈歌和一些民歌多了一些了解,还学会唱了几首京族民歌,《过桥风吹》《摇篮曲》,觉得挺好听呢。"从传承者和受传者的言谈中我们不难看出,她们都认为传统节日有助于京族民间歌舞的传承。哈节无疑成为京族民间歌舞的绝佳传承场。

独弦琴也是哈节里必不可少的演奏乐器。在京族地区,独弦琴乐音被尊称为"龙吟",即独弦琴的乐曲似神龙在吟唱。哈节期间,人们在哈亭中向神龙献歌敬舞以表达敬意,而为祭祀歌谣伴奏的独弦琴就成为娱神与娱人的重要乐器,音乐贯穿整个节日始终,音乐与仪式融为一体。近年来的哈节上,独弦琴艺人苏春发[①]都会将自己心爱的独弦琴带

[①] 苏春发,男,京族,1955年出生,沥尾人,广西壮族自治区区级非物质文化遗产项目(京族独弦琴艺术)代表性传承人。

到哈亭，在"坐蒙"唱哈时为大家献上几首曲子。其演奏的曲目除了传统独弦琴曲《高山流水》外，也有一些其他民族的改编曲目，如《山丹丹花开红艳艳》等。2010年7月20日，京族哈节在沥尾举行，5万多各族民众在金滩上欢乐闹哈节，与往年哈节不同的是独弦琴表演尤为出彩，陈坤鹏研制的琴弦3.3米长的特大型独弦琴在哈节上精彩亮相，可见独弦琴已经成为哈节中不可或缺的重要角色。独弦琴艺人以哈节为平台，展示独弦琴的魅力，京民们在哈节中感受独弦琴的美妙。在这一过程中，哈节为独弦琴艺术提供交流传播、观摩学习的场所，亦为京族音乐文化的大众群体传播搭建了平台。可以说，独弦琴艺术借助节日得以生存和传承，又使节日庆典活动更加绚丽多姿，节日庆典与独弦琴艺术相依相伴、相互影响、相互丰富和发展。

(二)节日与服饰、饮食文化传承

传统节日也是京族同胞服饰艺术的展览会，是他们展示服饰互相比美的赛场，为京族传统服饰的传承提供了有效的途径和场域。过哈节时，京族民众穿上节日盛装，在节日庆典时还会根据不同的分工而穿着不同的礼服。仅就"礼帽"来说，男子就有两种，年长者戴黑纱包裹制作的圆形头箍，普通成年男子则戴棉布绸缎制作的方角帽，颜色多为蓝色或黑色。女子的礼帽（即圆形发箍）主要是在颜色上与男子相区别，颜色较为鲜艳，在出席一些户外的活动时，京族女子会以葵笠当作礼帽。最体现服饰穿着习俗的是那些在庆典上扮演重要角色的人的打扮，"在哈节祭神之时，'翁巫'的着装通常为黑礼帽（发箍）、黑礼服，'翁祝'为黑、蓝色礼帽（发箍）配以黑、蓝、青色礼服，'主祭'为红礼帽（方角帽）、红礼服，其他'司文官员'则为蓝礼帽（方角帽）、蓝礼服，'陪祭员'通常只穿蓝色或者绿色礼服，不戴帽。"[①] 从

---

① 吕俊彪、苏维芳：《京族哈节》，北京科学技术出版社2012年版，第134页。

第三章 京族民间文化的教育传承模式

严格的哈节穿戴礼俗上可以看出京族民众对待节日的态度。而正是复杂而严格的规定，才使得节日盛装显得十分庄重而有别于日常服装。但节日盛装毕竟不同于日常服装，不在庄重正式的时刻是不会轻易被穿上的，所以其生存发展的空间显得单一但是稳定。哈节在京族民众的生活中占据非常重要的地位，京族服饰尤其是节日盛装便得以伴随着隆重而盛大的传统节日代代传袭。

节日里，人们往往把自己对美的认识和向往淋漓尽致地表现在各种节日食品的制作上，那些节日食品不仅质地鲜嫩，味道香美，而且成为集色、香、味、形于一身的赏心悦目的艺术品，给人以视觉的美感享受。春节一般用糯米来包粽子，粽子用粽叶包，粽子里面放上肉、姜、绿豆或蚕豆做馅。煮熟的粽子香气诱人，嫩滑爽口，用来祭祀、待客和送礼。端午节家家户户用苏木水、碱水、硼砂等为原料，拌糯米包凉粽，味道清香，吃起来别有一番风味。中元节那天，家家做糍粑，以花生、芝麻、冬瓜糖等做馅，用芭蕉叶包好，放到锅里蒸熟，柔软香甜，十分可口。中秋节不少人家自制月饼，在饼上刻各种图案，既美味，又好看。节日食品还有风吹饼、白糍粑、礼饼等。风吹饼以大米磨粉蒸熟，上面撒芝麻，晒干后放在火上烤制而成，口感香脆。白糍粑是用芝麻、花生、糖做馅的"糖心糍粑"，醮上熟糯米粉的白糍粑外形酷似老人的满头银丝。礼饼是将自制饼染成粉红色，并在饼面上印上双喜、飞禽等各种图案以示喜庆。这些既是可口美味的食品，也是美丽可赏的艺术品。此外，人们用于盛食物的用具，如竹饭盒、藤篮、藤篓、竹筒等，用于加工食品的石磨、石臼、石缸、石碾、舂棒、木蒸笼、木臼、木制豆腐架、木槌、榨粉具、脚踏舂等，都在节日里得到了展示，节日为京族民间工艺提供了传承的途径。

京族节庆也是京族历史知识和生产生活经验传承的重要形式。京族利用节日活动，以讲述、吟诵、演唱等多种形式，将本民族的来龙去

图 3-13　沙虫腰果　（作者摄）

脉、民族迁徙、建寨安家以及有关生产生活方面的知识经验，毫无保留地传授给参加活动的人们。京族的节庆仪式不仅是一种表达人们喜悦心情的方式，而且还是社会公德教育的重要形式。一方面，在节日仪式中，京族长辈的言传身教、行为举止，规范着京族晚辈为人处世的准则；另一方面，在节庆礼仪活动中，人们不仅普遍接受社会公德的教育，而且也强化了人们的社会公德意识。节日的特殊场合往往激起人们的社会公德意识，而且通过节庆活动，民族成员的群体意识得到强化，民族认同感也不断强化，民族精神得以升华。这些节日活动年年重复，不断引导和规范着族人的行为。尤其节日的独特氛围，使族人能够形象、生动、具体地窥见先人的社会生活、内心世界和文化心理，从而使节庆活动的参与者一次次受到具体、形象、生动的本民族习俗及优秀传统文化的教育，激发京族成员敬祖崇宗、孝顺老人、维护传统习俗，继承并发扬先祖业绩的兴趣。

第三章 京族民间文化的教育传承模式

图 3-14 包粽子 （徐少纯摄）

图 3-15 印有美丽图案的礼饼 （吴宁华摄）

三 师徒传承

师徒传承是指通过师教徒学，具有明确师徒关系而教授民间技艺的传承方式。京族地区民间文化的师徒传承主要体现在独弦琴、民间歌舞传承上。

师徒传承是京族独弦琴传承的重要方式之一。20世纪50年代以前，独弦琴一直在其原生文化生态环境中自然传承。艺人阮世和、苏善辉都是在自然传承中习得并发展独弦琴艺术。1960年，东兴文工团的何绍赴京族三岛请独弦琴民间艺人苏善辉传授独弦琴演奏方法。以何绍、王能、苏春发等为代表的新一代独弦琴艺人向苏善辉、阮世和等老一辈独弦琴艺人拜师学艺后，逐步将京族独弦琴从民间传统的边缘艺术发展成有曲谱可查、有技艺可循的民族乐器，成为独弦琴艺术传承的第二代传承人。在独弦琴以后的发展过程中，三位代表人物先后培养了李平、陈坤鹏等独弦琴演奏者。独弦琴传承人苏春发为京族独弦琴艺术的传承与保护作出了突出贡献，他师从琴师及传技授徒的经历是非常典型的师徒传承范例。苏春发5岁时追随家叔苏善辉学弹琴，跟堂兄苏权珠学笛子、二胡、口琴。叔叔苏善辉去世后，11岁的苏春发先后找到当时已经50多岁的阮世和、阮其宁两位独弦琴大师，正式拜师学艺，当时一起学艺的还有5个人。因为家庭条件困难，苏春发白天上学，放学以后还去参加生产队劳动，只有到了晚上才有时间练习弹琴。一般情况下，苏春发都是直接去老师家里，在老师家里学习弹琴，然后再回家自己反复练习。如果练习时有什么困难，就把问题准备好再去老师那里请求指导。当时没有乐谱，教授的方式是依靠口传，手把手教。苏春发从阮世和老师那里先学到一些基本的口诀，再学习定音，将音定在一个点上，才能学习切音。经过刻苦练习，苏春发逐渐掌握了独弦琴的基本演奏方法和制作工序，枯燥的学习阶段结束以后，苏春发的琴技日益提

第三章 京族民间文化的教育传承模式

高,渐臻佳境。然而,在当时,独弦琴并没有人重视,苏春发平常只是有空时弹琴娱乐而已。1984年,京族传统哈节恢复。哈节中的哈妹歌舞表演是非常重要的内容,为哈妹歌舞表演伴奏的是独弦琴,独弦琴在京族节庆中的重要性也就逐渐凸显,而此时却没有几人会弹独弦琴,于是苏春发不仅免费收徒,还为一些买不起琴的学生贴钱购琴,后来又应京族学校的邀请在学校开课教琴。苏春发把学琴的地点定在自己家,因为家中的空间有限,苏春发每次只能教10—20个学生,教琴时一个一个指点,然后让学生自己练习,每周六、周日都有课。从2011年起,沥尾京族中学为独弦琴兴趣班举办了开班仪式,学校也外聘了音乐老师辅导教学,苏春发的重担也卸下稍许,平时带自己的几十个学生,直到他们学会弹琴。如今苏春发教过的学生已经有200多人,学生年龄跨度大,最小的5岁,最大的近80岁,所属各行各业,有专门的音乐老师,有学生,有机关工作人员,还有来自海外的友人。慕名而来学琴的普通人,因学琴时间短,成绩不算突出。苏春发有不少得意门生,例如最早的学生李海燕多次在自治区级比赛中获奖,考入中央民族大学艺术学院。弟子唐小媛曾因独弦琴这一特长被选为雅典奥运会"奥运宝贝"。武洪羽从小学三年级开始跟着苏春发学琴,已多次代表防城港市、广西壮族自治区参加全国各类表演。苏春发的弟子散居于全国各地,传承着京族独弦琴艺术。①

表3-1　　　　　　　　京族独弦琴传承谱系图②

代别	姓名	性别	民族	出生日期/年月	文化程度	传承方式	学艺时间	住址
一	苏善辉	男	京	1916.3	私塾	祖传	1927	东兴市沥尾村
二	阮世和	男	京	1908.6	私塾	师传	1936	东兴市沥尾村

---

① 受访谈人:苏春发,访谈时间:2016年7月12日,访谈地点:沥尾村。
② 京族独弦琴艺术《国家级非物质文化遗产代表作申报书》,东兴市文化馆提供。

续表

代别	姓名	性别	民族	出生日期/年月	文化程度	传承方式	学艺时间	住址
三	苏春发	男	京	1955	中专	师传	1968	东兴市沥尾村
四	苏海珍	女	京	1973.7	中专	学校	1980	东兴市
	李海艳	女	京	1973.8	高中	师传	1996	防城区

  师徒传承也是京族民歌传承的渠道。对于比较短小的民歌，人们可以通过耳濡目染就能学会唱，而要唱篇幅较长的历史歌、仪式歌或者是编歌时，常需要师傅的口传心授。京族地区师徒传承没有固定、正式的课堂形式，教唱也并不系统，师徒传承现象并不多见。较早的京族歌师阮其福是沥尾村人，俗称京族道公"三家师"，1862年出生，他把京族的唱哈调叙事诗《宋珍歌》传给了女婿苏锡权，教他唱熟后，让他用"字喃"写下来成为"字喃歌本"传给了后人，将"字喃"和唱哈调传承了下来。第二代传承人苏锡权，1894年生，私塾教师，即兴演唱叙事师，他用"字喃"写下"字喃歌本"流传世人。① 歌师黄成金，生于1911年，沥尾村人，19岁从父学艺，能歌善舞，能熟练地表演哈节礼仪中的所有节目，尤擅长唱哈、跳祭祀舞，在京族地区常受邀请进行表演，享有盛名。她毫无保留地将自己的技艺传授给后代，先后收了两代四批近20位艺徒，培养了一批业余歌舞演员，如山心村的阮成珍、刘静，沥尾村的杜锦英、苏秋萍等。② 第三代传承人阮成珍，1938年生，从小和歌师黄成金学唱哈，成家后和家公苏锡权学唱《宋珍歌》。积极从事京族民间艺术的搜集、整理工作，唱哈曲目《十爱歌》《十思歌》《等到什么时候》等都是由她搜集整理、填词的，在当地广为传唱。20世纪80年代初恢复哈节以后的多年里，几乎每年哈节，她都是京族三岛上的主唱"哈妹"。她还收徒传艺，将民歌传教给了黄玉英、自己女

---

① 东兴市文化馆《2013第四批国家级非遗代表性项目京族民歌申报书》。
② 《中国曲艺音乐集成》全国编辑委员会、《中国曲艺音乐集成·广西卷》编辑委员会编：《中国曲艺音乐集成·广西卷》，中国ISBN中心出版社2005年版，第765页。

儿苏海珍等人。第四代传承人黄玉英，1951年生，沥尾村人，1981年师从阮成珍学习京族民歌及唱哈调，学成后又收了不少徒弟，将自己学到的歌艺传授他人。

表3-2 京族民歌传承谱系图①

代别	姓名	性别	出生年份	文化程度	传承方式	学艺时间	出生地
第一代	阮其福	男	1862	私塾教师	师承	1890	沥尾村
第二代	苏锡权	男	1894	私塾教师	家族传承	1924	沥尾村
第三代	阮成珍	女	1938	初中	家承	1953	山心岛
第四代	黄玉英	女	1951	小学	师承	1981	沥尾村
第五代	苏海珍	女	1973	大专	家承	1983	沥尾村

可见师徒传承成了京族民间文化世代相传的重要方式和途径之一。

四 族群交往中的传承

任何一个民族民间文化的产生、发展、演变和消亡都与一定的文化生态有关。"这种文化环境除本民族文化外，还包括外来文化与本民族文化碰撞、融合后的文化环境。"② 京族是外来民族，按照通行的说法，在明朝武宗正德六年（1517年）京族人从越南涂山等地迁入中国广西。京族进入广西后，与周边地区各民族杂居一处，在相互交往过程中文化不断地交融，同时又与越南文化交流，形成了交互作用的文化生态，对京族地区民间文化艺术的产生、传承及其形式、内容与风格产生了重大影响，并为其提供了传承的空间。

中越两国文化的交流促进了京族民间文化的传承与发展。500多年前，越南沿海部分京族（也称越族）陆续迁徙到中国南海东兴江平沿海，变成了中国的京族，数百年来，两地京族民众相互往来，文化交流

---

① 东兴市文化馆《2013第四批国家级非遗代表性项目京族民歌申报书》。
② 高忠严：《文艺生态学视野下的河曲二人台》，《山西师范大学学报》2005年第5期。

频繁。据沥尾村京族吴姓老人说："我们吴姓的祖先是从越南迁过来的，现在都有十二代人啦，现在过哈节时，用的祭文就是祖先从越南带过来的，由'村老大'一代一代往下传。"① 沥尾村年长"哈妹"武瑞珍告诉笔者："我师傅是从越南万柱那边过来的，叫黄成金，是她教我唱祭神歌、跳天灯舞这些东西，同时还教给一些哈妹。现在沥尾、山心、巫头三个渔村的哈妹所唱的祭神歌、跳的祭神舞，都是我师傅教我们，我们又教其他人，就这样传唱的。"② 每年农历六月至九月间，是中越两国京族哈节的举办时间，沥尾、山心、巫头渔村和对岸的越南万柱、芒街等地的京族（越族）民间相互邀请不少代表参加对方的"唱哈节"，如2011年7月，沥尾举办哈节期间，沥尾一个姓杨的村民以个人名义特地邀请了越南茶古镇歌舞团一行20多人参加庆祝活动，并和沥尾的"哈妹"、琴师共同表演民间歌舞。③ 笔者于2016年7月在沥尾参加哈节时，看到不少越南歌手前来参加庆祝活动，并与京族三岛的歌手同台演出，进行对歌比赛。一位来自越南长山的姓阮的女歌手告诉笔者，她已连续好几年来沥尾参加哈节活动了，这次大概有30多个歌手来，来看热闹的人就更多了。京族三岛的京族同胞也经常受邀到越南万柱等地参加当地的哈节活动，独弦琴传承人苏春发说："越南万柱那边每年都来邀请我们去，我们就组队去，参加他们的活动，和他们对歌，很热闹的。去的次数太多啦，都记不清多少次啦。山歌嘛，我们向他们学习，他们也和我们学，大家互相学习嘛。"④ 可见，京族三岛的京族同胞在与越南民众的自由交往中，相互切磋歌艺、舞艺，使京族民间歌舞更加丰富多彩，更为持久传承。

---

① 受访谈人：吴姓老人，男，京族，77岁，访谈时间：2017年7月16日，地点：沥尾村。
② 受访谈人：武瑞珍，女，京族，访谈时间：2016年7月9日，地点：沥尾村。
③ 受访谈人：苏春发，男，京族，访谈时间：2011年7月12日，地点：沥尾村。
④ 同上。

第三章 京族民间文化的教育传承模式

图 3-16 2016 年 7 月沥尾哈节上越南哈妹与中国哈妹对歌 （作者摄）

图 3-17 前来参加沥尾哈节的越南方队 （作者摄）

京族在与周边地区各民族杂居过程中，吸收了各民族的文化养料，丰富和发展了本民族的民间文化。京族民歌保留了较多的古汉语词汇和结构，词汇有"斛""冇""岂""如是"等。如《世上人难不如我》：

"世上人难不如我,顾得朝来晚冇餐,手捧筛箕去借米,凄凉冇敢同妹叹。"① 语法结构像"盼伴侣交接与共",用现代汉语表达一般是"结交在一起"。这种语言现象与汉族文化的交流有关,京族在与汉族长期的交往中吸收了汉族的白话口语而使之成为如今京族地区的方言。不少京族民众兼通汉语,同时也熟悉汉族的民歌形式,不少歌手除能用本民族的语言自由歌唱外,也可以同时用汉语歌唱,有时还能熟练地把两种甚至两种以上的语言巧妙地结合在一起,使不同民族的民众都能听懂,从而形成了一种新的民歌形式。在京族地区,民歌用两种语言演唱。一是用京语演唱的"京曲"曲调民歌,另外一种是用汉语粤语方言(当地称为"白话")演唱的"白话山歌"曲调民歌。京族在与汉族的长期交往中,已能流利地使用汉粤语方言,即白话。在歌圩上,京族、汉族及其他民族歌手都参加,常有京汉等民族唱歌、对歌的现象,所唱就是白话山歌。京族民歌曲调的押韵也有两种,京歌韵律为"六六腰韵"和"六八脚韵";白话山歌的格律主要是双句押韵。京族民歌的这两种格律形式,鲜明地体现了京族固有的文化传统以及与周围汉族长期交流形成新的文化传统的特点。京族和各民族的杂居交往促进了各民族民歌的共同繁荣,也有效地传承了京族民歌。

在京族地区,最早的哈亭只是木柱草盖的小亭子,后来发展到木石砖瓦结构的庙宇式建筑,如今的哈亭不仅仅是简单的亭子,而是汲取了汉族文化庙宇建筑的特点,既保留了传统哈亭的建筑特色,又吸收了现代艺术的精华。显然,京族与外族的不断交往,影响、改变着人们原有的生活方式和文化观念、价值取向,并进而影响到了他们的文化艺术。在与他族文化上的交流过程中,京族既保持自身的文化艺术特性,又有意识地向别的民族学习、借鉴,吸收他族文化艺术的精华丰富自己的传

---

① 苏维光等:《京族文学史》,广西教育出版社1993年版,第142页。

第三章 京族民间文化的教育传承模式

统文化艺术，代代传承。

五 政府参与下的传承

各级政府是保护少数民族传统文化的主导者，民族文化保护在很大程度上依赖于政府的强力推动，没有政府的政策扶持，民族文化就会被永远边缘化。作为民族传统文化保护的组织者、管理者和监督者，京族地区各级政府和上级政府协调各部门，组织各方参与，统筹规划，分步实施，为京族民间文化的保护、传承与发展提供了根本保障。政府的投入与引导从宏观上促进了京族民间文化的传承，使传承工作更加科学、有序地进行。

（一）采取各种保护措施，保障京族民间文化传承。

多年来，广西各级政府为民族传统文化的保护提供了政策上的引导和法律上的保障。《广西壮族自治区民族民间传统文化保护条例》于2006年1月1日颁布生效，据不完全统计，至2010年广西壮族自治区政府和文化厅印发关于保护非物质文化遗产的文件达30多份。① 防城港市政府也印发了《关于加强我市非物质文化遗产保护工作的意见》，成立相应的保护工作领导小组，使包括京族三岛在内的各地非物质文化遗产普查、遗产项目及代表性传承人申报等工作有计划、有步骤地进行。东兴市政府相关部门开展广泛的非物质文化遗产普查工作，摸清了东兴市非物质文化遗产的家底，全面了解和掌握了东兴市非物质文化遗产的种类、数量、分布状况、生存环境及存在的问题，同时建立了非物质文化遗产数据库，使一些珍贵、濒危并具有历史、文化和科学价值的非物质文化遗产得到有效保护、传承和发扬。目前，东兴市普查的非物质文化遗产项目共有400多项。东兴市文化部门积极将京族传统文化作为非物质文化遗产逐级申报，到目前为止，京族哈节、独弦琴被列入国家级

---

① 广西文化厅社文处提供资料。

非物质文化遗产名录,京族服饰、民歌、鱼露等被列入自治区级非物质文化遗产名录,京族天灯舞、传统叙事歌、哈歌、史歌等14项被列入县(市)级非物质文化遗产名录,形成了国家、自治区、县(市)级等完善的非物质文化遗产代表作名录体系。2009年4月,东兴市被文化部命名为"中国民间文化艺术之乡"。①

此外,政府还拨出资金用于京族地区非物质文化遗产传承与保护。例如给予"京族哈节"国家级传承人罗周文每年8000元的补助,给予"京族独弦琴"自治区级传承人苏春发每年2000元的补助。当地政府每年投入10多万元专项资金,专门用于京族三岛上的哈节庆典活动。为了进一步传承京族文化,培养懂京族语言、会唱传统哈歌的哈妹以及独弦琴的演奏者,参加哈妹培训班的京族妇女每天都有误工补贴。在哈节上表演每天也可以拿到补贴。② 政府相关部门对京族传统文化的传承进行资金的扶持,还体现在对京族三岛上京族文化广场、哈亭、歌圩等有关传承传统文化的基础设施建设上。据不完全统计,东兴市民族事务局投入资金120万元,建设京族哈亭,为京族祭祖、祭神和民间歌舞等日常娱乐提供了重要场所。又投资50万元,用于京族歌圩建设及民众休闲娱乐、文化培训和表演。京岛管委会投资约2000万元修建京族文化广场,用于举办京族哈节等大型活动和民众休闲娱乐活动。③ 东兴市政府投资在氵万尾修建一个哈亭文化广场,占地117亩,自2009年11月启动以来,累计投入资金4100多万元,④ 如今已投入使用。东兴市政府每年筹集30万元以上的保护经费用于京族传统文化保护,⑤ 如出资指定专人对京族民

---

① 《东兴市非物质文化遗产保护工作总结》,东兴市文化馆提供。
② 李澜主编:《巫头村调查》,中国经济出版社2014年版,第291页。
③ 《东兴市京族特色文化发展情况汇报》,东兴市民族事务局提供。
④ 《防城港京族文化广场项目建设基本完工》,中国投资咨询网,http://www.ocn.com.cn/book/chapter_ 10485_ 15859. html,2011-04-08。
⑤ 《国家级非物质文化遗产代表作申报书(京族哈节)》,广西文化厅提供,填表时间:2005年8月。

第三章 京族民间文化的教育传承模式

众进行独弦琴和越南语培训，设立京族文化培训基地、京族哈妹培训班、京族越南语培训班等，对京族文化起了一定保护和推动作用。[①] 仅2008年至2012年，东兴市政府部门就在巫头村、沥尾村投资322万元，建设特色村寨项目12个，其中涉及京族民间文化的保护。[②]

建立文化遗产传承基地，组织各种"非遗"展示活动。2013年，东兴市建成了国家级非物质文化遗产项目——京族独弦琴艺术培训基地。该基地主要承担独弦琴艺术教学、传承和展示工作，目前，有在册学员200多名、专家顾问3名、专职老师4名、管理人员1名，共举办教学培训18期，培训学员1000多人次，部分学员参加了"辉煌港城20年"文化成果展专场演出，获广泛好评。2014年4月10日，广西首个非物质文化遗产馆在东兴揭牌，建成了京族独弦琴艺术传承人基地、京族鱼露制作技艺传承人基地等。东兴市组织开展对非物质文化遗产保护的宣传，制作宣传栏、图片展，通过开展专题演出等形式，让社会各界充分了解非物质文化遗产。先后组织优秀非物质文化遗产项目和传承人参加"品味广西：2013广西非物质文化遗产美食展""广西第八个'文化遗产日'""2013中国—东盟文化论坛""2013畅享民歌"等，树立了东兴市非遗的良好形象。[③] 自从2006年京族哈节入选我国第一批国家级非物质文化遗产名录以来，防城港市政府连续几年在沥尾举办大型的京族哈节庆祝活动，原本的民间祭祀神灵的节庆活动发展成为以防城港市政府主导的文化与旅游活动，广西壮族自治区、防城港市和东兴市的各级相关领导出席了京族哈节活动。节庆期间，主办方还组织美食节以及举办沙滩拔河、踩高跷捕鱼等文体活动，京族哈节正朝着多元化、旅

---

① 钟珂：《民国以来京族海洋渔捞习俗变迁及其文化蕴涵研究——以广西东兴市万尾村京族为个案》，硕士学位论文，广西师范大学，2010年，第80页。
② 《东兴市2008年至2012年民族经济工作总结》，东兴市民族事务局提供。
③ 《东兴市非物质文化遗产保护工作总结》，东兴市文化馆提供。

游产业化的方向发展。2017年3月6—28日，中共东兴市委宣传部、东兴市文体广电新闻出版局主办"京族服饰表演秀比赛"，增进人们对京族服饰艺术的了解。东兴市政府主办、越南芒街市人民委员会协办的"中越青年北仑界河对歌联欢活动"是中越边境（防城港市东兴）商品交易会系列活动之一，2002年首次举办。中国东兴、越南芒街两地能歌善舞的青年男女身着美丽的民族服饰，表演各具特色的民族歌舞，[①]推动中越文化交流，也促进京族民间文化的传承与发展。

图3-18 独弦琴艺术传承基地 （作者摄）

（二）建立京族生态博物馆

东兴京族生态博物馆是在广西壮族自治区文化厅、博物馆、文物局等领导及专家多次实地考察之后批准建立的，它构成了各具特色的京族文化保护区域，成为研究和展示京族传统文化的重要组成部分，也成为保护和传承京族优秀传统文化的优质平台。该馆于2008年4月开工建设，2009年7月29日正式开馆，是广西建成开放的第七座生态博物馆。京族生态博物馆位于东兴市沥尾京岛风景名胜区，占地25.6亩，建筑面积2838平方米，总投资460万元，是一座以征集、收藏保护、研究、

---

① 卢岩主编：《防城港文化遗产丛书：非物质文化遗产部分》，广西人民出版社2010年版，第31页。

第三章 京族民间文化的教育传承模式

图 3-19 中越青年北仑界河对歌联欢活动

图 3-20 中越青年北仑界河对歌场面

展示京族文化繁衍生存等物质与非物质遗产为主的专题民族博物馆,是全国较少人口民族发展扶持项目之一。馆内布展总面积1800多平方米,常设基本陈列《大海是故乡——广西东兴京族文化展》,展馆内容有临海而居、靠海为生、以海为敬、独弦传情、民间信仰、民族之路六大篇章。展览运用翔实的资料、艺术的构思和科技的手段,从居住环境、服饰文化、婚恋礼俗、生产劳动、民间音乐、语言习俗、饮食文化、传统节日和民间信仰等方面,通过实物、场景、图片、音像来全方位展现京族古朴而浓郁的海洋文化。该馆共收集整理了京族纸本文物、竹木器具、祭祀用品、京族服饰以及京族生活用具等200余件和10件京族珍贵文物[1],全面反映了京族生产生活历程,具有展示、教育、科研等功能,成为展现京族传统文化魅力、体现国家民族政策的一个重要窗口。这座中国唯一展示海洋少数民族京族的博物馆,从2009年7月开馆到2010年9月,仅一年的时间,累计接待国内外团队350多批次,接待游客20万余人次,成为国内外游客了解京族历史文化的重要场所。[2] 至2014年,已免费接待80余万中外宾客。[3] 2016年哈节期间,参观者更是人头攒动。笔者在京族生态博物馆对三位不同身份的人进行了访谈:

访谈对象一(京族,女,30岁,沥尾人,京族生态博物馆工作人员):"我们京族生态博物馆自建馆以来,对京族传统文化的传承做了很多工作,通过我们博物馆的展示途径,努力将京族的自然环境、服饰、语言、乐器、渔业生产工具以及我们京族的风俗文化等内容尽可能进行完整的展示。在语言文学方面,京族字喃是我们馆展示的一项重要内容,主要通过实物字喃歌本和视频的形式进行展示,字喃歌本有字喃古籍,还有苏维芳整理的字喃歌集和故事集,视频展示字喃的发音和日

---

[1] 黄兴忠、陈义才:《东兴京族博物馆竣工开馆 总投资460万元》,广西新闻网,http://www.gxnews.com.cn/staticpages/20090819/newgx4a8b3d70-2230008.shtml。

[2] 梁宇广:《我国唯一海洋少数民族京族博物馆年游客逾20万人次》,大洋网,http://www.dayoo.com/roll/201009/15/10000307_103513615.html。

[3] 庞革平、廖开军:《广西东兴京族博物馆和京族生态博物馆免费接待80余万中外宾客》,人民网广西频道,http://gx.people.com.cn/n/2014/1017/c179430-22633367.html。

第三章 京族民间文化的教育传承模式

常用语，播放苏维芳的字喃授课视频。还有京族民间文学方面的展示，通过图片加文字的形式展示京岛的传说故事，如《三岛传说》《镇海大王传说》，英雄传说有《杜光辉的故事》，另外还有视频介绍京族的传说、民歌、故事、戏曲、谚语，视频循环播放，每一位参观者都会看到、听到。到我们博物馆参观的人很多，有我们当地人，有京族学校组织的学生和东兴市学校过来的学生团，还有好多游客，尤其寒暑假期间，每天的接待量很大。哈节的时候，参观的人也很多。他们来参观的过程其实也是我们京族文化传承的过程，通过参观京族生态博物馆，每一位参观者对京族文化有了初步的了解。"

访谈对象二（汉族，男，30多岁，游客）："博物馆的展品很丰富，收获很大，没想到在京族三岛上能看到那么丰富的传统文化，真是受教育了。下次有机会我要带孩子来，让孩子也了解了解京族文化有这么宝贵的东西。"

访谈对象三（京族，女，12岁，沥尾人，五年级学生）："我们学校经常会组织同学来博物馆参观，在博物馆里能看到、学到在学校里所学不到的东西，很生动，我们都喜欢。"

图 3-21 东兴京族生态博物馆 （作者摄）

配合京族生态博物馆的展览，博物馆旁边是由京岛管委和沥尾农贸承办宣传的"京族传统文化展示墙"，展示墙以漫画图文方式向观众展

图 3-22　东兴京族生态博物馆展品　（作者摄）

示京族传统文化，有《三岛传说》《镇海大王传说》《独弦琴传说》等民间文学作品，还有民歌、独弦琴、民间工艺、生产工具及各种风俗习惯介绍等，通俗易懂又生动形象，还将"字喃"的一些日常用语展示，不仅使人们对"字喃"文化有了认知，同时也使人们在耳濡目染中接受并传承了京族传统文化。

显然，京族生态博物馆已成为京族文化艺术的展示与研究基地，各界专家、学者、游客和文化爱好者也会逐步增多。通过发展文化旅游事业，京族居民为来访者提供餐饮、住宿、交通、纪念品销售和民俗展示等服务，增加村民的经济收入，为农民增收提供新的途径。村民因为生态博物馆的建立得到了实惠，他们保护传统文化的积极性就会被激发出来，这样就会形成文化传承与经济发展相辅相成的良性循环。

六　民族精英倡导下的传承

为了使京族传统文化得以保存，让"民族记忆"薪火相传，京族

第三章 京族民间文化的教育传承模式

图3-23 京族传统文化展示墙部分内容 （作者摄）

不少有识之士积极投入抢救、保护、挖掘京族文化工作中，采取各种方法传承本民族文化。这些民族精英的倡导和实践，也是京族民间文化在现代社会传承的有效途径。

走访中我们发现，在京族地区民族精英倡导下，成立了一些研究机构，自发地对民众进行本民族文化、语言等的培训，有效地传承了京族民间文化，如"京族字喃文化传承研究中心""东兴市京族人家·独弦天籁艺术团"等。"京族字喃文化传承研究中心"的创办人苏维芳告诉笔者："字喃是我们京族的文字，是京族传统文化的重要内容之一，可现在的年轻人很少有会写字喃的，字喃面临失传的危机了。其实，早在2002年，我退休回到沥尾就有了要抢救字喃的想法，开始自费对京族字喃文化进行挖掘、整理、编写、翻译、传承和研究工作，有时是和我的孙子苏凯一起做，完成了几部字喃歌本，但是由于缺乏经费，一直没能出版。'京族字喃文化传承研究中心'于2009年组建，2012年7月3日经广西区文联批准成立，东兴市政府和我们当地的一些经济能人也给予资助，如今，经过10多年的努力，我们已先后出版了《京族字喃史歌集》《中国少数民族古籍总目提要（京族卷）》《京族哈节与文献汇编》《京族哈节》《京族史歌》《京族哈节唱词》《京族传统叙事歌集》《京族社会历史铭刻文书文献汇编》《魅力京岛》《京族海洋文化》和《京族字喃字典》等10多本书。现在可以说，我们中心已基本完成京族字喃文化挖掘、搜索、整理、编写和翻译（中文、越文）的工作。今后主要任务是举办各种类型的培训班，如：京族字喃京语培训班、京族哈节司文官员培训班、京族哈妹和京族独弦天籁文艺团培训排练班。取得沥尾学校同意，对沥尾小学四年级以上学生和京族中学学生进行每周一节的京语字喃教读。我现在的身体不太好了，76岁了，视力严重衰退，要用放大镜才能看字写字，而且经常头晕，现在每天要服三次药，对中心工作也有了心有余而力不足的感觉。目前我已经确定培养有京族字喃文化素养的武明志、苏凯为我的继承人，来管理中心工作，使中心能够更好地传承京族民间文化。"① "京族字喃文化传承研究中心"成立后的几年时间里，每星期六上午，苏维芳都到场义务讲授字喃，并播放他录制的京族民歌录音带，让大家在唱民歌的同时学习字喃。在他的带动下，越来越多的京族人开始学字喃和唱哈。2009年3月28日上午，我们跟随苏维芳到京族文化培训中心，有30多人向苏维芳学字喃和唱京歌，一位老人告诉我："我们都喜欢来这里学学字喃，唱唱歌，今天是江平圩日，多去赶圩了，来唱歌的人不多，平时还多一些。"前两年，苏维芳将"京族字喃文化传承研究中心"工作全部移交给武明志，由武明志负责字喃书本的整理、翻译、出版以及学员的培训等。笔者在京族字喃传承人武明志家中进行采访时，武明志带笔者看了苏维芳传给他的大量字喃歌本和其他资料，又参观了他用家中空房开设的字喃

---

① 2015年7月27日笔者在东兴市江平镇沥尾村苏维芳家中采访，资料系根据其口述整理而成。

第三章　京族民间文化的教育传承模式

培训教室，武明志谈了他对目前字喃传承的看法："当初苏维芳老师找到我，让我当字喃传承人，把字喃传承下去，我看到苏维芳老师年纪大了，身体又不好，确实也没有更合适的人选，就答应下来了。'京族字喃文化传承研究中心'就挂牌在我家了，由我负责中心的工作。我在家里把空房作为字喃培训教室，挂牌开班那天许多领导都来了，很重视，还讲话鼓励我们要传承字喃文化。后来就陆续开培训班了，大概每期有10多人来学，已经开了几期了。我觉得作为京族人，有义务和责任把我们的文字传承下去。"[①]"京族字喃文化传承研究中心"在苏维芳、武明志的带领下，搜集、整理并出版了大量的京族民间文学作品（字喃和非字喃作品），对京族民间文化进行了固态保存。同时，通过开设各种培训班，培养了一批京族民间人才。2002年以前京族三岛能认识字喃的仅有七八人，且都是60岁以上的老人。经过苏维芳、武明志等人的字喃文化培训，如今京族三岛字喃的传承人已经增加到了30多个。此外，针对京族三岛上会唱哈的哈妹稀少的情况，苏维芳在沥尾组织了哈妹培训班，义务培训新哈妹。2005至2010年期间，苏维芳联合沥尾村委组织进行了三期哈妹培训，新老哈妹一起参加。2005年1月第一期培训班为期一个月，学员一共有18人。第二期培训班在2009年6月开班，学员基本上是参加过第一期培训的人。第三期培训是在2010年1月开始，为期半个月，京族沥尾、巫头、山心一共有28名学员参加。培训班上，苏维芳主要教哈妹念京语歌词，同时也教她们识读歌词本上的字喃歌词，哈妹掌握了歌本上的字喃歌词自然就比较容易记词唱哈，而唱哈的曲调则由几位年老的哈妹教相对年轻的新哈妹。通过培训，为京族传统文化的传承与保护提供了人才资源。

独弦琴专家苏春发则多年义务在家和在京族学校教学生弹独弦琴。

---

① 受访谈人：武明志，访谈时间：2015年7月28日，访谈地点：沥尾村武明志家中。

图 3-24 苏维芳搜集翻译的京族民间文学作品 （作者摄）

图 3-25 苏维芳在京族文化培训中心教唱京歌 （作者摄）

笔者先后多次对他进行采访。苏春发是非物质文化遗产项目独弦琴艺术的代表性传承人，他从 1994 年起自费办起了独弦琴培训班，将他家的一楼大厅作为上课地点，教村里的小孩子和年轻人弹琴，教过的学生总计达 200 多人。2007 年沥尾京族学校举办了一个独弦琴培训班，苏春

第三章 京族民间文化的教育传承模式

图3-26 武明志家中的"京族字喃文化传承研究中心"办公室 （作者摄）

图3-27 苏维芳对京族哈妹进行字喃培训

（作者翻拍京族生态博物馆照片）

发义务当老师，一周两次，一次1个小时，有40多个学生参加了培训班，大部分是京族学生。培训班开了一年，苏春发感到学校支持的力度不够，便把学生招到家里，免费传授独弦琴艺术。这些学生年龄在5岁到12岁之间，他们周一、周二下午放学后及假期都到苏春发家里跟他学。苏春发对青少年的独弦琴培养，完全出于对本民族文化的热爱，从中没收取任何费用，而且每年还要倒贴五六千元钱。苏春发告诉笔者，他还有一个乐队，每周星期六晚上来家里排练，他们还要准备培训哈妹唱歌跳舞。他组织的乐队是由京族民间艺术爱好者组成的，参加演出没有报酬，但都很热心、很积极。苏春发曾在许多大型活动上弹奏独弦琴，甚至登上了春节联欢晚会的舞台，独弦琴也走出了氿尾，走进了更多人的视野。他还在自家的房顶上安装了3个高音喇叭，闲时就弹琴给全村人听，好让他们不忘京族的民间音乐。在他的努力下，现在氿尾村越来越多的京族人在学习弹奏独弦琴。多年来，苏春发还亲手制作了近500把独弦琴，无偿送给学生做乐器，或送给客人做纪念。苏春发在授徒方面的努力没有白费，当地2万多京族人中会弹奏独弦琴的人从当初苏春发一人上升到现在的200多人。在他的倡导和带领下，2013年，氿尾还成立了"东兴市京族人家·独弦天籁艺术团"，艺术团经常为游客表演，到广西大学、广西民族大学等高校演出，受到广泛欢迎。还到北京、台湾等地进行专场表演，广泛传播京族传统文化。①

氿尾村苏明利也是一个发展京族文化的热心人，只要有利于京族发展的事情，他都热心地给予支持。他捐资兴办氿尾京族文化培训基地，捐资学校建设，自筹资金60多万元，在村委和上级有关部门的支持下，

---

① 笔者于2009年4月、2015年12月、2016年7月多次采访苏春发，根据录音综合整理。

第三章 京族民间文化的教育传承模式

图 3-28 "东兴市京族人家·独弦天籁艺术团"牌匾 （作者摄）

图 3-29 "东兴市京族人家·独弦天籁艺术团"
给游客表演节目 （作者摄）

建起一个京族歌圩，每月逢十的日子都定期举行山歌对唱活动。[1] 当地民众也热衷参与。2015 年 7 月，笔者在沥尾哈节上与苏明利有过交谈，当询问到建立京族歌圩的初衷时，他向笔者坦言："京族文化要传承下去就一定要有这种无私奉献的精神。当初说要举行哈妹培训班时，村里

---

[1] 2009 年 3 月 27 日上午笔者在东兴江平镇沥尾村采访时苏维芳提供资料。

也找过几个地方,但是那些地方不是有人在赌博就是有其他活动,我觉得都不合适,后来我就自己建了一个歌圩,由苏老师在那边教哈妹唱哈。之后民革来考察和培训,每年慰问老年人的活动都在我那个歌圩里举行。后来市委、市政府拨款支持建成了现在的京族歌圩以后,我原来那个就不用了。"

图3-30　苏春发家中客厅:培训独弦琴之地　　(作者摄)

还有的民间精英利用自己的特长整理、撰写、出版京族文化书籍、音乐专辑,或教授京族民间歌舞,或投资家乡、创办京族实业,宣传京族文化。苏维光(1931—1999年)是京族民间歌手、诗人、作家,他深入京族三岛,搜集了大量的民歌和民间故事。1983年,他创作的民歌《京族三岛的今昔》获广西首届少数民族创作优秀作品三等奖。他还参加了《京族民间故事选》《京族民歌选》《毛南族、京族民间故事选》《毛南、京、仫佬、回、彝、水六族故事选》《中国歌谣集成广西卷·京族歌谣》的编选工作,翻译了《京族民歌选》中不少京语民歌。他与人合作出版、发表京族文化研究论著,如《京族文学史》《京族风

第三章 京族民间文化的教育传承模式

图 3-31 苏明利捐资兴办的京族文化培训基地 （作者摄）

俗志》《京族民间故事选》《京族民歌格律》《京族婚礼与婚礼歌》《京族唱"哈节"》《京族独弦琴》《京族海上渔业生产与海歌》等，一生致力于挖掘、整理京族传统文化艺术。[1] 阮成珍、黄成金都是京族歌唱和舞蹈演员。阮成珍整理演出了京族传统节目《采茶摸螺》《天灯舞》《乐舞》《请槟榔》《拜堂》《琴乐歌甜》《定情》等，黄成金传教的京族民间歌舞有《花棍舞》《进酒舞》《进香舞》《天灯舞》《采茶摸螺》《京家乖女儿》《千思念》《刘平杨礼》《京汉结义歌》《祝贺歌》等，指导排练的《天灯舞》和亲自表演的《花棍舞》曾获湛江地区文艺会演优秀节目奖。阮成珍、黄成金都带徒教授京族民间歌舞，培养了一批京族民间歌舞人才。[2] 苏海珍是苏维光、阮成珍之女，是独弦琴传承人和京族民歌手，从小就受到良好家庭氛围的熏陶。她先后出版了独弦琴专

---

[1] 何思源编著：《中国京族》，宁夏人民出版社 2012 年版，第 208 页。
[2] 《中国民间歌曲集成》全国编辑委员会：《中国民间歌曲集成·广西卷》，中国 ISBN 中心出版社 1995 年版，第 1041 页。

辑《海韵魅影》《海市蜃楼》，对传统独弦琴音乐进行创新，引起了很大反响。她还打算再出版一张弹唱专辑，将京族民歌加进纯音乐里，完整展现京族优美的音乐。她希望未来能组建一个属于自己的团队，能以更高水平呈现京族文化艺术，让独弦琴艺术走得更远。除了宣传推广独弦琴，苏海珍还致力于独弦琴技艺的传授和京族原生态民歌的发掘。2010年4月，由苏海珍、黎春玲、赵霞等组成的"京族哈妹组合"闯入"第十四届CCTV青歌赛"团体赛决赛。她在传承京族独弦琴文化方面做了大量工作，把独弦琴的演奏声音和京族歌曲广泛传播出去。[1] 孙进是1949年后京族三岛上的第二个大学生，在走出家乡40年、下海在商界打拼出一片天地后，于2000年初将自己创办的公司交给助手，回到京族三岛创建了"小龙庄京族风情村"，把农庄式旅游度假与开发京族文化旅游结合起来，开发京族的文化旅游资源，传播和弘扬京族文化，为客人组织京族文艺演出。他与广西大学东南亚研究中心合作，成立京族文化研究基地，开设京族文化风情展示厅，花重金买来独弦琴等一些历史文物、生活用品及字喃古籍，开设了京族文化展示厅。他还筹建了京族文化表演队，挖掘京族传统歌舞；建立京族文化推广技术中心，开办独弦琴、字喃培训班……他是把京族文化与旅游开发结合起来的民间带头人。[2]

居住外乡的京族精英也不忘宣传本民族文化。陈钦平是长期居住在深圳的京族人，他从未忘记对京族文化的宣传。由他作曲的《北部湾今歌》是他奉献给家乡防城湾的赞歌，里面包含金滩、白鹭、金花茶等许多家乡元素。该歌曲的MTV是京族人创作的首部音乐MTV，以北部湾风俗、风光、风情为主题，讴歌春潮涌动、风生水起的北部湾，其中以防城港市为重笔。音乐片植入了很多京族文化符号，人们在欣赏音乐的

---

[1] 2015年12月12日笔者采访苏海珍，根据录音整理。
[2] 何思源编著：《中国京族》，宁夏人民出版社2012年版，第212页。

第三章 京族民间文化的教育传承模式

过程中也领略到京族文化的独特魅力。陈钦平致力于策划各种大型文化活动,如"风情北部湾"广西沿海城市优秀摄影作品展、深圳"三月三"广西民歌文化节等,[①] 积极宣传京族文化。

在政府部门、教育部门工作的京族精英利用自己的职务和影响力,积极推动京族地区经济发展和文化传承。苏维生长期在防城市政府部门任职,作为一名京族官员,他对京族地区经济文化建设十分关心,争取资金投入京族三岛的基础设施建设和民族文化传承。他组织有关人员完成"沥尾京族生态村"的规划,主要包括建设哈亭、村公所、京族商品一条街、京族博物馆、京族海滩红树林、京族学校教学设施、京族人物雕像等。[②] 林秀贵先后担任沥尾小学、东兴第二小学、京族学校等校校长,作为从事民族教育工作者的京族人,林秀贵对保护和发展京族文化有着清晰而深刻的认识。他组织编写了《京族乡土教材》,在沥尾和山心的学校推广使用,开启了将民族文化融入国家基础教育课程体系教育改革实验的先河,把京族传统文化引进课堂,激发了学生对本民族文化的兴趣,增强了学生的民族自豪感和传承民族文化的责任心。林秀贵担任京族学校校长期间,在抓好常规教学管理的同时,实施"民族文化进校园"活动,开设了越南语听说等校本课程,增加了竹竿舞、独弦琴等具有京族特色的教学内容,举办了独弦琴、京族歌舞、竹竿舞等兴趣班,制定"京族文化传承计划",包括师资培训、双语教学、独弦琴培训、竹竿舞教学、编写推广乡土教材、举办校园文化节等内容。建设了民族文化宣传长廊、京族雕塑、民族教育展示厅、民族校史室等,目的是让京族文化走进校园,让孩子们走近京族文化,营造传承京族文化的良好氛围。如今京族学校已成为传承京族文化的重要教育基地。[③]

[①] 何思源编著:《中国京族》,宁夏人民出版社2012年版,第214—215页。
[②] 袁少芬主编:《民族文化与经济互动》,民族出版社2004年版,第57—58页。
[③] 2015年7月29日笔者采访林秀贵,根据录音整理。

这些民族精英在这一片乡土上成长，在耳濡目染中接受了本民族传统文化，同时又接受了现代文化的教育，他们对本民族有着深厚的感情，有着强烈的族群文化复兴的愿望。费孝通曾提出"文化自觉"的概念："文化自觉是指生活在一定文化中的人对其文化有'自知之明'，明白它的来历形成过程，所具的特色和它发展的趋向，不带任何'文化回归'的意思，不是要'复旧'，同时也不主张'全盘西化'或'全盘他化'。自知之明是为了加强对文化转型的自主能力，取得决定适应新环境、新时代，对文化选择的自主地位。"[①] 京族精英已经有了一种"文化自觉"的意识，他们意识到了本族群文化的价值所在和保存这些传统文化的迫切性。所以他们能够有意识地联系起来，在本民族文化的演变中，发挥个人的作用。在他们的号召、努力下，民众也逐渐行动起来，为保护和开发本族群文化而努力。

七 现代媒体传承

随着全球化的发展，民族地区对外开放程度的加深，封闭式的民族文化教育传承机制已经被打破，电视、网络、报刊等大众媒体成为民族文化传承非常重要的方式。在这个大众媒介流行的电子媒体时代，京族民间文化借助了这些媒体而得到富于活力的传承。

例如，电影、电视、电台、音像制品及书籍的传承传播。由王静导演的电视剧《金滩有缘》[②] 于 2000 年播出，此部电视剧由京族当地文人莫振芳、苏虎棠担任编剧，讲述了一段在京岛上所发生的故事。剧中多处涉及京族民间文学，如童谣"封建头，民主肚，飘飘荡荡大脚裤；蒲扇脚，纤纤手，挑着丈夫海边走"。用电视剧的形式讲京族故事，说

---

① 费孝通：《论人类学与文化自觉》，华夏出版社 2004 年版，第 188 页。
② 央视网，http://dianshiju.cntv.cn/2014/01/26/VIDA1390728790527728.shtml。

第三章 京族民间文化的教育传承模式

京族童谣,唱京族民歌。2011年8月29日,中央电视台财经频道播放《海上民族传统捕鱼:撒大网 踩高跷》的视频,强调京族是我国唯一的海洋少数民族,踩着高跷在浅海捕鱼捞虾,是这个民族祖祖辈辈传承下来的传统捕捞方式之一。大型纪录片《舌尖上的中国》第一季于2012年5月起在中央电视台纪录频道陆续播出,其中第一集《自然的馈赠》就摄录了京族高跷捕鱼的画面和场景。在该片编导看来,此时此刻的录影就是要着意传达出海洋更是许多中国人赖以生存的水世界的观念。继中央电视台军事农业频道播出《神奇的村庄——高跷捕鱼》(2012年12月7日)短片之后,中央电视台财经频道于2014年6月2日又播出了《广西东兴:踩着高跷去捕鱼》的影像。2013年京族博物馆和广西电视台合作,拍摄了两集非物质文化遗产纪录片《京族哈节》《京族渔民的一天》。广西艺术学院于2005年录制《幸福之琴》的独弦琴唱片由陈坤鹏用自己发明的实用新型专利独弦琴演奏,他还出版独弦琴专辑《国乐天香》《京海琴韵》。苏海珍、雷滢也相继出版了独弦琴专辑,网上也有一些独弦琴演奏家演奏曲目的视频欣赏。王能演奏独弦琴《我爱京岛》《欢乐的哈节》《赶海》《思乡曲》等九首乐曲,由中央国际广播电台录音向世界各地播放。周子樱投入大量资金录制了《中国独弦琴演奏教学》VCD光盘、CD独弦琴作品光盘、独弦琴乐曲伴奏光盘作为教材,填补了广西大中小学设置的独弦琴音乐欣赏课没有音像资料这一空白,成为目前我国第一部较为全面、系统的内部教学资料。李平的《跟李平老师学独弦琴》配以DVD教学视频,为国内首张独弦琴视频教学光盘,其中介绍了独弦琴的基础演奏方法,为初学独弦琴的人提供了指导。王能编印的教材《独弦琴演奏技法》除了收录京族民间传统曲子外,还有他根据京族民歌创作和根据越南独弦琴作品改编的曲目。何绍编写的《独弦琴教材》收录了京族民间音乐和他根据京族民间音乐改编的曲子。此外,《京族字喃史歌集》《京族百年实录》《中国少数民族古籍总目提要（京族卷）》《何氏独弦琴演奏教程》等各种介绍京族历史文化、民俗、艺术等著作、教材不断出版，对京族民间文化的传播发挥了非常重要的作用。

舞台也成为京族民间文化传播的有效途径。20世纪50年代，独弦琴老艺人苏善辉、阮世和登上了广东省中国纪念堂，演奏了独弦琴《高山流水》。80年代，何绍在人民大会堂上演奏独弦琴《激战边陲》，轰动全场观众。1996年，独弦琴传承人苏春发登上了上海旅游节晚会的舞台，向中外宾客展现了独弦琴艺术的魅力。自1999年南宁国际民歌节举办以来，独弦琴弹唱多次登上民歌节艺术舞台。2000年，中央电视台《东西南北中》节目播出了苏春发的独弦琴演奏。2001年，苏春发带上他的独弦琴登上了春节联欢晚会的舞台。2002年，雷滢携独弦琴在维也纳金色大厅演奏，独弦琴踏上了更为广阔的展示平台。苏春发自豪地告诉笔者："我们不仅在哈节的时候演奏独弦琴，还经常受邀到全国各地参加演出。越南芒街、茶古岛还有一些地方都邀请我们去进行独弦琴文化交流，我每年都去参加越南哈节活动。"[①] 2013年10月8日，苏春发带领"东兴市京族人家·独弦天籁艺术团"到台湾，在台湾大学举办了一台京族专场表演。北京世纪星碟文化传播有限公司旗下艺人组合"女子十二乐坊"中有独弦琴乐手，独弦琴在各种场合中演奏，为世人所欣赏，大放异彩。如今，鲜为人知的独弦琴已经走出了海滨的小村，走上了大都市的舞台，走出国门，走进了更多人的视野，得到了更加有效地传承与广泛传播。

网络对京族民间文化的传播更是便捷、迅速。例如，用百度搜索"独弦琴"，眼前便会呈现出各种有关独弦琴的介绍和曲目欣赏，优酷

[①] 受访谈人：苏春发，男，京族，62岁，广西壮族自治区级非物质文化遗产项目（京族独弦琴艺术）代表性传承人，访谈时间：2015年7月28日，访谈地点：沥尾哈亭。

第三章　京族民间文化的教育传承模式

网等视频网站也有独弦琴演奏视频在线播放,"防城港市新闻网"专门开设"民俗"专栏,介绍防城港市京族等少数民族文化,在每年的哈节前后都要对京族哈节进行详细的宣传和报道。中国网、中国新闻网、人民网等众多网站对京族民间文化进行报道,让更多人了解京族民间文化。旅美华人周子樱在美国洛杉矶及新加坡先后成立了独弦琴传播中心、"龙之声"文化与艺术传播有限公司,[①] 利用网络等技术手段传播京族独弦琴艺术。韦庆炳建立了"独弦琴音乐网",其中设有独弦琴介绍、独弦琴教程、名家风采以及独弦琴音乐欣赏、伴奏专区、曲谱专区等栏目,为独弦琴爱好者提供了学习、交流的平台。

如今还出现了一种利用网络、光碟学唱、对唱京族民歌的方式。笔者在沥尾采访几位当地人,他们谈了对于现代媒体传承京族民歌的看法:

> 以前我们想听山歌就喊几个人到家里一起唱,要不就是到歌圩上听别人唱,自己跟着学唱。现在和以前不同了,市场里有光碟卖,京族山歌在里面都有,还有壮族的,越南的歌也有。买回来就可以在电视里听了,想什么时候听就什么时候听,好方便。(男,69岁,京族,沥尾人)

> 我很少去歌圩唱,去那里的都是老年人多,以前我们听老人们唱,现在用手机听民歌,方便多啦。我们还有个微信群,都是唱京族民歌的,差不多天天有人在里面唱,我们都能听到的,有空时我也会在里边唱。有好多人在外边上班,没有时间参加歌圩,大家喜欢用手机唱,挺好的。(女,40岁,京族,沥尾人)

[①] 吉莉:《京族独弦琴传播现状调查与研究》,《艺术探索》2010年第5期。

可见，以新媒体作为传承京族民间文化的传承形式已经渐渐地为民众所接受，京族民间文化以全新的姿态走进了大众的视野。

综上所述，我们看到京族民间文化主要通过家庭教育、学校教育、社会教育等多种途径传承，这些教育传承途径各有特点、互为补充，共同将京族民间文化传承至今。

第四章 京族民间文化的传承现状及教育传承模式存在的问题

人类发展进入了信息时代,发达的交通、通信、网络已把地球变成了一个小小的村落。在信息日益突破所有时空拘囿的今天,世界上再也没有什么绝对封闭的、与世隔绝的地区。"无论如何,不再有一尘不染的对象留给第一手的民族志:最偏僻的部落民族也被发现穿着印有'耶鲁大学'或'阿迪达斯'的 T 恤,用他们的晶体管收音机听着摇滚音乐"①。这是美国学者埃伦·迪萨纳亚克的感叹。这一富有意味的事实说明,没有任何地方可以不受外部世界的影响,也没有任何地方可以不受裹挟着舒适的物质享受的现代文明的侵蚀,即使是最原始、最偏僻的部落。的确,"在全球化迅速展开的今天,已经没有任何地区可以幸免遭到工业文明和现代信息的浸染,所有的地方地域性已无可避免地与全球性彼此联系起来。人们对某些地点的密切依恋和认同仍在,但这些地点已被脱域出来了;它们不仅是基于地域性的实践与卷入的表述,而且也受到了日益增多的来自远距离的影响。再也没有了纯粹传统的社区,所有的文化都在加速地改变,许多地区的文化不再是当地人熟悉的意义

---

① [美]埃伦·迪萨纳亚克:《审美的人——艺术来自何处及原因何在》,户晓辉译,商务印书馆 2004 年版,第 116 页。

系统，而在很大程度上是在表现远距离关系的地域情境。包括土著部落的艺术、民间乡村的艺术"①。随着人类发展进程的逐步加快和经济全球化的深入，科技文明和物质文明的高度发展带来的新的文化结构直接影响到人们审美观念的转变，并导致了传统文化艺术的变迁。京族地区自然也不例外。随着中越边境经济贸易的发展，尤其是环北部湾经济圈的建立以及"中国—东盟自由贸易区"建设全面启动，京族地区的经济得到迅猛发展，经济大潮冲击影响、改变着人们原有的生活方式和文化观念，从而导致了京族传统文化的巨大变迁。

对于民间文艺来说，文化生态环境是其存在和发展的基础和保障，"民间文化生态系统的整体协调是民间艺术得以健全生存的基础，而民间文化生态的失衡则意味着民间艺术生存环境的失落"②。伴随时代变迁，民间文艺赖以生存、发展的文化空间发生了变革，传承的主要途径正在消失、活动场地逐渐缩小、师承断层，民间文艺面临着严峻的传承危机。20年前到过陕北黄土高原的人，都会为窑内窑外铺天盖地的窗花和剪纸而惊叹；然而20年后的今天，即便在黄土高原最偏僻的小村庄，你也只能看到窑洞内满墙的明星贴画。民间剪纸艺术消失的速度，被人戏称为"一夜春风遍地梨花落"。③ 享誉华夏的维吾尔族史诗"十二木卡姆"，在新疆已找不到一个可以演唱完整套曲的艺人，传统维吾尔族服饰也越来越向舞台服饰道具蜕变。④ 皮影戏——这种有着悠久历史并堪称"电影鼻祖"的民间艺术，曾在我国大江南北遍地开花，甘肃省也曾是皮影大省，但时至今日除环县皮影一息尚存，其他地方的皮

---

① 方李莉：《审美价值的人类学研究》，《广西民族学院学报》（哲学社会科学版）2004年第5期。
② 唐家路：《民间艺术的文化生态论》，清华大学出版社2006年版，第44页。
③ 杨丽媪：《民间艺术的困境与出路》，《中关村》2007年第11期。
④ 徐鸿平：《衰退与传承——试论当代新疆维吾尔族民间艺术的发展》，《广西艺术学院学报》（艺术探索）2007年第2期。

第四章 京族民间文化的传承现状及教育传承模式存在的问题

影大都销声匿迹。甘州区乌江安镇村"狮子上缆绳"的绝技和河西地区独特的说唱艺术"河西宝卷"濒临灭绝。[①] 在山东,80%以上的民间艺术濒临消失,有些品类甚至已经淡出了人们的生活。[②] 一项由北京民众广播电台和北京工艺美术学会共同进行的北京民间手工艺现状调查表明,身怀绝技的艺人多已人到老年,普遍面临技艺失传、徒弟来源短缺等问题。北京老品牌工艺美术的60个门类,失传和后继无人的达40多个。[③] 可以说,中国传统民间艺术是我们民族的根,是我们民族的魂,但现在,它们却在慢慢地消逝,传统民间艺术正面临着"断代"之痛。京族民间文化亦是如此。那么,在急剧的社会变迁过程中,如何有效地保护与发展正逐渐消逝的京族民间文化?有哪些有效的途径和手段?现有的传承渠道有何不足?如何通过构建传承新体系实现京族民间文化的长效保护与发展?这都是本书需要面对的问题。本章将京族民间文化置于全球化大背景下,试图通过对京族民间文化的实地调查,来研究民间文化在现代社会的生存境遇,探索在现代语境下民间文化的保护途径,构建京族民间文化教育传承的新体系。

第一节 京族民间文化的传承现状

文化变迁是不可避免、不可阻挡的,也从没停止过。文化变迁是一切文化的永存现象,人类文明的恒久因素,文化的均衡稳定是相对的,变化发展是绝对的。作为人类文化重要组成部分的民间文化,自然不可避免地发生变迁。中华人民共和国成立以来尤其是20世纪80年代后,

---

① 刘耀庆:《将传统民间艺术融入现代生活》,《今日科苑》2010年第6期。
② 刘昂:《浅析山东民间艺术的产业开发模式》,《山东艺术学院学报》2011年第1期。
③ 卓玛措:《关于少数民族地区民间艺术保护和发展的几点思考》,《青海师范大学民族师范学院学报》2008年第2期。

京族同胞进入了完全开放性的生活环境之中，以空前的速度和规模融入现代社会，他们的审美观念在发生改变，他们世代传承下来的民间文化也因此而发生前所未有的变化。那么，在全球化语境下，京族民间文化的生存境遇是怎样的呢？这种生存境况说明了什么？又如何有效地加以保护？带着这些问题，笔者先后10多次深入京族地区作有关民间文化的田野调查，在调查过程中，我们发现，京族民间文化在当下已呈现出明显的衰落景象，面临传承的重重危机。

一 民间文学的生存状况

随着社会的飞速发展，民间文学的地方性、多样性及其蕴涵的独特艺术魅力，正从人们的消费视野和审美视野中消失，逐渐走向衰落。正如一位学者所指出："民歌是前工业化时代民众的文化创造，是最为大众化的也是最具本土化特征的艺术形式，在经济和文化全球化的条件下，民歌这种古朴而且稳定性较强的艺术形式也发生许多变化……"[①] 由于环境、时代的变化，科技的迅猛发展，京族民间文学面临一场前所未有的现代文化、外来文化和市场经济的全面冲击，其赖以生存的经济基础和生态环境遭到前所未有的破坏，传承发展举步维艰，面临失传的尴尬境地。其困境主要体现在以下几方面：

（一）传承下来的作品越来越少

自古以来，生活于京族三岛的京族同胞创造了丰富而优美的民间文学作品，世代传承，加之京族有喜歌善唱的传统，口耳相传的民歌非常之多，手抄歌本、故事文本亦很多。京族的民歌、民间故事在20世纪四五十年代依然十分盛行，几乎人人都能出口成歌，讲上几则故事。然

[①] 黄允箴：《撞击与转型——论原生态民歌传播主体的萎缩》，《音乐艺术》2006年第2期。

第四章 京族民间文化的传承现状及教育传承模式存在的问题

而"文化大革命"期间,大量手抄本被焚烧,留存的极少文本也种类残缺、内容不全,甚至严重流失。目前流传下来的民间文学作品无法准确统计,能搜集到的作品数量只占一小部分。如今许多文学作品已失传,而且搜集到的民俗文化和口头文学也发生了较大的变异。笔者采访了搜集整理了大量京族古籍歌本的京族字喃专家苏维芳,他告诉笔者:"2002年我退休后,四处寻访调查,足迹踏遍了京族三岛,搜集京族民间文学,想把字喃古籍这一京族文化遗产保护下来。在走访过程中,我发现要想寻找到完整的字喃记载的史歌、民歌等书籍已经很难了,只能寻访一些老人,凭他们的记忆,让他们唱一些京族古老的民歌、故事,不会唱的就讲。我再把这些片段记录下来,整理成册。《金云翘传》是京族非常有名的叙事歌,但京族三岛上已经没有人家收藏有这歌本了,我想起家里一位老祖宗有一本《金云翘传》歌本,但他的后人已经搬到越南芒街了。于是,我联系上芒街的这位亲戚,希望能买下或借来这本书,但亲戚也很珍惜,不愿意卖给我。我只好自己出钱请这位亲戚带着书回到中国,把书复印下来,不然这歌本就失传了。这些年我通过走访调查,共搜集了100多本歌本、2000多首民歌,这些民歌太珍贵了,再不抓紧时间搜集记录就没有了。尽管搜集了不少,但因会唱京族民歌、会讲京族故事的人很多都不在世了,没有办法再将那些作品记录下来了,很多作品就这样失传了,太可惜了。"[①] 2015年7月19日,笔者在沥尾村调查时曾采访过一位70多岁姓刘的老太太,她说:"我年轻时候,村里的姑娘出嫁前要哭嫁的,不会唱要学的,有的姑娘唱得很好听,听的人都哭了呢。如果结婚时不会唱哭嫁歌,人家会笑的,说这姑娘笨。现在早就不这样了,没有人会唱了,我这把年纪也记不住了。"

[①] 受访谈人:苏维芳,男,京族,京族字喃专家,访谈时间:2009年3月27日上午,访谈地点:苏维芳家中。

如今保存下来的民歌中,很多民歌已无人会唱。例如京族经典长诗《宋珍与陈菊花》,目前在京族地区已找不到一位能够完整颂唱这首诗的歌手。《过桥风吹》曾是一支家喻户晓的京族爱情名曲,现在能够完整唱此曲的人已十分少见。认识古老的"字喃"的人已很少,京族著名的民间故事经典代表作已无人能讲完满。许多歌手在年轻时都会唱几十首甚至上百首传统民歌,现在却只会唱几首,甚至已唱不完整了,流传下来的民歌也就越来越少。京族独弦琴传承人和故事传说讲述者阮志成告诉笔者:"小时候爷爷给我讲过许多京族故事传说,我也从长辈那里听过故事,但是没有记下来,很多都忘记了。再说了,很多人忙着赚钱,没有工夫去讲和听这些老故事了。我现在有时间也把一些故事讲给孙子和村里一些小孩子听,不然这些故事就消失了。"① 因为口头讲述容易遗忘的特点,加之许多人不重视京族口头文学的讲唱,致使传下来的民间作品越来越少。

(二)传承主体不断萎缩

民间故事讲述者、歌手是民间文学传承的主要载体,是其生存与发展中不可或缺的主体,故事讲述者、歌手数量的多少直接影响到民间文学的命运与前途。如今在京族地区,会唱传统歌谣、讲述民间故事及各种民俗由来的人已经很少,一些颇有造诣的民间歌师相继谢世,现仅存的为数稀少的歌师因年事已高,记忆衰退,难以完整地传授歌谣,师承断层。一些老歌手苦于无徒跟班,歌谣难以得到传承,青壮年歌手日愈减少。在访谈中笔者发现,20 世纪 70 年代以前出生的人大多喜欢山歌,70 年代后出生的人既爱山歌也爱流行歌曲,80 年代后出生的人喜欢流行歌曲胜于山歌。对年轻一辈来说,山歌只是他们精神生活的部分

---

① 受访谈人:阮志成,男,京族,京族民间故事讲述者、独弦琴传承者,访谈时间:2015 年 7 月 31 日,访谈地点:沥尾哈亭。

第四章 京族民间文化的传承现状及教育传承模式存在的问题

而非全部,甚至山歌所传达所代表的生活,正是他们想要摆脱的生活,因此他们对山歌的共鸣与理解就少了许多。在京族地区,京族民歌的传承呈现出"断代"的迹象。我们先后于2014年12月、2015年7月、2016年11月、2017年7月、2018年2月多次对京族三岛京族民间文化的传承与保护状况进行了实地调查,主要采用问卷调查和个别访谈的方式。调查问卷发放的范围是沥尾、巫头、山心三个自然村,分别选取性别、职业、文化程度不同的各年龄段的京族民众做了调查,发放300份调查问卷,收回270份。接受问卷调查的京族民众划分为四个年龄段:60岁及以上计60人、40—59岁计69人、30—39岁计61人、29岁及以下计80人。现将各年龄段民众对京族民间文学的认知以图表和数字的形式分别呈现如下:

表4-1　　　　京族民众对本民族民间文学的了解程度

人数　程度 　　百分比 年龄	非常了解	比较了解	一般了解	不了解
60岁及以上	19人,31.6%	31人,51.6%	10人,16.6%	0
40—59岁	12人,17.3%	28人,40.5%	29人,42%	0
30—39岁	10人,16.3%	18人,29.5%	31人,50.8%	2人,3%
29岁及以下	7人,8.7%	18人,22.5%	45人,56.2%	10人,12.5%

从表4-1看出,生活在沥尾、巫头、山心三个村落的京族民众对本民族民间文学的非常了解和比较了解的程度,在60岁及以上年龄段人群至29岁及以下青年段的各年龄段所占比重依次为83.2%、57.8%、45.8%、31.2%,呈下降趋势。其中非常了解和比较了解京族民间文学的比例,在四个年龄段中都占了30%以上;一般了解的比重,沿着60岁及以上年龄段人群至29岁及以下青年段分别是16.6%、42%、50.8%、56.2%,呈递增趋势;不了解京族民间文学的比重,40—59岁年龄段和60岁及以上年龄段所占比重都为零,30—39岁年龄段占了3%,29

岁及以下的青年段占了 12.5%。可以看出，不了解本民族民间文学的京族民众，主要集中在 30—39 岁年龄段和 29 岁及以下的青年年龄段，并呈递增趋势。

表 4-2　　京族民众听本民族民歌情况及对民歌的喜欢程度

人数 百分比 年龄 程度	经常听	有时听	没听过	很喜欢	有兴趣	不喜欢
60 岁及以上	25 人，41.6%	35 人，58.3%	0	60 人，100%	0	0
40—59 岁	20 人，28.9%	49 人，71%	0	54 人，78.2%	14 人，20.2%	1 人，1.4%
30—39 岁	25 人，41%	36 人，59%	0	30 人，49.2%	28 人，45.9%	3 人，4.9%
29 岁及以下	16 人，20%	64 人，80%	0	25 人，31.3%	40 人，50%	15 人，18.7%

表 4-2 反映了京族民众听本民族民歌情况及对民歌的喜欢程度。四个年龄段中，经常听歌的人数比重，大致按 60 岁及以上年龄段至 29 岁及以下年龄段的顺序递减；有时听歌的人群，从 29 岁及以下年龄段至 60 岁及以上年龄段大致呈递减趋势；没听过京族民歌的人数，在各年龄段都为 0。四个年龄段的人群中，很喜欢京族民歌的比重都占 30% 以上，且年龄越大比例越高；有兴趣的比重按 40—59 岁年龄段至 29 岁及以下年龄段的顺序逐渐递增；不喜欢听京族民歌的比例按 40—59 岁年龄段至 29 岁及以下年龄段的顺序逐渐递增。

表 4-3　　京族民众对本民族民歌的掌握及欲掌握情况

人数 百分比 年龄 情况	会	会一点	一点不会	一定去学	可能去学	不去学
60 岁及以上	35 人，58.3%	20 人，33.3%	5 人，8.33%	60 人，100%	0	0

第四章 京族民间文化的传承现状及教育传承模式存在的问题

续表

人数 情况 百分比 年龄	会	会一点	一点不会	一定去学	可能去学	不去学
40—59 岁	16人,23.2%	20人,29%	33人,47.8%	60人,87%	9人,13%	0
30—39 岁	10人,16.4%	20人,32.8%	31人,50.8%	48人,78.7%	8人,13.1%	5人,8.2%
29 岁及以下	10人,12.5%	29人,36.25%	41人,51.25%	40人,50%	25人,31.25%	15人,18.75%

表4-3反映了京族民众对本民族民歌的掌握程度和想掌握的意愿。会唱京族民歌的民众按60岁以上年龄段至29岁及以下年龄段的顺序,在本年龄段所占的比例依次为91.6%、52.2%、49.2%、48.7%,明显呈递减趋势。其中60岁及以上的老年年龄段,绝大多数会唱京族民歌;一点也不会唱的人群比例按40—59岁年龄段至29岁及以下年龄段的顺序逐渐递增。愿意去学民歌的人群中,60岁及以上的老年年龄段达100%,40—59岁年龄段占87%,30—39岁年龄段占78.7%,29岁及以下的年龄段占本年龄段的50%;不愿意学民歌的主要集中在39岁以下,尤其是29岁以下这个年龄段。这说明,愿意去学习京族民歌的青年越来越少。

表4-4 京族民众对民间文学的印象及民间文学传承的态度

人数 态度 百分比 年龄	要发扬	过时了	与我们无关	非常重视	比较重视	无所谓
60 岁及以上	58人,96.66%	2人,3.34%	0	58人,96.66%	2人,3.34%	0
40—59 岁	66人,95.7%	3人,4.3%	0	57人,82.6%	12人,17.4%	0
30—39 岁	56人,91.8%	5人,8.2%	0	48人,78.7%	10人,16.4%	3人,4.9%
29 岁及以下	74人,92.5%	6人,7.5%	0	48人,60%	24人,30%	8人,10%

表4-4反映了京族三岛民众对于作为非物质文化遗产的京族民间文学的印象及态度，他们几乎一致认为，京族民间文学是京族的民间文化遗产，是京族民众的骄傲，一定要继续发扬传承。为数不多的人认为京族民间文学已经过时了；但没有人认为京族民间文学与他们无关。对于京族民间文学传承发展的态度，40岁以上年龄段的人都100%认为是要重视的；而在29岁以下年龄段中认为"无所谓"的占10%，这在一定程度上说明民间文学是否继续传承发扬，对于新生代的年轻人来说，渐趋于无关紧要了。

综上各表所示，我们大体上可以了解到氵万尾、巫头、山心三个村落京族民间文学的生存现状：大部分京族民众对本民族民间文学还是比较了解，但不了解京族民间文学的年轻人越来越多；各年龄段都有人会唱京族民歌，但与大多数老年人会唱的现状相比，年轻人会唱的比例要小得多，且不会唱的群体在30—39岁年龄段和29岁及以下年龄段的年轻人中呈递增趋势；各年龄段的京族民众都表示有机会一定学习京族民歌，但青年人明显不是那么热心；喜欢本民族民歌的民众仍占大多数，但各年龄段中喜欢流行歌曲的比例也很大，尤其是29岁及以下年龄段的青年，所占比重更大。由于氵万尾、巫头、山心等地是京族最主要的聚居地，京族传统文化的传播和保留也比较具有典型性，由上述调查结果我们可以看出京族民间文学的生存已呈衰落趋势。

在走访过程中，我们发现，近年来，民间文学在京族民众中越来越失去市场，即使能听到老人在树荫下自娱地歌唱或者给晚辈讲故事也是寥寥无几。现代化冲击下年轻人渐显浮躁，他们追求时尚文化，很少接触老一辈的传统民族文化，不喜欢山歌、故事，山歌、故事开始逐年呈现出断层的状态。如今，有的民歌手年事已高，有的相继离世，一旦师承关系得不到延续，独特的演唱方式、方法不能及时传承，必然危及民歌的保护与发展。"死了一个人，亡了一门艺"的现象已不鲜见。京族

第四章 京族民间文化的传承现状及教育传承模式存在的问题

民歌可谓丰富多彩，可现在的青少年大多已不会唱，也不想去学。2016年7月，笔者在山心村采访过一个叫阿成的京族小伙子（23岁），他告诉笔者："我更喜欢听流行歌曲，流行歌曲比那些民歌好听多了。"他初中就辍学了，到东兴市去找了一份工作，有空了才回到村里，平时就听流行歌曲和看影碟。他认为，京族民歌太单调了，与外面丰富多彩的流行歌曲相比，显得很落后，不合潮流。我问他："如果大家都不唱民歌，民歌失传了怎么办？"阿成回答："没有就没有了呗，不是很大的事啊。"有个女孩干脆地回答："出去拉个网一兜海蜇就能卖三千块钱，我没时间学唱歌，先挣钱吧。再说我喜欢的是流行歌曲不是民歌。"这可以说代表了现代京族年轻人的心态。会唱民歌、唱好民歌的人逐渐老去，新一代人则对传统民歌完全陌生，他们偏爱流行歌曲，冷淡自己的传统民歌，不再向老一辈学唱民歌。"民族民间文学的产生不是人类出于对文学的需要，也不是一种有意识的文学创作活动，而是人类对自然和社会的一种总结。"[①] 民间文学要传承发展，人是决定一切的因素，没有人的积极参与，保护与传承则无从谈起。随着时代的变迁，会讲故事、会唱民歌的人越来越少，传承主体日愈萎缩，京族民间文学已处于加速衰落之中。

（三）传承场域逐渐缩小

由于讲故事、唱民歌和演戏的人越来越少，传播民间文学的习俗也在发生改变，传承的空间也越来越小。以民歌为例，尽管还有原生态的民歌存活于民间，但歌唱的程度已不如从前普遍了。过去那种以歌代言、出口成歌的风气渐淡，歌唱的时间、场合也在减少，一般只有在特殊的日子或特定的场合，如逢年过节、婚嫁喜事时才会有对歌活动，且规模也不及从前了。民歌重要的传承场所——歌圩曾以如痴如醉、如海

[①] 张佳声：《民族民间文学的特点及与社会主义精神文明建设的关系》，《黑龙江民族丛刊》1991年第4期。

如潮的盛况传遍了京族地区，培养了一代又一代爱歌如命的民众。而如今，那种"歌声飞过山，歌声铺满路"、男女"趁圩相约于歌坡，籴米归来女伴多；踯躅晚风残照里，牧童沿路唱山歌"的动人场景已成为历史，歌圩逐渐走向衰落。京族歌圩至今在沥尾、巫头两村仍然每周举办，江平镇老年人山歌协会每个月也组织举办歌圩，但歌圩日参与者不多，多为五六十岁以上的中老年人，且民歌多为白话民歌，京语民歌日渐衰微。2016年沥尾哈节期间，笔者看到哈亭里的唱哈只有为数不多的老年人在听，而在距哈亭仅几十米的沥尾剧场内，某通讯公司组织表演的现代歌舞却是人头攒动、熙熙攘攘，形成了鲜明对比。过去，歌圩是京族青年开展社会活动的场所，他们通过唱歌来交朋结友，欢会情人，寻求配偶。而现在，歌圩的演唱主角多为中老年人，年轻人对民歌冷淡。同时，由于官方的介入，歌圩的经济功能更为突显，离歌者的自娱自乐的本意越来越远了。在传统婚礼、祝寿等民俗活动中，歌唱或舞蹈向来是宣泄情感、制造欢乐的最佳手段，也是最鼓动人心的场景。如今，婚娶新事新办，寿诞从易从简，注入新的文化内涵，在同样的场合，民歌的风光大大衰减，唱歌的人越来越少，民歌传承的主要活动阵地逐渐缩小。如今谈情说爱的方式已经改变，"以歌传情，以歌择偶"已不复再见；走亲访友时，"以歌待客，以歌会友"已寥寥无几。曾经在海边飘荡了几百年的歌声渐渐地远去。一位60多岁的京族歌手和笔者聊起她的感受："我年轻时歌圩是很热闹的，很多人来唱歌，对歌对到太阳落山了才回家，有的觉得对歌没过瘾，又约了下次一起对歌。那时我总是盼望什么时候到歌圩了，就可以唱歌过瘾了，很好玩的。平时办什么喜事啊，人们也唱歌的，大家都来赶热闹。现在没什么人唱歌喽，也就是我们这些老人有时还到江平、沥尾这些地方的歌圩唱唱，年轻人都挣钱去了，听流行歌、玩游戏去了。"如今娱乐方式丰富多样，人们也不再像过去那样茶余饭后围坐一起听长辈讲故事了。一位京族老

第四章 京族民间文化的传承现状及教育传承模式存在的问题

伯在谈起往事时一脸怀念的样子:"我们小时候没什么娱乐活动,就是喜欢吃完晚饭后搬个凳子到院子里,听听老人们讲一些故事、笑话,或者教教歌,就这样啦,这样的生活也挺好的,大家都很亲近。现在的年轻人整天手机不离手,上网聊天的,看电视的,还有玩游戏的,没有兴趣听老人讲故事啦。"京族民间文学在京族乡村中的展示平台日益减少,民间文学呈现出由盛到弱慢慢消失的趋势已在所难免。

图4-1　沥尾村歌圩　（作者摄）

以上我们列举了京族民间文学的种种传承危机,这些危机后面有着深刻的社会原因。正如哈兰维认为:"文化变化的原因是多种多样的。其中一个是环境发生变化,因之,文化也须随之变化;另一个是文化内部的人观察文化方式发生个别改变,这会导致社会解释其文化规范和文化价值观的方式发生个别改变;第三个根源是与其他群体的接触,引进新的观念或方式,这也会造成传统价值观和行为方式的改变。"[1]"特定

---

[1] 石奕龙:《应用人类学》,厦门大学出版社1996年版,第115页。

图4-2 江平镇老年人山歌协会 （作者摄）

环境限定特定的民族音乐现象滋生发展乃至衰退。"① 我们知道，民间文学是当地民众社会生活、习俗文化的一个生动的表现方式，经过几千年历史文化发展起来。随着社会政治、经济、科学、技术的高度发展，人们的劳动方式、生产环境和生活内容都会发生根本性的变化，而民间文学赖以生存和发展的这些生态环境的变化势必对其带来了不可避免的影响。"皮之不存，毛将焉附？"文化生态环境的变迁决定了当下京族民间文学的盛衰。京族民间文学的衰落主要有以下几个方面的原因：

1. 生产、生活方式的改变，使民间文学失去了赖以生存的生活环境

在京族传统社会里，民间文学和人们的日常生活密不可分，或者可

---

① 伍国栋：《民族音乐学视野中的传统音乐》，上海音乐出版社2002年版，第59页。

第四章 京族民间文化的传承现状及教育传承模式存在的问题

以说是人们生活中不可或缺的一部分，唱歌、讲（听）故事便是他们的一种生活方式，人们既是民间文学的创作者，又是民间文学的消费者，在创造民间文学的同时也在享受民间文学，并以口耳相传、代代相教的模式传承延续着。历史进入了20世纪八九十年代，人们的生产劳作方式发生了很大变化，海上的船夫们如今坐在宽大结实的机动船上，恐怕已无法再现当年那惊心动魄、扣人心弦的船夫号子了。随着中越边境经济贸易的发展，尤其是环北部湾经济圈的建立，如今京族地区几乎家家都参与边境贸易，少有人进行海洋捕捞生产，伴随海上捕捞而产生的海歌也日渐衰微。笔者于2015年12月在京族沥尾、巫头、山心调查，采访了一些当地人，他们告诉笔者，当地人大多数不再出海打鱼了，危险，又挣不到多少钱，还是做边贸生意划算。当问及是否还会唱海歌时，几位老年人说还会唱，有时还哼一哼呢。一位老人笑着说："我们家就我和老伴会唱，儿子、女儿都没做海过，一句都不会唱，他们喜欢的是流行歌曲。"这在京族三岛上是一个普遍现象。"日益发达的科技建立了现代化的生产秩序，体力当家的旧生产规则骤然消亡，与之相依的原生态民歌所特有的组织和鼓舞劳动的实用功能以及演唱套路骤然失效，演唱群体也随即瓦解。"[①] 当市场经济的时代风潮吹到了偏僻的京族地区，完全自给自足的经济模式也随之被打破，商品经济带来的强大影响促使年轻人纷纷到外地打工、做生意，在家也多从事中越边境贸易，以谋求新的生存方式，生存模式的改变在一定程度上影响了京族文化的整体变迁。因为这些经常外出的年轻人，为了生存必须学会讲普通话、听流行音乐、跳现代舞蹈，他们不知不觉地在融进都市生活的同时，接受了现代大众文化，而受到故乡的传统文化艺术的熏陶却越来

[①] 黄允箴：《撞击与转型——论原生态民歌传播主体的萎缩》，《音乐艺术》2006年第2期。

越少了。在享受现代文明的同时，他们的生活习惯、行为模式、语言思维方式、伦理价值和审美趣味都发生了很大的变化。当他们回到故乡时，不仅带回了外面丰富多彩的信息，也带回了新的生活方式。电视、网络、卡拉OK等娱乐休闲方式出现，人们的娱乐生活也就开始变得多姿多彩起来，过去，人们在劳累一天之后常在树下讲（听）故事和唱歌的娱乐消遣方式已被看电视、上网取代。卡拉OK、流行歌曲替代了传统民歌，电视剧、碟片替代了民间戏剧，街头舞、迪斯科替代了民间舞蹈。笔者在京族地区进行调查，当问及民歌、故事、民间戏剧的衰落原因时，人们都普遍认为，"外出打工的人多了""生活条件好了，家家有电视机、影碟机""有了电视，大家都看电视了""其他娱乐方式多了""交往的方式多了"等。如今年轻人相互交流的渠道逐渐增多，电话、短信、QQ、微信等都可以用来说悄悄话，京族恋爱习俗中的"踢沙""掷木叶"已经没有了，传统的情歌对唱也不再被需要。婚礼习俗中，"蓝梅"的作用已经可有可无，"对木屐"的习俗也已经消失，传统的婚礼仪式变得更加简洁，并融入了大量现代婚姻元素，穿婚纱、拍婚纱照早已成为流行趋势，在婚礼上唱歌的习俗越来越少见到。因此，民歌的参与人群也就变得越来越少，年轻一代不再向老一辈学唱民歌，能编会唱的歌手日益减少，传统的传承方式出现了一定程度的断裂。唱民歌的习俗也已发生改变，过去那种以歌代言、出口成歌的随机性和广泛性已少见，歌唱风气渐淡。延续了数百年传统的生活方式的改变，使京族民歌失去了赖以生存的基础，原来会唱的人不再传唱，年轻一代更是对传统民歌不感兴趣。没有了民歌的繁衍土壤，哪有演唱艺术生存和发展的温床呢？京族民间文学呈现出衰微趋势也就在情理之中了。

2. 传统观念的变化，使民间文学丧失了生长繁荣的精神环境

社会的进步促使京族同胞生活方式发生变化，也极大地改变了人们

第四章 京族民间文化的传承现状及教育传承模式存在的问题

的传统观念。随着众多京族青年离开故土,走进大都市,接触到最潮流、最前沿的事物,他们的思想观念、价值取向相应地发生了变化,很快融入社会主流文化之中。随着经济的发展,广播、电视、电讯、网络等现代传媒的迅速普及和交通状况的极大改善,京族和各民族间的交往日益增多,自然带来各种文化的交流与碰撞。多种复杂的文化冲击着京族民间音乐艺术:流行音乐、爵士音乐、电子音乐不断占领着人们的精神阵地,传统的审美观严重受到冲击,特别是青少年,在西方音乐艺术的冲击下,认为本民族的民歌落后,演唱方法和形式土里土气、不时尚,对本民族的传统音乐的兴趣越来越低。他们对新文化持欢迎和期盼态度,接触并融入现代生活当中,并引导着本地与现代生活接轨:如口中唱的是流行歌曲,身上穿的是时尚服装,言行举止符合潮流,致使他们的生活观念、审美趣味发生相应的转移。而这以前,代表着传统文化的民歌,曾经是京族民众获得音乐美感的唯一来源,深深扎根在一代代民众的心里,使民歌得以代代相传。如今,传统民歌的审美意义在年轻一代的心中已经贬值,本该是传统民歌的传播主体,本该是民歌传承链条中承上启下的重要环节,现代社会的年轻人却一头扎进了流行文化的时尚怀抱,使传统民歌的传承链条自此断裂。京族民众价值观念的变化是歌唱活动衰落的社会心理因素。过去,京族把善于唱歌视为聪明才智的一种标志,许多青年男女"幼即习歌",以歌来显示自己的才华、学识和品德,从而在男女社交中博得对方的敬慕和爱恋。可见,这样一种传统性的心理特质,是歌唱传统得以形成和发展的精神因素。改革开放后,京族同胞的价值取向和择偶观念发生了变化,以前人以歌展才,从对方或旁人的赞许中体现和认识自身价值,而现在他们则是看哪一个人挣的钱最多;倾慕对象由歌手转向才子、种养和经商能手,而不再以民歌作为衡量群体和个体的标准了。因此,为了能更好地改善生活,适应社会对人才的不同要求,人们要么参加升学考试到高等学府深造，要么经商，要么到都市打工挣钱。传统观念的变迁使民歌失去了赖以衍生的精神环境，京族民歌不可避免地走向衰落。

3. 京族民间文学功能的弱化及自身的不足是导致其衰微的内在生态因素

（1）民间文学在传播知识、提高认识等实用功能上的弱化。京族民间谚语具有传播渔业和农业知识的作用，如"朝北晚南半夜西，渔民出海冇辛凄"（意思是：早晨刮北风，晚上刮南风，半夜刮西风的时候，第二天的天气一定好，那么渔民出海则不会辛苦、凄凉），"一日东风三日雨，三日东风冇米煮"（意思是：六月天气一刮东风就下雨，渔民无法出海，如果连刮三天东风，渔民更不能出海，便没有钱买米，吃饭大有问题了）[①]。这些说法是建立在旧的、不发达的生产方式上，如今，渔民大多依靠科技来安排自己的渔业活动，正如一位渔民（男，50岁，京族，氵万尾人）告诉笔者："以前我们出海打鱼之前一定看天气的，如今我们更多地依赖于更为科学的天气预报了。"因此，人们不再需要通过掌握京族民间谚语传承天气知识和生产知识。

（2）民间文学所固有的娱乐功能日渐弱化。过去，京族民众在劳动中唱歌，夏天坐在瓜棚月下聊天、讲故事、猜谜语、讲笑话，或空闲时演戏，都是为了在娱乐中消除疲劳，恢复精神。甚至有"山歌本是古人留，留在世上解忧愁。三天不把山歌唱，三岁孩子白了头"的说法。虽有夸张的意味，但足以说明过去京族民众娱乐方式的单一化。如今，随着科技的迅猛发展，京族地区的对外交往程度越来越深，电视、手机、计算机网络、通信等新媒体已深入京族民众的日常生活中，解构着原来单一的娱乐模式，使其走向多元化。笔者就京族的娱乐方式对当地

---

① 广西壮族自治区编辑组：《广西京族社会历史调查》，广西民族出版社1987年版，第43页。

第四章 京族民间文化的传承现状及教育传承模式存在的问题

人作了40份问卷调查，结果如表4-5所示。回答空闲时间主要"看电视"的有15人，占37.5%；"电脑上网"的6人，占15%；"玩手机"的13人，占32.5%；"唱山歌或听故事"的6人，占15%。

表4-5　　　　　　　京族民众空闲时间的娱乐方式调查

空闲时间的娱乐方式	人数	所占百分比（%）
看电视	15	37.5
电脑上网	6	15
玩手机	13	32.5
唱山歌或听故事	6	15

笔者在沥尾访谈一位老人，她说："以前我们做海回来，吃完晚饭以后，有时间都会聚到一起唱歌的，现在就很少晚上去唱了，只是有时候去歌圩里唱，现在年纪大了，孩子们都外出打工了，晚上孩子们也会打电话过来跟我说说话，要不的话就看看电视，不唱了，不唱了。""现在的年轻人更是不唱（民歌）了，经常去KTV唱流行歌，我孙子就是这样。"她补充道。从问卷调查及访谈中我们可以清楚看到京族民众娱乐方式已走向了多元化。

而"对歌择偶"的功能的减弱也成为影响、制约民歌传承与发展的内在因素。历史上，歌圩曾是京族男女青年谈恋爱联谊的极好机会和场所。青年男女的谈情说爱，是歌圩得以产生的第一契机，它体现了歌圩的功利性。在1949年以前很长的一段时期，京族地区青年恋爱自由，婚姻却不自主，纯粹依歌择配的现象还是少数，即使男女双方通过对歌结交了意中人，也不能保证"有情人终成眷属"，还必须通过"父母之命，媒妁之言"。

正因为青年男女之间只能以歌连情而不能真正地谈婚论嫁，青年人便产生一种"恨不相逢未嫁（娶）时"的共通心理。于是那些怨命歌、倾慕歌、盟誓歌、骂夫歌、相诱歌等便由此应运而生。他们借助歌圩作为载体来表现自己的爱情追求,用这种恋爱方式来反抗封建包办婚姻。随着婚姻自主程度的提高,令杜鹃啼血的"梁祝故事"式的婚姻自然消失,而"依歌择配"的历史又不会重演。这样,来自婚俗的变化促使歌圩兴盛的推动力不可再得。①

(3) 民间文学自身的不足、歌圩文化的局限性与功能弱化也是民间文学衰落的原因。例如京族民歌,自身存在诸多的不足。首先,在歌唱语言方面,由于它本身特有的原生性,其歌唱的语言、音调、语气就局限于特定的流传范围,这在很大程度上影响了民歌的进一步发展。其次,京族民歌的节奏,快慢急缓、长短轻重往往因歌唱者的不同而改变,比较自由,因而很难形成固有的伴奏形式,这对民歌的推广显然是不利的。第三,京族民歌往往具有悠长的音调,音乐行进缓慢,而有的歌要唱很长的时间,如用于祭祀的"唱哈"原本需连唱三天三夜不停歇,如今即使大大缩减时间,观看的人也是少之又少。这跟现在的生活节奏很不相称,这也在一定程度上影响了民歌的生存和发展。歌圩文化也有着自身的局限性,主要体现在:其一,歌圩文化中歌的内容原本非常丰富,天文、地理、社会、生活无所不容,但是因为传承途径和方法不够多样,对文化的传承造成很大的障碍。给大家造成一种误解,以为山歌除了谈情说爱就是说教。歌词的内容大多与现代生活之间有断层现象,过去的歌词反映的是过去的社会生活状况,如今民歌也理应顺应时代的要求,表达最现实的社会面貌。而一些民歌虽与时代连接紧密,但多是有关部门组织的意识形态很浓的宣传教育类型的山歌,这反而让年轻人反感,从而对歌圩文化产生抵触情绪,认为山歌不过是一个表达某种意识形态的工具而已;其二,传统歌圩场景多是树林、海滩,而且歌

---

① 李萍:《壮族歌圩衰落的文化学透视》,《广西右江民族师范高等专科学校学报》1999年第4期。

第四章　京族民间文化的传承现状及教育传承模式存在的问题

曲的表现形式过于单一，容易造成审美疲劳，与有高级音响、周到服务、舒适环境、曲目丰富的卡拉 OK 厅相比，歌圩的吸引力大减。[①] 由此看来，民间文学的衰落不仅同外部文化生态有关，同时也与自身的生态有密切关联，民间文学实用功能逐渐弱化、民间文学自身的缺陷、歌圩文化传播的适应性减弱使民间文学延续的基础逐渐消失。

二　传统服饰的生存状况

科技文明和物质文明的高度发展带来的新的文化结构直接影响到审美观念的转变。在今天经济全球化和市场化的背景下，京族传统文化受到强烈冲击，人们的服饰观念在发生改变，他们的传统服饰也因此而发生了前所未有的变化，呈现出以下几个方面的变迁态势：

（一）传统服装礼服化

在京族三岛，人们在日常生活中已不再穿过去作为族群标志的传统服饰了，取而代之的是从市场、商店购买的成衣，现代服装已成为日常生活中的主角。除了个别酒店的服务员以及在哈节期间进行表演的人员，已看不到有人穿着京族服装，京族传统服饰逐渐由日常生活必需品转变为人们在节日、庆典、宗教、丧葬、婚礼等仪式上穿着的礼服，成为年轻人对传统怀念的某种象征。2015 年 7 月，笔者对沥尾、巫头、山心进行京族服饰生存状况调查，共发放 100 份问卷（接受问卷调查的村民均为京族），其中 29 岁及以下的 26 人；30—39 岁的 24 人；40—49 岁的 28 人；50 岁及以上的 22 人。识字的就自己填写，不识字的由笔者提问并作记录。回收问卷 100 份，经分析，均为有效问卷。问卷调查情况如下：

[①] 黎天业：《广西歌圩文化的教育价值研究》，硕士学位论文，广西师范大学，2006 年，第 17 页。

表 4-6　　　　　　　　京族传统服饰传承情况调查

问题	选项	29 岁及以下	30—39 岁	40—49 岁	50 岁及以上
你认为本民族的传统服饰好看吗？	A. 好看 B. 不好看	6 人选 A 20 人选 B	8 人选 A 16 人选 B	14 人选 A 14 人选 B	12 人选 A 10 人选 B
你现在还穿本民族的传统服饰吗？	A. 经常穿 B. 平时有时还穿或年节时穿 C. 已经不穿了	0 人选 A 0 人选 B 26 人选 C	0 人选 A 2 人选 B 22 人选 C	0 人选 A 2 人选 B 26 人选 C	0 人选 A 3 人选 B 19 人选 C
如果有机会，你愿意学纺纱、织布、制衣吗？	A. 愿意 B. 不愿意	1 人选 A 25 人选 B	4 人选 A 20 人选 B	8 人选 A 20 人选 B	12 人选 A 10 人选 B
如果别人说你们的传统服装非常难看，你会怎样？	A. 很生气，不认同 B. 有些生气，但心里认同 C. 无所谓	4 人选 A 6 人选 B 16 人选 C	8 人选 A 8 人选 B 8 人选 C	14 人选 A 10 人选 B 4 人选 C	14 人选 A 6 人选 B 2 人选 C

表 4-6 调查结果显示：调查对象中已无人在日常生活中穿京族服装，只有为数很少的人在年节时或有特殊要求时才会穿京族服装。60%的人认为自己民族的传统服装不好看，而且多集中在 39 岁以下的中青年人群中，只有 40%的人认为京族传统服装好看。25%的人表示如果有机会，愿意学纺纱、织布、制衣，且从 50 岁及以上、40—49 岁、30—39 岁、29 岁及以下的年龄段呈递减状态。对于别人如何看待自己的传统服饰，更多的年轻人表示无所谓。这些调查结果表明，京族传统服饰在年轻人中已经丧失了市场。这里的年轻人已不再穿传统服装，也无意和他们的祖辈一样自己制作土布衣服。笔者采访山心村里一位 20 多岁的京族姑娘："你现在还穿京族传统服装吗？"她回答："我从来就没穿过。"笔者又问："如果京族传统服装消失了，你觉得可惜吗？""不可惜，消失就消失了呗，那没办法。""如果有机会，你愿意学织布、制衣吗？""不愿意，太辛苦了。"她毫不犹豫地回答。笔者在山心村还采访了一位 50 多岁的京族老伯，他告诉笔者："我在 10 多年前还穿京族服装，后来就不穿了。如今没有人穿京族服装了，都上街或到商

第四章 京族民间文化的传承现状及教育传承模式存在的问题

店里买成衣来穿,越时尚的青年人越喜欢穿。不过,在我们过哈节时,去迎神、拜神一定要穿京族服装,还有在隆重的祭祖活动时也要穿,不然神会怪罪,祖宗会怪罪,那就不好啦。还有人在办婚礼时也穿一下京族服装,有人来拍摄时也穿一下应付,其他时间就没有人穿了。"

由上述我们可看到,如今京族地区的人们平时不再穿传统服饰,只有在过节、祭祖、婚礼等场合才穿上自己的传统服装。在现代五彩缤纷的都市文化吸引下,人们改变了审美心理和审美趣味,认为自己传统服饰不好看,五颜六色的时尚服饰才是他们所追求和喜欢的,因而他们不再认为自己的传统服饰是美的,也就不再穿了,甚至传统服饰消失了也不觉得可惜。

(二)掌握传统服饰制作工艺的人越来越少

在京族地区,如今人们在日常生活中不再穿本民族传统服饰,掌握服饰制作工艺的人日益减少,传统工艺濒临失传。笔者在调查中发现,如今人们已不再织布、染布、刺绣、制作衣服。笔者在沥尾采访了60多岁的武瑞珍,她告诉笔者:"我年轻时还常自己织布做衣服的,用棉团来纺成棉线,再织成布,再染布,才能裁衣做衣服。那时没钱买衣服啊,只能自己做了,后来条件慢慢好了,就去街上买,不自己做了,大家都这样啦。织布、染布很辛苦的,但是那时没办法呀,如果有钱谁会愿意做呢?我的几个孩子没一个会织布的。家里的织布机早就没有了。"[①] 笔者在巫头采访了一位40多岁的京族妇女,她说:"我小时候也看到过老人织布,后来就没有人再织了。我奶奶会织,我不会织。"笔者在江平镇采访了一家经营京族服装的服装店老板樊文英,她也是京族服饰的传承人。樊文英的服装店里摆满了京族的服饰,五颜六色,做工精致。樊文英说,从裁剪、设计、打钉等,店里的所有京族服装都是

---

① 受访谈人:武瑞珍,女,京族,访谈时间:2016年7月9日,地点:沥尾村。

她一个人用手工做的。说起学艺和开京族服装店的过程,樊文英侃侃而谈:"我奶奶是京族后人,她从缫丝、织布到浸染、剪裁,对这些京族服饰制作技艺都很精通,但奶奶去世得早,我什么都没学到。1987年,我那时才21岁呢,离开江平去越南拜高红杰为师,学习制作京族服饰。我师傅是京族人,当年在越南很有名气的,师傅把京族服饰技艺都传授给了我。学成后我回到江平镇开办了一个服装小店,后来又收了徒弟,开了更多的服装店。可是几年后,市面上衣服款式渐渐多了,没什么人穿京族服装了,来我的店做衣服的人也少了,教的几个徒弟都改了行。没办法,我在2001年把服装店关了,改做时装边贸生意。当时觉得跟师傅学了那么久,要是这么荒废了手艺太可惜了,所以我白天做完边贸生意,晚上回来帮客户定制京族服饰,并开始对传统京族服饰进行改良。2010年,京族服饰制作技艺被列入广西壮族自治区非物质文化遗产名录,我也被确立为传承人。因为改良后的京族服饰款式新、颜色靓,很受顾客欢迎,所以好多人来找我定制京族服饰,一些政府部门、学校、演出单位等找我下订单,本地的、外地的都有,越南人也来找我定制京族服饰。我一直坚持纯手工制作,坚守着对京族服饰制作技艺的传承。我现在也在积极地培养这项技艺的接班人,我的妹妹和女儿都在认真地学习制作京族服装,我们都希望能把这门手艺传下来。但是,从目前情况来看,没有多少人感兴趣,也就是我们这几个人会制作京族服饰了。"[①] 在笔者多次走访京族三岛的过程中,除了看到樊文英等人还在制作京族传统服饰,没有看到其他人制作京族服饰了。山心村一位姓苏的姑娘对笔者说:"现在我们一般都想多挣钱,有了钱什么东西不能买呢?谁还会自己做衣服呀?自己做又辛苦,(做的衣服)又不好看。"

[①] 受访谈人:樊文英,女,访谈时间:2014年11月26日,地点:江平镇樊文英京族服装店。

第四章 京族民间文化的传承现状及教育传承模式存在的问题

这可以说代表了现代京族年轻人的心态。掌握服饰制作工艺的人逐渐老去，新一代人则对传统服饰不感兴趣，也不愿意去学，如今，京族服饰工艺处于加速衰落之中。

图4-3 樊文英在江平镇上开的京族服装店及改良版京族女装 （作者摄）

通过对京族服饰传承状况的调查和分析，我们不难发现，造成今天京族传统服饰艺术衰落的原因既有外界环境的因素，也有自身内部的因素。

首先，社会变迁与异质文化移入。始于20世纪90年代的市场经济刺激了我国乡村市场网络形成，即便是偏远地区的人们也能享受工业文明所带来的种种物质商品便利。传统的手工产品也因此受到强烈的冲击，传统的服饰制作技艺所受冲击尤甚。社会变迁导致了京族传统的价值观和审美观的嬗变，传统服装的价值观和审美观的改变是加速京族服饰工艺变迁的动因。如今的京族年轻人受到都市文化的影响，对民族传统文化的认知也发生了变化,他们认识不到民族传统工艺的价值,甚至认为那是落后的、丑的东西,他们受到现代服饰文化的影响,追求时装和品牌,对传统工艺很冷漠。这种价值观念的改变使京族民间工艺逐渐失去传承的土壤。在市场经济的影响下,京族同胞逐渐注重对科学技术的学习和掌握,在他们的观念中,只要能挣到钱,就可以用货币从市场上购买到任何必需的生活用品,包括衣服首饰,用不着自己制作。用他们现在的眼光看,勤劳能干会持家、种田养殖搞副业、让家庭富裕起来的妇女才是聪明灵巧的人,才能获得别人的尊敬,传统的织、绣、染等女红工艺已不再是京族衡量女性能干与否的标准了。

其次,民族传统服饰自身功能的减弱。在调查中发现,京族传统服饰过去的职能开始减弱、丧失,在青年人的观念中尤其如此。其一是传统服饰族徽功能减弱。服饰是一个族群外显的文化符号,"是各民族在形成和发展过程中凝结起来的属于各民族独有的心理状态的视觉符号。穿着同一种服饰的人时时在互相传递这样一个信息:我们是同一民族的人,并因此而强调同一民族之间的内聚性和认同心理"[1]。可以说,服饰是维系族群认同和别异的有效手段和方式,它是民族精神的象征,民族歧视越厉害,族徽的作用就越大。过去,京族处于被排挤、被歧视的地位,人们靠着群体力量战胜自然和外来民族压迫,族群内聚的目的是以抗击外敌外族为主体,因此民族服饰的族徽意识不断地被强化。1949年以后,京族与各民族杂居在一起,和睦共处,民族敌对情绪已经消失,外部压力减弱,服饰上的族徽作用逐渐淡化甚至消失,族内人们的着装不再被严格要求一致。虽然传统服饰仍不失为族群的标识,那仅仅是一种文化的象征,而不再是人们生活中非穿不可的族群符号。其二是传统服饰实用功能弱化。民族传统服饰是艺术品和生活用品的综合体,

---

[1] 钟敬文:《民俗学概论》,上海文艺出版社1999年版,第89页。

第四章　京族民间文化的传承现状及教育传承模式存在的问题

能使人产生一种美感。美感"一方面是感性的、直观的、非功利性的；另一方面又是超感性的、理性的，具有功利性的。"[①] 京族服饰之所以被本族人认同和喜爱，重要的因素是建构在其实用的功利目的之上的，并视其为形式美和实用性的和谐统一。随着现代生活节奏的加快，生活环境的改变，人们更希望一种舒适、省时、简便的装扮。据统计，做一套京族传统女装所耗费的时间如下：纺纱3天，织布3天，染布15天，缝制1天，可见制作传统衣服花去的时间比较长。与人们现在的生活节奏产生矛盾，因此人们逐渐将之舍去，选择从市场购回的简便成衣。外出谋生的京族同胞，倘若仍一身民族服饰打扮异于新的服饰文化环境，将会在外观上与周围人群产生隔阂与陌生感，由此造成不必要的心理压力，自然会舍去其传统服饰而趋众着现代服装，以适应生活环境的需要。

三　建筑及民间工艺的生存状况

京族地区的建筑艺术及木器、石器、竹（藤、草）编工艺，也因经济的发展、社会环境的变迁造成的生产、生活方式的改变而呈现衰落现象。传统京族民居是京族民众生活的主要场所，承载着文化和历史的底蕴。京族过去的民居是一种古老的、具有民族风格的干栏式房屋即"栏栅屋"，这些房屋为竹木构造，上盖草或瓦，屋的四角立四条木桩，用石头垫高，离地五六寸许，里面以竹、木条密排做地板，铺上草席，入屋脱鞋，全家坐卧饮食其上。"栏栅屋"早已不见了踪影，20世纪五六十年代，石条瓦房逐渐代替了"栏栅屋"，这是以长方形石条砌成的住宅，室内用条石或竹片木棉之类分隔为左、中、右三个单间。如今石条瓦房也被拆得所剩无几，"拆旧村建新村"使京族传统民居难觅其

[①] 李泽厚：《美的历程》，安徽文艺出版社1994年版，第545页。

踪，取而代之的是千篇一律的钢筋水泥、外贴瓷砖的小洋楼，遍布洋别墅，沐浴着现代气息的京族村落让人看不到一点京族文化色彩。

随着人们生活水平的提高，如今京族地区都有电动碾米机加工粮食，传统的手工舂米方式已逐渐退出人们的日常生活，石臼、脚踏舂、石碾等石具多被弃于杂物房或者消失了，木碗早就不见了踪影，石磨偶尔还被用来磨细碎的东西。过去常用的纺纱机、织布机早已消失不见。随着这些传统工艺品被越来越多的人弃之不用，从事这些手工制作业的工匠也越来越少。笔者走访了京族三岛，听到当地年纪比较大的老人说，以前几乎家家都有人会竹编、藤编、草编工艺，木匠也有，如今会编织用具的已很少了，铁匠已没有了，木匠只有沥尾村裴永绍一人。裴永绍告诉笔者："我从事木工、竹编工艺已有40多年了，近些年又做木雕、根雕和贝壳工艺，做了许多的木椅、木沙发、木门、木床、木柱、桌子、碗柜、衣柜、木碗、木勺、竹帽、竹筐，都是人们拿材料来请我做，并给一些酬劳，报酬是很低的。现在的年轻人都愿意去外边打工或做生意挣钱，而不愿在家做这些木工活，也与低报酬有关。我儿子也不愿意和我学木工技艺，还劝我不做了，那么辛苦也挣不到什么钱。"[①]在笔者所调查过的村屯，没有发现一个铁匠，铁匠这种行业已消失。过去，京族三岛上的人普遍会织渔网，如今由于很少人打鱼，已没有什么人织渔网，很多年轻人根本不会织渔网。

综上所述，随着京族同胞生活水平的提高，京族水泥小洋楼替代干栏木房、石条瓦房，传统木器、石器、铁器、竹制品、织染品的使用率下降，赖以生存的文化氛围的逐渐消逝，京族地区传统工艺的衰微也就成了一种必然。虽然近几年来由于旅游业的发展，被开辟成为旅游点的

---

① 受访谈人：裴永绍，京族，78岁，访谈时间：2015年7月25日，访谈地点：沥尾村裴永绍家中。

第四章　京族民间文化的传承现状及教育传承模式存在的问题

图4-4　沥尾村木匠裴永绍在制作木雕工艺品　（作者摄）

村屯的民间工艺有所复兴，但从总体上来说，传统工艺的衰退已成趋势。也许不久的将来，我们恐怕只能在民族庆典仪式上才能寻到作为道具的传统工艺品的踪迹了。

四　民间器乐与舞蹈的生存状况

京族民间乐器主要是独弦琴，是京族民间艺术中的瑰宝，是京族传统节日"哈节"里必不可少的演奏乐器。独弦琴是京族人十分喜爱的民间乐器，不论是农闲之时或是婚丧嫁娶、节日喜庆，人们都要在它的伴奏下，唱起即兴编成的民歌，跳起欢快的舞蹈，尤其是节日庆典活动中更是歌舞不断。独弦琴曲目主要有《高山流水》《骑马》《这样好那样好》《静静的大海》《做海歌》《长工歌》《送迎新郎新娘歌》《槟榔歌》《饮茶歌》等，音色柔美、委婉动人，深受京族民众的喜爱。独弦琴成了娱神娱人的重要乐器，因此历代传承。20世纪50年代以前，独弦琴作为与京族生活密切相关的重要民间器乐存在于京族民众的日常生活中。20世纪七八十年代后,随着全球化趋势的加强和现代化进程的加速,京族民众的世界观、人生观、价值观以及生活方式都发生了极大的转变,独弦琴的保护与传承陷入困境。京族独弦琴艺术是当地海洋生产时代的产物,季节性的闲暇使得许多人有充裕时间来欣赏悠长缓慢的京族独弦琴艺术,现在的京族青年们外出经商、打工,分散各地,很难有时间来欣赏独弦琴,导致京族独弦琴大批受众消失。囿于独弦琴演奏技法的特殊性,学习者需要有长时间的练习方可见效,现代都市快节奏的生活方式,使学习者无法在独弦琴学习上投入更多的时间和精力,因此,在传承上陷入后继无人的艰难局面。独弦琴未能得到广泛的传播,亦与京族的人口基数小、流传地域相对闭塞有关。[1] 从我们在京族三岛上的调查得知,近些年政府部门对京族独弦琴保护工作很重视,采取了许多保护措施,京族独弦琴传承人苏春发、苏海珍、阮志成等人也在努力传承,收徒传授琴技,先后培养了300多名独弦琴弹奏者,当地的京族学校、一些外地高校、中学、小学也开设有独弦琴课程,京族独弦琴有所复兴,但总体上来看,效果还是不尽如人意。"这些学了独弦琴的人大多只是会简单的技法,能熟练弹奏的人并不多,独弦琴的传承和发展还需要更多人的努力才行。"苏春发如是说。

  京族民间舞蹈分自娱性舞蹈和祭祀性舞蹈两类。自娱性舞蹈"对花屐""采茶摸螺舞""竹杠舞"一般在喜庆节日或丰收的日子里表演。据笔者走访调查得知,如今在当地京族民众中,平常日子这些舞蹈几乎已无人跳了,只有在文艺表演活动中才会有人跳。当地京族学校开设有"竹杠舞"等课程,在课外活动时间由具有民族艺术特长的教师负责进行小组培训,在接待来访人员或重大活动场合时,学校组织学生进行京

---

[1] 黄羽:《非物质文化遗产视域下京族独弦琴的保护与传承》,《民族艺术研究》2013年第6期。

第四章　京族民间文化的传承现状及教育传承模式存在的问题

族民间舞蹈表演。祭祀性舞蹈主要是在哈节或祭祀性活动中表演。"摇船舞""纸马舞""火把舞"（"竹马舞"）等一般在丧葬仪式上跳。丧葬仪式上，为了表达对逝去长辈的悼念及对亡灵的慰藉，人们往往会跳这些祭祀舞，因而这些祭祀舞在特定的场合中传承了下来。而祭祀性舞蹈"进酒舞""进香舞""花棍舞""天灯舞"等舞蹈一般由哈妹在哈节上表演。在哈节上表演祭祀性舞蹈的哈妹一般既会跳舞又会唱歌，而在 2000 年前京族三岛上会唱哈跳舞的哈妹只有 5 人，而且都是老人。2005 年至 2010 年期间，苏维芳联合沥尾村委组织进行了三期哈妹培训班，京族三岛上共有 28 名学员参加，后来又由学会唱哈跳舞的哈妹教其他新哈妹，而真正能在哈节上进行表演的哈妹不到 30 人。[①] 由于唱哈跳舞比较难学，很费时，且补贴很少，很多人并不愿意去学，认为会耽误做工挣钱。笔者在京族三岛做问卷调查时对选了"不想学唱哈跳舞"的人进行访谈问其原因，其中较有代表性的说法如下：

"唱歌跳舞的事不是个个都能学的，同我这样，40 多岁的人很难学会了，动作都笨重啦。"

"没得时间去学这个啊，日日都要去做工找钱，学唱歌跳舞费时间，费精力，家人也不会支持我去学的。"

"我不喜欢那些歌，跳舞也是，没兴趣学。"

由上述可看出，京族女性学习民间歌舞的意愿并不强烈，热情也不高，年纪大、学习难度大、影响工作和生活、不喜欢、没有兴趣等成为各年龄段京族女性不愿学习京族歌舞的原因。有相当一部分人缺乏传承与保护的意识，在学习歌舞上表现得并不积极，京族民间舞蹈衰落在所

---

① 受访谈人：苏维芳，访谈时间：2015 年 7 月 27 日，访谈地点：沥尾哈亭。

难免。

从我们实地调查所获情况来看，在传统文化向现代经济接轨过程中，京族原有的生产、生活方式在短时期内发生了突变，京族民间文化生存空间在迅速地萎缩。如今，京族地区人们已经很少下海捕鱼和从事农业生产，多从事边境贸易或外出打工，许多青少年不会织渔网，没有掌握打鱼的方法。京族高跷捕鱼技艺传承人吴永就告诉笔者："以前，京族男人都会高跷捕鱼，不用高跷，在浅水里打不到鱼的。现在的年轻人都不做海了，更不用说会高跷捕鱼了。如今整个沥尾村只有几个老人会高跷捕鱼了，没人会了。"① 人们不再出海打鱼，也就不会唱海歌了。京族风吹饼传承人黄英也和笔者谈了她的忧虑："京族有很多有特色的食品，像风吹饼、鲶汁、米粉、糍粑、粽子这些，如今年轻人都不愿意学做，怕麻烦，都到街上去买，再这样下去，等我们这些人老了，不在了，估计就没人懂做了。"② 由于生活条件的改善，京族同胞可以用手中的余钱从市场上方便地买到又便宜又轻便的成衣，从而免除了自己种棉花、纺纱、织布、染布、制衣的繁重劳动。电视把外部世界的生活如此直观、清晰、生动地呈现在京族同胞面前，劳作之余，看电视自然而然成了他们娱乐休闲的主要方式。他们只知道买衣服比自己做衣服方便、穿起来舒适，会唱流行歌曲很时髦，外面的生活很精彩。的确，"当通往现代化的路被跨越之时，各种难以想象的舒适和机遇就变得唾手可得，以至于每个人都想行进在这条路上，一旦开始，就无法回头"③。于是，在这场前所未有的社会转型中，年轻人不再以自己的传统服饰为美，传统的民族服饰技艺逐渐衰微，以往夜晚孩子聆听大人讲

---

① 受访谈人：吴永就，访谈时间：2016年7月12日，访谈地点：沥尾吴永就家中。
② 受访谈人：黄英，访谈时间：2014年11月26日，访谈地点：江平镇黄英家中。
③ [美] 埃伦·迪萨纳亚克：《审美的人——艺术来自何处及原因何在》，户晓辉译，商务印书馆2004年版，第371页。

第四章 京族民间文化的传承现状及教育传承模式存在的问题

故事、说笑话和青年男女走家过户对歌的娱乐方式也不可避免地衰落了，他们的民间文化成了牺牲品。尽管近年来旅游业的兴起给京族同胞带来了一些经济收益，在一定程度上延续传承了本民族的传统文化，但对于钦慕或模仿都市人生活的年轻一代来说，打工、做生意带回家乡的现金和各种电器、时髦的打扮、见多识广的谈吐，更成为他们追求新的生活的动力，传统民间文学、歌舞、服饰、传统工艺等民间文化已不再是他们的必然选择，这给京族民间文化的传承带来了很大压力。无疑，经济的发展，异质文化的移入导致了京族同胞传统观念的嬗变，生产与生活方式的变迁、娱乐方式的多样、民俗活动的淡化，影响了京族民间文化的传承与发展。

第二节 京族民间文化教育传承模式存在的问题

近年来，随着外来文化和生活方式的改变，京族传统文化赖以生存的生态环境遭到冲击，作为京族精神文化结晶的京族民间文化也在其传承过程中出现了诸多问题。前文我们论述过，一直以来京族民间文化在本民族的家庭教育、社会教育、学校教育及现代社会多种渠道中得以传承下来，这些传承模式在传承京族民间文化的过程中发挥着非常重要的作用，但在当今经济全球化和文化多元化的冲击下，有些模式在传承中也显得有些"力不从心"。纵观京族民间文化的教育传承模式以及传承现状，存在的问题主要有以下几个方面：

一 家庭教育传承模式存在的问题

家庭是个人与家庭成员共同生活的环境，而家庭教育是个体在一个相对轻松的环境中习得知识的过程。家庭教育也是传承传统文化的温床，但由于社会的变迁，这种传承模式出现了传承的瓶颈。

（一）家庭教育传承的主体减少。随着京族单一的渔业生产模式被打破，京族三岛也出现外出务工、经商的潮流，不仅使熟悉京族民间文化的家长减少，文化生态环境遭到破坏，而且在他们返回家乡后，传播和倡导的也大多是现代都市的文化，不利于京族传统文化的传承。一位家长（男，40岁，京族，外出务工）告诉笔者："我们本地京族人现在做生意、外出打工更看重的是谁挣的钱多，很少关注这些传统文化了。"还有一位家长（女，35岁，京族，家庭妇女）说："我小时候父母还给我讲过一些京族的故事啊，笑话啊，现在我大多不记得了，没有给孩子讲过，我希望孩子多读点书，认识字多一点，就得啦。"可见，随着现代化进程的加快，家庭开始忽视传统文化教育，家庭教育传承的主体正在逐渐减少。

（二）家庭中的青年掌握的京族传统文化知识较少，不具备传承的基础。民族语言是民族文化载体，也是区别于其他民族的最为明显的标志之一。中青年家长中，会讲京语的人越来越少。笔者从在沥尾村访谈的年龄为30—45岁的20位家长中获悉，只有5位家长会说京语，能够进行日常的交流，4位家长略懂一点，剩下的11位基本上不会说京语，对于京族的字喃，他们更是一无所知。另外，当笔者问及他们对京族民间故事、传说、民歌、嘲剧等了解多少时，一位家长这样说道："我懂《京岛传说》《镇海大王》，这是以前听我父母给我讲过的，其他就不懂了，这些东西我们也不会很在意的，我们年轻一点的家长都不怎么懂的，年纪大点的呢，可能会多一些吧，现在我孩子读小学了，他不问我给他讲故事，我也没和他讲。"另一位家长说："连我自己都不懂呢，更不可能教孩子了。"可见，传承主体对京族传统文化的掌握偏少，已经影响到了京族民间文化的传承。

（三）一些京族家庭中普遍存在着一种误区，认为京族传统文化尤其是京族民间文化的传承是学校的事情，不应该由家长来承担这一角

第四章 京族民间文化的传承现状及教育传承模式存在的问题

色,因此不重视对下一代进行京族传统文化教育。走访中,一位家长告诉笔者:"我送孩子去学校上学,就是想让孩子在学校学得知识嘛,学校本来就是教育孩子的地方,学校就应该把传统文化教给孩子们啊,怎么能让家长教呢?"还有一位家长的观点也相似:"我们好多家长整日忙着做工赚钱,没时间教育孩子,教育孩子应该是学校的事咯。"笔者问了一位小学六年级的女生:"你父母给你讲过故事传说或教你唱京族民歌吗?""没有呢。"女孩摇了摇头说。家长持这样的观点其实是对传统文化认识的局限,忽略了家庭教育在传承民族传统文化的作用。

由于时代的变迁,京族家庭教育传承模式出现了诸多问题,存在诸多缺憾,原本在传统社会里发挥着传承本民族传统文化巨大作用的家庭教育传承模式,如今出现了弱化,逐步退位,这也是京族传统文化的传承陷入困境的重要原因之一。

二 学校教育传承模式存在的问题

笔者在实地调查中发现,学校教育在传承京族传统文化方面取得了可喜的成绩,成果丰硕。建在沥尾村的"京族学校"是东兴市唯一一所京族学校,该校承担起传承京族传统文化的重任,一直比较重视营造良好的京族文化氛围,师生对京族文化产生了浓厚的兴趣,使该校成为传承京族传统文化的重要传承场域,成为广西地区实施"民族文化进校园"较早的学校及是这方面的典范。山心小学、巫头小学也注重对学生进行京族传统文化教育。但作为一种新的还处于不断摸索中的民族文化传承模式,学校教育在传承京族传统文化方面的具体措施及效果还有不尽如人意的地方,主要表现为以下几方面:

(一)师资力量的缺乏是学校在京族传统文化教育传承中首先要面临的尴尬局面。笔者曾于 2015 年 7 月 25 日采访京族学校林副校长,向其询问京族学校在京族文化传承方面所面临的问题时,首先被告知的便是师资缺少的难题:"我们现在面临最大的问题就是师资问题,能够教京语的老师越来越少了,现在只有一位老师教京族课,京语跟越南语的发音基本相似,所以我们也叫'越南语',以前我们学校还有由东兴市文体局安排过来的越南留学生教越南语,不过现在没有了,最后一个越南留学生是今年7月份回国的,教得不错,很受同学们认可,在我们学校只待了一年,很可惜啊。再一个就是我们现在急缺教京族歌舞的老师,以前有一位很优秀的老师也被调到市里了(东兴市的学校),就是杨燕老师,在我们学校教了四年的京族歌舞,会唱好多民歌,会编舞蹈,好多京族舞蹈都是她编排的,还带领我们学校的舞蹈队参加防城港市的舞蹈比赛,得过奖,带领学生出国(越南)参加表演,唉,好不容易有一个优秀的老师也被调走了。没办法,再找一个就很难,因为毕竟很少人会编京族舞蹈,现在京族歌舞这个兴趣班只能暂时停下来了。还有,我们学校的独弦琴老师在琴技上还有待提高,没能像苏春发老师造诣那么深厚,会弹会唱,而苏春发老师因忙于工作上的事,不能经常来学校指导,一学期也只能来两三次吧。苏维芳老师因为年纪大了,到校教授字喃的次数也是一学期两三次吧,学生能学到的也很有限。"笔者从京族学校部分老师那里了解到,除京语课教师参加过越南语培训外,京族学校的其他教师未参加过针对民族文化校本课程的特色培训活动,学校教师只参加由东兴市教育科技局规定的各类普通教育业务培训,这势必会影响到教师在教学上传承京族文化的力度和效果。笔者还走访了山心小学和巫头小学,岛上的这两所学校也同样面临师资匮乏的状况。可见,对于师资队伍的流失与匮乏,校方也是无可奈何,这也使学校在对京族传统文化进行传承教育加大力度时遭遇了"瓶颈"。

(二)师生对京族传统文化的认同有待加强。学校教育在文化选择上更倾向于主流文化,看重的是应试教育中的成绩,忽视人文教育,民族文化认同感不断消退,这对京族传统文化的传承与发展产生了消极的

第四章　京族民间文化的传承现状及教育传承模式存在的问题

影响。笔者在京族三岛上的京族学校、巫头小学、山心小学分别对20名教师和200名学生进行问卷调查，就他们对于在学校中传承京族民间文化的必要性的态度统计如下：

表4-7　　　　　　教师对传承京族民间文化必要性的态度

选项	有必要	没有必要	无所谓
人数	14	4	2
百分比（%）	70	20	10

表4-8　　　　　　学生对传承京族民间文化必要性的态度

选项	有必要	没有必要	无所谓
人数	104	50	46
百分比（%）	52	25	23

在调查中发现，虽然有70%的教师认为传承京族民间文化是有必要的，但还有30%的教师持消极态度，这部分教师的态度必然会影响学校传承京族民间文化的氛围。同时，学生对传承京族民间文化的态度也表现出消极情绪，只有52%的同学认为存在传承的必要性，如此看来，对于剩下的48%的同学而言，学校的京族文化传承活动只是学校的"一厢情愿"。

在对京族学校师生的走访过程中，一位教师告诉笔者："在学校传承京族传统文化过程中，应试教育与素质教育能达到互利共赢是再好不过的了，但往往很难做到，学生在校学习时间有限，如果民族文化课程花费的时间太长，势必会影响到学生的核心课程成绩。"另一位教师也说："现在老师们的升学压力也大，学校每年都有考核，如果学生花太多的时间学习民族文化，课程考试多多少少会受到影响，这样一来，许多老师就不太积极在课程上花时间讲民族文化知识了。"在校园随机访谈学生时，一位同学告诉笔者："我们要想上一所好一点的高中，就必须先把中考考试课程学好，学校举办的各种兴趣班，如京族歌舞、独弦琴等，我现在都不参加了，因为要花不少时间，父母也担心会影响到我的学习，也不乐意我参加。"可见，学校在面临升学的压力和被广泛看重的社会效益以及在适应主流文化教育的情境下，师生在文化认同上存在着偏差，甚至是缺失，这是学校在传承京族传统文化不得不首先要解决的在文化选择上的难题。

（三）缺乏系统的京族文化教材。学校是传承本土民族优秀文化的摇篮，京族当地学校也比较重视开发以传承民族文化为宗旨的本土教材。2002年暑假，京族三岛上的语文老师编写了《京族乡土教材》，从"习俗文化""民间故事""自然生态""历史地理""民族团结""生产劳动""音乐舞蹈"等方面介绍了京族传统文化，看起来内容比较全面，但还只是停留在介绍文化的层面上，较为简单，没有深挖京族传统文化的资源和内涵。当年参与编写《京族乡土教材》的原京族学校校长林秀贵也坦承："这本教材当初是在福特基金项目'中越边境民族文化振兴与经济发展比较研究'的支持下，在广西大学东南亚研究中心'京族文化资源开发研究'课题组的指导下，由几位老师共同编写而成的，时间比较短，之前大家也没编写过类似的教材，经验也不足，所以内容还是显得简单了，不够系统，还有不少内容可以写进去。"[①] 2004年以后，因学校合并、校领导更换、师资缺乏等原因，《京族乡土教材》的后续使用工作基本停滞。时隔10多年，也没有再组织人员编写更系统的京族乡土教材。

近年来，随着"中国—东盟自由贸易区"的建立，我国尤其是广西掀起了学习越南语的热潮，社会上也出现了一些学习越南语的教材，如傅成劼等编著的《越南语基础教程》（北京大学出版社1989年版）、马克承编著的《越南语三百句》（北京大学出版社1995年版）、曾瑞莲

---

① 受访谈人：林秀贵，男，原京族学校校长，访谈时间：2015年8月6日。

第四章　京族民间文化的传承现状及教育传承模式存在的问题

编著的《新编越南语基础教程》（民族出版社 2005 年版）、秦赛南的《越南语》（外语教学与研究出版社 2014 年版）、刘淑珍等编的《越南语 300 句》（上海外语教育出版社 2009 年版）、黄以亭等的《从 ABC 到越南语会话》（世界图书出版公司 2003 年版）等。但这些教材的使用对象主要是大学越南语专业的学生或者是社会上的越南语爱好者，对处于小学和初中阶段的京族学生显然不适用。而且，越南语教材中有关京族传统文化的内容很少，与传承京族文化的初衷有很大差距。此外，乡土教材的适用性与审批程序之间也存在一定问题。据教越南语的老师反映，他最初选用的教材是适合京族中小学生学习的越南语初级读物，但由于该教材未正式出版，东兴市教育科技局审查后不予通过，他才改用正式出版的越南语教材。[1] 为了使教材更适合学生，任课教师又在所用教材之外根据具体情况自编一些教材，这无形中又大大增加了任课教师的工作量。学生在课余也没有什么越文读物可以阅读，没有形成课内教学与课外阅读互为补充、相辅相成的态势。总之，目前京族学校所使用的越南语教材对京族小学生和初中生是不适用的，有必要组织教师编写一套适合京族中小学生使用的教材，融入京族传统文化，让学生在学习京语的同时也受到京族传统文化的熏陶。

此外，在京族地区以外的地区，部分学校也将京族民间文化引入课堂教学。例如，把京族舞蹈融入课程建设的高校主要有：广西艺术学院舞蹈学院把京族舞蹈作为"广西民间舞"课程的教学内容之一；广西师范大学音乐学院把京族舞蹈编进《广西特有民族民间舞蹈——原生元素教学组合系列教材》；广西民族大学艺术学院把京族舞蹈作为"民族舞蹈"课程内容。从以上数据可以看到，开设了舞蹈学相关专业的高校

---

[1] 海路、李芳兰：《京族学校校本课程开发的影响因素分析》，《湖南师范大学教育科学学报》2010 年第 2 期。

有7所，只有3所高校把京族舞蹈融入舞蹈课程中，相比广西其他少数民族舞蹈，京族舞蹈的课程建设较薄弱。而且目前广西各高校的大部分教材只有女班教材，近年来才有个别高校开设男班教材，舞蹈教材的建设进程缓慢，各高校的京族舞蹈组合千篇一律，在教学实施中较薄弱。虽然近年越来越多的高校把京族舞蹈作为艺术实践内容开展，但是京族舞蹈作为实践的概率与广西其他少数民族舞蹈相比，相对比重还是偏低。① 京族独弦琴艺术也只是进入了广西艺术学院、广西大学、广西民族大学等几所大学和南宁市第十四中学、南宁市江南小学等几所中、小学的课堂。总体上看，将京族民间文化引入课堂教学的学校还是很少，需要拓展在校园传承京族民间文化的空间。

三 社会教育传承模式存在的问题

社会教育传承作为民族传统文化传承的重要模式，发挥着家庭教育传承、学校教育传承无法替代的作用，在政府、民间组织、个人等社会主体的共同努力下，京族传统文化的传承取得了较好成效，但随着社会的变迁，社会教育传承这一模式也面临诸多问题。

（一）保护体制、机制亟待健全，人员、经费不足。京族民间文化保护工作在体制上、机制上还未建立健全，缺乏监督机制和奖惩机制，尤其是市、区（县）两级，缺少专司民族民间文化保护的管理机构和科研机构，民族民间文化的研究和保护工作分散在民族、文化、体育、教育、社科等不同部门，管理体制不顺，形不成合力，使非物质文化遗产保护工作不能按总体目标、总体规划协调统一和有序进行。同时，责任不够明确，机制不够灵活，不能很好地形成以政府为主导、社会力量

---

① 刘喜：《关于京族舞蹈在广西高校舞蹈教育中的传承思考》，《戏剧之家》2015年第9期。

第四章　京族民间文化的传承现状及教育传承模式存在的问题

积极参与的保护机制。文化管理部门由于编制有限，平时事务繁杂，很难抽出专门的队伍从事京族文化保护等有关工作，再加上研究人员寥寥无几，京族文化资源的收集、整理、挖掘及开发利用工作更是难以落到实处。加之管理人员的流动性大，工作上没有进行系统的构思，没有制定出长远的行动计划和执行方案，因此，京族民间文化的保护成效不尽如人意。

经费投入不足，使一些传承活动难以为继，京族文化不能得到充分的挖掘和保护。京族字喃专家苏维芳告诉笔者："为了进行字喃文化研究，我四处收集民歌，有时还要请老人家喝茶座谈，这些费用都是我个人承担。京族字喃文化研究中心成立后，我们才从民委那里得到5000元经费，但实际上这些费用连最基本的打印复印费都不够。"[①]"我自己有退休金，对京族字喃文化抱有极大的传授保护热情，很想将京族的传统文化传承下去，现在政府也在积极宣传大家都来保护京族文化，可是我觉得政府的这些支持'雷声大，雨点小'。从2001年至今10多年的时间里，我在搜集整理《京族歌史》的时候都是自掏腰包，虽然出版了《京族字喃史歌集》，但稿费与我所付出的辛劳、金钱相比，真的是微不足道。我现在已搜集、整理、编写、翻译了多部京族文学作品，但苦于没有经费，无法出版和进一步开展搜集整理工作。"[②] 通过苏维芳的介绍，笔者还了解到：2005年至2010年期间，苏维芳联合沥尾村委组织进行了3期哈妹培训班，举办哈妹培训班时，自愿报名参加的人并不多，最后参加的学员基本上是在村委及其他民间人士的动员下才来接受培训的，这些学员基本上是三四十岁的京族妇女，她们正处在上有老

---

①　受访谈人：苏维芳，男，京族，京族字喃专家，访谈时间：2009年3月27日，访谈地点：苏维芳家中。
②　受访谈人：苏维芳，男，京族，京族字喃专家，访谈时间：2015年7月27日，访谈地点：沥尾哈亭。

下有小的阶段，平日里都要进行生产劳动赚钱养家，参加培训必然会影响她们的工作，进而影响她们的生活。虽然培训期间会领到误工费，但每天10元或20元的补贴根本比不上她们自己劳动的日均收入。而且这点补助费最后还不是完全落实到位。"为了举办2009年的哈节，政府提议由我组织沥尾村的哈妹们集中排练，并答应每人每天给20元的误工费，结果，共排练了23天，只给了2天的钱，让我很为难。"① 苏春发对笔者道出了实情。苏春发还告诉笔者："我是京族独弦琴项目的广西壮族自治区级代表传承人，每年得2000元补助，但是我每年用在培训学员学独弦琴项目上的花费都在5000—10000元，这些我要自掏腰包，政府投入的经费显得少了。"② 保护经费还有到位迟缓的情况。沥尾村支书苏明芳向笔者提到一事："2006年京族哈节就被列入国家非物质文化遗产保护名录，当年下发的保护文件中表明将有23万元的专项资金用于保护京族传统文化，但是这笔钱直到现在都还没划拨下来。"③ 后来经费以开展各种活动名义陆续下拨，但是在当时急需资金对京族文化进行保护之时却没有得到政府及时拨款，耽误了一些保护工作的开展。例如哈妹歌舞表演都是自愿性质，酬劳少，而学会唱哈和各种仪式舞蹈则需要大量的时间，其付出的时间成本不能马上得到回报，因此能够坚持练习并在哈节上表演的人就更少了。2013年成立的"京族人家·独弦天籁艺术团"也因投入经费不足而导致无法正常排练。独弦琴传承人阮志成告诉笔者："我是'京族人家·独弦天籁艺术团'的乐师，弹独弦琴的，以前政府会拨款用于艺术团的排练开支，包括场地、服装、水

---

① 受访谈人：苏春发，男，京族，广西壮族自治区级非物质文化遗产项目（京族独弦琴艺术）代表性传承人，访谈时间：2009年3月28日，访谈地点：苏春发家中。
② 受访谈人：苏春发，男，京族，广西壮族自治区级非物质文化遗产项目（京族独弦琴艺术）代表性传承人，访谈时间：2015年7月27日，访谈地点：沥尾哈亭。
③ 受访谈人：苏明芳，男，京族，59岁，沥尾村村支部书记，访谈时间：2009年3月27日，访谈地点：苏明芳家中。

第四章 京族民间文化的传承现状及教育传承模式存在的问题

电、误工费这些的花销,每个礼拜一、三、五都会进行排练,那时演出也比较多,有一些收入,2015年以后就没有再拨款了,大家热情都不高,很长一段时间没有排练了。"投入的经费不足已影响了京族民众对本民族民间文化的保护热情。

（二）传承人存在着断代危机,社会关注度不高。"传承人是非物质文化遗产的重要承载者和传递者,对传承人的保护,是非物质文化遗产保护工作的关键。"[①] 京族文化传承人是京族文化传承的重要载体和桥梁,他们能否将京族文化传承下去,完成代际"交接",对于京族文化的传承具有重要意义。但近年来,京族文化传承人逐渐出现了断代危机,大部分传承人年事已高,如沥尾独弦琴传承人苏春发、哈节传承人罗周文、字喃传承人苏维芳、哈歌传承人黄玉英,最小的已60多岁,最大者已经80多岁,如果不及时寻找新的传承人,这些优秀的传统文化艺术的传承将陷入困顿。但从目前的情况来看,京族三岛上的年轻人对自己民族传统文化缺乏应有的热情,不愿意去学本民族的文化艺术,京族文化传承出现"后继无人"的尴尬局面。沥尾哈妹黄玉英告诉笔者历任哈妹的传承情况:第一代黄成金;第二代阮成珍;第三代是黄玉英、杜福英、武瑞珍、裴永英、吴全梅;第四代（沥尾村）是吴桂兰、裴英萍、苏秋萍;第四代（巫头村）是刘永萍、吴金梅、裴永莲。她又补充说:"山心村目前已经没有哈妹了,村里的年轻人也不想学,所以如今在山心哈妹算是失传了,过哈节时只能来请沥尾村和巫头村的哈妹或者是越南的哈妹去山心的哈亭唱歌,太可惜喽。我们现在想培养更年轻一点的哈妹,也就是第五代,但现在的年轻人也没有几个愿意学了。"黄玉英对于山心哈妹失传的惋惜和对京族三岛上哈妹"后继乏人"的担忧,道出了作为一位传承人面对传承断代时的无可奈何。

[①] 刘红婴:《非物质文化遗产的法律保护体系》,知识产权出版社2014年版,第299页。

造成这种现象与社会对京族民间文化的关注度不高有关。现代社会里，人们忙于工作、求学、经商、赚钱，对本民族文化传承兴趣不高，社会群体自我文化生态的保护意识淡薄。除一些政府文化管理部门、学者和研究机构外，很少有人过多关注京族文化遗产保护问题，尤其是当地的一些老百姓，他们对本族文化及自己身边的很多事情都习以为常，如果保护本民族传统文化并不能增加他们的经济收入，改善他们的生活，老百姓得不到实惠就不会太关心。笔者于2016年11月在沥尾村走访时，听到村民说起：有一年担任哈节中最重要的角色"香公"，年纪70多岁了，他本人不愿意担任"香公"，因为他觉得担任"香公"既没有经济收入又非常辛苦，但通过传统的选择"香公"的卜卦仪式，整个村子只有他具备担任"香公"的条件，所以村子里有些强制性地让他去做，弄得他很不情愿、不开心，最后也没做好。可见保护京族文化遗产工作，倘若没有京族民众发自内心的关心、支持和积极参与，无论多么美好的蓝图，都只能是政府官员和专家们的一厢情愿。

政府虽然在京族文化传承方面采取了不少措施，但也仅限于对个别文化现象关注，没能从整体上引领社会，为京族传统文化提供传承土壤。一些企业对京族传统文化进行旅游开发时急功近利，只是庸俗地利用民间文化，但不注重保护，将民间文化庸俗化。学者对京族民间文化进行了研究，但多限于哈节、独弦琴、歌舞等少数项目，有许多方面的研究至今仍是空白，研究的视野还需进一步扩大，研究氛围也不浓厚，未能引起社会对京族传统文化的广泛关注。诸如此类都使整个社会对京族传统文化的关注度不高。

第五章　京族民间文化教育传承新体系的构建

在少数民族社区现代化过程中，其民间文化的变迁不可避免，它犹如亮丽的风景线即将离我们远去。"如何在现代化进程中保存和发展我们各自的优秀传统，如何使各民族的传统文化有效地参与到当代社会发展进程之中，成为当今世界各国包括发达国家和发展中国家共同关心的问题。"[①] 抢救和保护这些珍贵的民间文化刻不容缓。全世界都在开展对本国民间文化的保护。到目前为止，国际上40多个国家和地区在本国法律或者地区性条约中都制定了关于保护民间文化的条文。澳大利亚通过司法实践保护土著社区群体利益；美国充分利用商标制度保护土著艺术品的纯正性；爱沙尼亚建立民间文学艺术数据库并作合理限制使用；非洲对民间艺术建立商业化利用的利益分享制度等。[②] 日本政府于1950年5月颁布了《文化财保护法》，第一次提出了"无形文化财"的概念，开始注重对诸如戏剧、音乐、工艺技术、各类民俗文化等的保护。韩国借鉴日本的经验，1962年1月出台了《文化财保护法》，并在

[①] 孙家正：《在第七届国际文化政策论坛部长级年会上的讲话》，《中外文化交流》2004年第7期。

[②] 李芳芳：《论民间文学艺术的国际保护》，《哈尔滨职业技术学院学报》2012年第3期。

知识分子和大学生中发动了一场复兴韩国民族文化的运动。韩国人确立了国家级无形文化财 100 多种，地方级无形文化财 200 多种，民间文化大部分被囊括其中。法国于 1964 年进行了全国性的文化遗产大普查，"大到教堂，小到汤匙"逐一登记造册，仅国家登记入册的遗产就有 4 万件。1967 年落成的巴黎大众艺术和传统博物馆开始保存和展示舞蹈、歌曲、手工艺品等非物质文化遗产。全国划定了 91 个历史文化遗产保护区，实行整体性保护。每年 9 月的第三个周末，是法国"文化遗产日"，当天，人们扶老携幼参观文化遗产。在法国"文化遗产日"影响下，40 多个欧洲国家每年都在 9 月的第三个周末举办"文化遗产日"。20 世纪 60 年代末，意大利提出了"把人和房子一起保护"的理念，规定历史文化中心区 90% 的原住居民必须留下来，保持生活在那里的居民的原有生活状态。[①] 世界各国保护本国民间文化的做法与经验对我国民间文化的保护具有许多有益的启示。

　　随着经济的发展和社会的进步，京族民间文化受现代文化的冲击是不可避免的，它的衰退有其历史和现实的原因，如环境的改变、自身的原因等。从前文分析中我们看到，如今京族民间文化的一些传承渠道正在断裂、受阻，教育传承模式存在着不少问题，尽管政府与当地民众也采取了不少保护京族民间文化的措施，取得了一定的成效，但京族民间文化的衰微之势很难得到根本性扭转，京族民间文化的传承不容乐观。因此，如何采取更为有效的保护策略，整合家庭教育、学校教育和社会教育力量，形成合力并实现功能互补，构建"家庭、学校、社会"三位一体的教育传承新体系，探索出当下京族民间文化的科学合理的传承模式，这是我们目前需要思考的问题。

[①] 湖南省博物馆：《世界各国对于非物质文化遗产的保护》，湖南省博物馆，http://www.hnmuseum.com/hnmuseum/museum/learningcont010.jsp? type = 2&preid = 010ca49df203402881c10ca49533000c2013 − 03 − 01。

第五章　京族民间文化教育传承新体系的构建

第一节　构建京族民间文化教育传承新体系的理论思考

一　教育传承京族民间文化的必要性

民间文化的传承需要通过多种方式和途径实现，教育是其中重要的方式之一。在民间文化自身发展过程中，文化要得到发展和保存必须通过各种形式和方法实现从人到人的传递，这种文化传递的实现依靠人们个体的相互学习和模仿，人与人之间的这种相互学习和模仿行为构成了文化传承教育的原始系统。同样，教育是京族民间文化传承的重要载体，是实现京族文化传承的有效方式和重要手段。

（一）教育是促进京族文化心理传承的必要手段。民族文化的心理传承是民族意识的深层次积累，是民族认同感形成的基础。在各种民族文化要素的传承中，心理传承无疑是最稳定、持久、核心的部分，其他各种文化要素的传承都受制于心理传承并围绕着它进行。教育可以促进京族文化要素的传承，尤其是心理的传承。在家庭教育和社区教育中，家长和社区居民可以利用各种民俗活动有意识地将京族文化的思想观念和行为规范等传递给年轻一代，使其掌握本民族的文化精神与信仰，形成相应的认知结构，从而将京族文化的语言、知识、经验和情感等围绕价值观有机地统一起来。另外，京族地区的学校教育可以通过地方课程和校本课程的开发，利用校园文化、课堂教学和课外活动等形式对学生进行京族文化知识与情感的教育，增进学生对京族文化的认同和热爱，促进京族文化的心理传承。

（二）教育是京族文化保存与传承的基本方法。文化的保存与传承可以采用多样形式，但无论采用何种方式，都需要以人对文化的理解为中介。正如名家所言:"历史上遗留下来的文化,如果我们没有人能够懂得理解和运用它,那些这样的文化就成了死物,既无认识的价值,也没有使用的价值,这样的保存和延续也就失去了意义。"[①] 可见,民族文化的存续必须通过教育实施对人的培养才能得以实现。教育通过教育者对文化知识的传递和受教育者对文化知识的承接,促进民族文化的积淀、保存与传承。

(三) 教育是京族文化更新和发展的重要途径。民族文化的传承不仅是一个文化保存与传承的过程,更是一个文化更新与发展的过程,在这个过程中,教育的作用不可替代。首先,教育能对文化进行整理和加工,是指教育能对文化进行条理化和系统化的加工、整理,使其更有利于人们学习、继承,促进文化的传承和发展。其次,教育能对文化进行批判性选择,是指教育能通过必要的文化分析,批判、摒弃文化中不利于人们身心健康发展的消极因素,选择和吸收有利于民族发展的积极因素,促进文化更新与发展。最后,教育能对文化进行交流与整合,是指教育能加强不同地区、民族的文化交流,促进异质文化之间的相互理解、包容与整合,通过借鉴、吸收、改造、整合等方式,促进文化的更新和发展。总之,在京族民间文化传承过程中,教育可以通过对京族文化进行加工整理、批判选择与交流整合,更新和发展本民族民间文化。

二 教育传承京族民间文化的局限性

(一) 学校教育传承京族文化的局限性。学校教育是一种有目的、有系统、有组织并以影响人身心发展为直接目标的社会活动,比之其他教育形式,在传承和发展京族民间文化时具有不可替代的优势,但同时也存在局限性。首先,学校教育特定的时空结构制约了京族民间文化在

---

① 叶澜:《教育概论》,人民教育出版社1999年版,第173页。

第五章 京族民间文化教育传承新体系的构建

学校中的传承。学校的教育教学活动主要是在校园里,在规定的时间内展开。学校从物理空间上规定了教学互动场所,从知识空间上规定了对书本知识的学习。空间限定决定了学生只能在此空间内学习,获取的民间文化来自于课堂学习和有限的书本中,学生无法走进民间活动中参与体验,感知不到京族文化的魅力。同时,在有限的时间里,学校对京族民间文化的传承也不可能全面、系统,只能挑选出其中的某些内容进行教育传承,无法呈现丰富的京族民间文化内容,京族民间文化传承的内容将停留在表面形式。其次,在课程设置上,学校按照教育行政部门的要求,围绕传授现代科技知识的目标展开,而不在课程设置内的与京族文化相关的课程很难纳入已有的标准化的课程体系中,京族文化课程无法保证,京族文化无力传承。最后,接受学校教育的群体是青少年,受政策导向影响,学生需集中学习国家主流文化。相对而言,青少年对京族民间文化的学习比较薄弱,当他们离开学校走向社会后,在社会中受到各种因素影响,即使在学校接受了完整的京族民间文化教育,但面对不同文化需求以及多元文化的冲击,习得的京族民间文化将易被其他文化所替代。

(二)非学校教育传承京族文化的局限性。非学校教育泛指学校之外一切有意识的以影响人的身心发展为直接目标的社会活动,主要包括了家庭教育和社会教育。在京族文化传承过程中,非学校教育有受众广、形式多样、开放的优势,也存在一定的局限性。首先,传承随意性和偶然性较大。非学校教育对京族文化传承缺乏规范性、长效性,导致个体对于京族民间文化信息的接受和学习显得随意和不稳定,无法保证京族民间文化传承的效果和质量。其次,传承内容良莠不齐。京族民间文化具有积极、健康向上一面,也有消极、落后一面,在传承京族民间文化过程中,非学校教育往往难以对京族民间文化进行去芜存菁、去伪存真的整理与加工,使其所传承的文化内容鱼龙混杂。最后,传承缺乏更新与创造。非学校教育对于京族民间文化的传承,更多是属于一种纯经验的传授，承接者始终处于被动接受的地位，缺乏能动性和创造性，难以对京族民间文化进行创新，使京族民间文化的传承过程退变为简单的文化复制过程。

第二节　构建京族民间文化教育传承新体系的基本原则

构建京族民间文化教育传承新体系应遵循以下基本原则：

一　原真性原则

原真性是要教育传承原生的、本来的、真实的历史原物，保护它所遗存的全部历史文化信息。在日本古都奈良通过的"关于原真性的奈良文件"就是有关原真性问题最重要的国际文献之一，文件中肯定了原真性是定义、评估、监控文化遗产的一项基本因素，指出："原真性本身不是遗产的价值，而对文化遗产价值的理解取决于有关信息来源是否真实有效，由于世界文化和文化遗产的多样性，将文化遗产价值和原真性的评价置于固定的标准之中是不可能的。"[①] 原真性是定义、评估和监控文化遗产的一项基本因素的观点在国际上已达成了普遍共识，尽管不同历史时期和地域空间的人们对于文化遗产的理解和阐释不同，但人类永远没有停止求真求实的脚步。

乌丙安认为："民俗文化艺术的人为传播和获取经济收益结合在一起，使民俗文化急剧变迁中的民俗文艺也呈现出两重性格和两种形态。"[②] 一种形态是民俗文化艺术的原生形态。它是植根于历史发展过

[①] 阮仪三、林林：《文化遗产保护的原真性原则》，《同济大学学报》（社会科学版）2003年第2期。

[②] 乌丙安：《论当代中国民俗文化的剧变》，《民俗研究》1996年第2期。

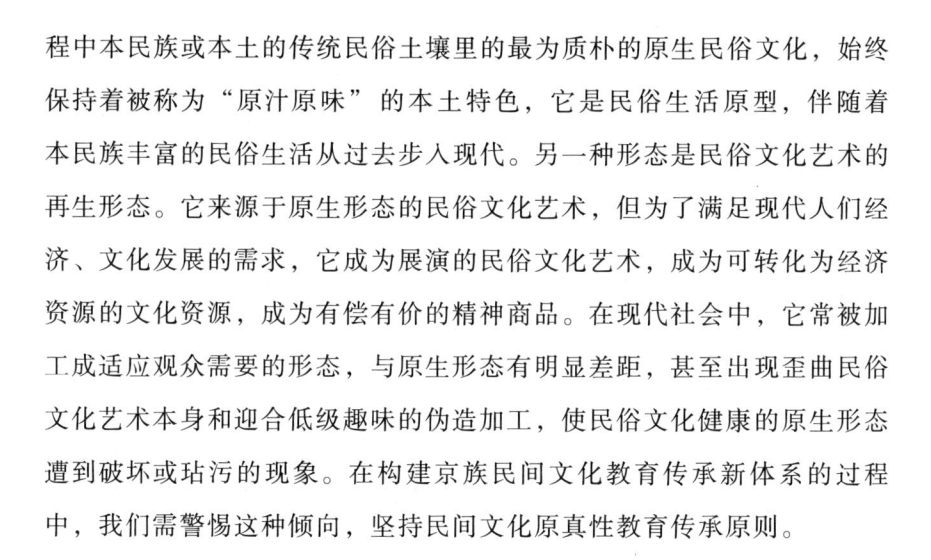

第五章 京族民间文化教育传承新体系的构建

程中本民族或本土的传统民俗土壤里的最为质朴的原生民俗文化，始终保持着被称为"原汁原味"的本土特色，它是民俗生活原型，伴随着本民族丰富的民俗生活从过去步入现代。另一种形态是民俗文化艺术的再生形态。它来源于原生形态的民俗文化艺术，但为了满足现代人们经济、文化发展的需求，它成为展演的民俗文化艺术，成为可转化为经济资源的文化资源，成为有偿有价的精神商品。在现代社会中，它常被加工成适应观众需要的形态，与原生形态有明显差距，甚至出现歪曲民俗文化艺术本身和迎合低级趣味的伪造加工，使民俗文化健康的原生形态遭到破坏或玷污的现象。在构建京族民间文化教育传承新体系的过程中，我们需警惕这种倾向，坚持民间文化原真性教育传承原则。

二 共生性原则

构建京族民间文化教育传承新体系的共生性原则，包括以下两个方面的内容。首先，学校教育、家庭教育和社会教育之间的互动共生。学校教育、家庭教育和社会教育在进行民间文化教育传承时各有优势和不足，可以互为补充、相互促进。因此，在京族民间文化传承过程中，应该建立家庭、学校、社会三者相互协调、相互补充的共生关系，加强三者之间的沟通与合作，整合三者的力量，共同完成民间文化教育传承和人才培养的任务。其次，文化传承与促进个体身心发展的互动共生。教育是一种有意识、有目的培养人的社会活动，促进个体的身心发展是教育的本质所在。因此，在京族民间文化教育传承过程中，一方面要充分挖掘京族民间文化所蕴藏的教育资源和教育价值，将京族民间文化所包含的知识、技能、精神内涵等转化为个体的才能、思维与实践能力等，促进个体的身心发展，从而实现京族民间文化传承与促进个体身心发展的互动共生。

三 整体性原则

京族民间文化既包含着丰富多样的内容和形式，又与特定的生态环境相依存,在传承、保护京族民间文化的同时要保护其生存的环境。对于有形文化遗产而言,缺乏整体保护至多只是失去了解读该文化遗产的注脚,使文化遗产失去了其原有的氛围,但对于那些具有活态性质的无形文化遗产而言,如果没有了整体保护,就很可能会因此而失去它赖以生存的文化土壤。因此,全面整体性是我们必须要坚持的一个重要教育原则。

四 可持续发展性原则

可持续发展观是20世纪人类对自身发展历程反思后建立的新发展观,就民间文化教育传承而言,可持续性就是要求我们充分认识到保护民间文化遗产的长期性和连续性,持之以恒地进行这项事业。保护民间文化遗产是长期的事业、系统的文化工程,而非一朝一夕能完成的短期任务,我们应该认真贯彻文化部关于"抢救第一,保护为主,合理利用,继承发展"的方针,对民族民间文化遗产进行有效保护,让民族民间文化遗产世代传承,并不断更新、发展,弘扬光大。京族民间文化是京族民众共同的财富,伴随着经济与文化的全球化,人们的生活方式和文化观念已发生很大变化。如今,京族许多民间文化正逐渐被淡忘甚至遗弃,有的濒临失传,为了使京族民间文化遗产得到有效保护,并使保护工作可持续发展下去,教育传承是刻不容缓的首要任务。

第三节 构建京族民间文化教育传承新体系的建议

一 重视家庭教育,充分发挥家庭传承京族民间文化的作用

家庭教育是整个教育大厦的基石,孩子在家庭中接受最初的教育和

第五章 京族民间文化教育传承新体系的构建

影响,可以说家庭是民族传统文化传承的前沿阵地,家庭教育也就成为民族传统文化传承的起点。家庭教育传承民间文化有自身独特的优势,能将民间文化寓于日常生活中,潜移默化,让孩子自然地接受教育,往往比学校教育、社会教育更具影响力。家庭教育也是一种终身教育,家庭生活伴随人的一生,人们在生活中时刻受到家庭教育的影响。亲子关系之间的亲和力和代际传递也就自然有效地保持了民间文化传承的有效性和延续性。

因此,家庭传承是民间文化的主要教育传承形式,"在现代化进程中,一些依靠口传身授方式传承的非物质文化遗产正在不断消失,许多传统技艺濒临消亡。家庭传承在少数民族非物质文化遗产教育传承中十分重要"[1]。前文我们已经论述过目前京族家庭教育传承民间文化的现状与不足,在此将着重分析如何从宏观上把握教育全局,抓好家庭教育,结合实际探求解决问题的措施,从而更好地实现京族民间文化在家庭教育中的有效传承。

(一)重视家庭中传承主体的价值。文化的传承主体是人,京族民间文化的传承主体则是京族民众,在这些普通的民众中,有些掌握了本民族文化中的特殊技艺,他们是本民族民间文化的重要传承人,政府应该对这些具有特殊技艺的人加以保护,评选民间艺人,由政府出资给予其一定补贴,同时定期举办活动,让其能够将自己的技艺传承给其他人。如今在京族地区,得到政府给予传承人补贴的寥寥无几,例如京族哈节传承人罗周文、独弦琴传承人苏春发、鱼露技艺传承人黄尚文等,其他的技艺传承人都没有得到政府给予的传承人补贴。独弦琴传承人苏春发告诉笔者:"我是京族独弦琴项目的广西壮族自治区级代表传承人,

---

[1] 赵怡平:《论非物质文化遗产在传统家庭的传承》,《非物质文化遗产纵横谈》,民族出版社2007年版。

每年政府给2000元补助，但是我每年用在培训独弦琴的花费都在5000—10000元，要自掏腰包，政府补贴的经费太少。"① 缺乏经费势必会影响传承主体在家庭或社区传承民间技艺的积极性。因此，政府及社会各界还需投入更多扶持、保护资金，重视传承主体的价值和作用。20世纪八九十年代后，市场经济的时代风潮吹到了偏僻的京族地区，商品经济带来的强大影响促使年轻人纷纷到外地务工、经商，在家也多从事中越边境贸易，人们忙于赚钱，有的家长对孩子疏于教育，对孩子的教育不够重视，更不用说培养孩子传承本民族文化的意识了。一位京族老伯对笔者说："在我们地区，如今很多孩子读到初中毕业就回家帮父母做生意了，父母认为孩子能认些字，会算钱就够了。你刚才问的在家怎样传承京族文化，现在很多父母根本不会考虑，赚钱都来不及呢，有几个人给孩子讲讲京族的历史？再说了，不少年轻人到城市里做生意、打工，小孩子留在家里给老人管，也管不过来，不用说教育喽。"在京族地区，在家庭教育传承京族民间文化的过程中，父母是重要的传承主体，若能积极地扶持民间文化的传承人才，让大多数的青壮年看到掌握本民族的技艺也是一种创造经济收入的方式，让他们从中获取一定的经济收入，可以增强其对京族文化的认同，提高民族自豪感和自信心，同时也提高民众的传承意识，将本民族文化加以推广和传播，缓解现代经济对京族民间文化传承的冲击，让家长们留在家乡和家庭中，幼儿在健康、健全的家庭环境中学习本民族文化。

（二）转变家长对家庭教育理念及民族传统文化传承的认识。一方面，家长要形成正确的家庭教育理念，这是现代社会对家长素质的基本要求。在家庭教育中有无科学的教育理念是衡量家庭教育成功与否的重

---

① 受访谈人：苏春发，男，京族，广西壮族自治区级非物质文化遗产项目（京族独弦琴艺术）代表性传承人，访谈时间：2015年7月27日，访谈地点：沥尾哈亭。

第五章 京族民间文化教育传承新体系的构建

要标准。作为家长,必须认识到孩子的全面发展才是家庭教育的目标,要对孩子进行综合素质的培养,既重视孩子智力的发展,更要重视其良好品德的养成。另一方面,要使家长对民族传统文化传承有正确的认识:民族传统文化的传承不仅局限于传统技艺和器具层面的传承上,更重要的是传统文化的行为系统内化上,要充分认识到传承本民族文化对本民族发展的重要性。在京族家庭中,如果父母的本民族文化知识比较丰富,擅长本民族民间技艺,这部分家长也就会对孩子产生很大的影响。家长的"文化自觉"和"文化认同"对传承京族民间文化是非常重要的,直接影响着家庭中的传承成效。

笔者在调查过程中了解到,大多数的京族家长对本民族的历史文化还是比较认同的,并为自己的京族身份感到自豪,同时认为孩子学习本民族的历史文化是非常有必要的。大部分家长会在生活中有意识地教孩子说京语,学习生产技能、传统节日文化和礼仪,给孩子讲本民族的故事传说,会唱歌跳舞的家长还教孩子学习本民族的乐器舞蹈,如一位京族哈妹告诉笔者:"我在家跟小孩用京语讲话,孩子们习惯了在家说京语,我的三个孩子都会讲京语,我在他们还小的时候就讲京族的故事还有历史给他们听,教他们唱京族歌,我在想啊,自己民族的人都不会说京语了,还怎么传承京族文化呢?我也鼓励其他几位哈妹和会说京语的家长像我一样教孩子,她们有一些也是这么做了。小孩子嘛,家庭环境对他们真是重要,小孩子学得也快,我现在最小的女儿在京族学校上初二了,学习挺好,京语课也学得可以,还参加了学校的京族舞蹈队呢。"但相当部分的家长没有意识到本民族民间文化传承的重要性,笔者在调查过程中,经常听到一些家长这样说:"我们希望孩子学习好就行了,如果能考上大学就读书,考不上就做做生意,能养活自己,学那些京族文化有多少用呢?考试也没考那些内容。""现在什么都讲时尚、现代,京族文化大多是旧的知识了,年轻人不懂,我们老一点的还懂一些,以后还有谁懂这些呢？恐怕传不下去的。""我都不太懂京族文化，怎么教小孩学这些？再说，学不学好像也没那么重要吧。"如果家长都没有认识到传承本民族文化的重要性，自然无法培养孩子学习本民族文化的意识和积极性。因此，家长应该从自身出发，认识到民族文化对自身的意义和重要性，自身要多参与本地区的民俗文化活动，通过言传身教，有意识地在家庭中给孩子创造有利于传承民族文化的环境，发挥家庭教育传承民族文化的特殊功能，促进家庭成员对民族文化的认同和自觉行为。

（三）提升家长自身的道德修养和文化素质。家庭教育的成败在很大程度上取决于家长的整体素质，家长自身素质决定了家庭教育的水平，家长个人的品德修养和文化素质会对孩子产生潜移默化的影响。笔者在调查中发现，京族当地民风较为淳朴，人们尊老爱幼，热情待客，乐于助人，有良好的道德风尚，但由于各方面原因，京族三岛上的居民文化水平不高，老一辈很多人没上过学，青壮年大多数是中小学毕业，很少有大学生。一位家长谈道："我们京族人过去因交通不方便，经济落后，很多孩子读完小学了，认字了，就回家帮父母干活了，读到高中的就少了，岛上这么多年来没出过几个大学生。很多家长都认为读书多用处不大，能认字、会算术，做生意够用就得啦。"显然，读书少限制了一些家长的文化素质和视野，造成了他们对下一代教育的不重视，直接影响到孩子对包括本民族传统文化在内的文化知识的学习积极性。因此，要提高家长的自身素质，特别是对本民族文化的认知，使他们能够对本民族的文化有正确的认知，不自卑、不偏倚，以开放的心态学习文化知识，从主流汉文化中吸取适合自身发展的东西。构建学习型家庭，家长要自觉阅读文化典籍、聆听教育讲座等，不断提升自身的品德素质和文化修养，完善和了解本民族文化知识，提高自身民族文化的素养和意识。要提高京族农村家长的各方面素质，可以通过村广播站、设立京族文化培训辅导站以及邀请专家、教师到农村对口挂点或下乡讲座等形

第五章 京族民间文化教育传承新体系的构建

式,为家长提供学习京族文化的渠道,让家长在重温京族文化知识的同时,又可以给孩子提供更好的民族文化教育,从而实现传统文化在家庭教育中的传承。

(四)采用正确的家庭教育方式传承民族文化。首先,"言传身教"是教育的重要方式,在家庭教育中,一方面,重视"言传"。家庭教育融于日常生活中,家长可以在家庭生活中选择恰当时机向孩子系统、全面地传授传统文化知识及其在当今社会中的意义和作用,父母经常念叨就容易进入情感领域,渗透到孩子深层意识之中,形成动力定型,就是习惯。另一方面,重视"身教"。在家庭中,家长在教育孩子时还应通过自己的行为在日常生活中率先垂范,为孩子树立良好的榜样。家长通过言传身教,有意识地在家庭中给孩子创造有利于传承民族文化的物质环境,如在家庭中购置一些适宜幼儿阅读的有关本民族的书籍、音像作品,多引导孩子阅读有关本民族文化的书籍,如讲述本民族的起源、历史传说、神话故事的书籍或者绘本,家中可陈设一些代表本民族文化的饰品等,家长在空闲时间应充分利用这些物品,传承本民族的文化。一位京语老师告诉笔者:"家庭环境的熏陶特别重要,例如说京语的家庭学生学习京语的兴趣较浓,学得也快,而对于不说京语的家庭而言,学生的学习兴趣就差一点,能够接受的知识也就很有限了。"可见,积极的家庭教育理念会对社会教育和学校教育产生良好的影响,为京族传统文化的传承创造良好条件。其次,家长可以利用传统民俗活动传承民间文化。京族有丰富多彩的民俗活动,包括传统节庆、人生礼仪、祭祀活动、交际娱乐活动等,京族家长可以根据自身家庭实际情况对孩子进行民俗文化教育,让孩子参与其中,从而让孩子在民俗活动中感受到勤俭节约、尊老爱幼、正义善良等良好品质和民族精神,从而转化成自身的思想品德和素质。

二 加强学校教育传承力度，拓展京族民间文化生存繁衍的空间

教育人类学认为，作为一种文化机构，学校是社会体系不可分割的组成部分，它依附于社会并服务于社会。"学校教育作为一种有目的、有计划、有组织地对受教育者施加影响，以培养一定社会（或阶级）所需要的人的活动。"[①] 在文化相互碰撞、交融的今天，处于弱势的少数民族文化在外来文化的冲击下缺乏抵抗力与适应力，随时面临着被强势主流文化同化的危险，单靠"内生式"的教育形式来传承和保护民族文化是不行的，还必须通过有意识、专门化的学校教育来完成，学校应成为最为发达、最为完备的文化传递场。[②] 因此，在京族地区，应该把京族民间文化纳入学校教育的内容，加大学校教育传承的力度，为京族民间文化的传承提供更系统的保障制度，从而拓宽京族民间文化的传承渠道。

如前文所述，京族当地学校比较重视在学校课程中注入京族传统文化的内容，让学生了解更多的京族优秀传统文化，提高他们对京族传统文化的亲和力和认同感。如东兴京族学校抽调精干力量组建"京族民族文化工作坊"，全面、系统地研究并实施京族文化的教育教学工作。"工作坊"根据国家基础教育课程改革方案的要求，开发编写了《京族乡土教材》《竹杠舞训练技巧》《独弦琴训练技巧》《踩高跷训练技巧》《京族学校礼仪》等一系列校本教材。采取"学科课程、环境课程、活动课程"三类课程渗透的方法，开设了越南语、书法、绘画、京族舞蹈、体育（竹杠舞、踩高跷和帆板的培训）、独弦琴、写作等校本课程。其中，

---

① 王道俊、王汉澜：《教育学》，人民教育出版社1989年版，第41页。
② 孙亚娟：《少数民族文化传承场域的变迁与重构——基于学校教育的思考》，《教育文化论坛》2012年第2期。

第五章 京族民间文化教育传承新体系的构建

京族乐器独弦琴的独奏和合奏、京族舞蹈已形成学校的品牌节目。① 广西艺术学院音乐学院专门开设了独弦琴这门特色专业，民族艺术研究所也将独弦琴课程设为民族音乐理论方向研究生的技能选修课，该课程的授课老师陈坤鹏教授于2005年编著出版了《独弦琴教程》，② 学生学习有了系统的专门教材。广西艺术学院于2008年设立了"民族音乐表演"专业并在广西招生，设置的课程有《民族音乐编配》《多声部音乐训练》《少数民族音乐保护法规和措施》《民歌演唱》《民族语音》《民歌排练》《本土艺术》等，将包括京族在内的广西少数民族的音乐文化元素有意识地渗透到课程优化和教学创新研究与实践中，③ 让学生在接受正规院校教学的同时，零距离接触和学习纯正的民间艺术，为更好地传承民族音乐文化打下良好基础。然而从总体上来看，"民族文化进校园"在京族地区实施的时间并不长，所取得的成绩远达不到目标。笔者在调查中发现，在整个东兴地区，开设有京族传统文化教育相关课程的学校比较少，这些学校中还存在不少问题，如学校教师对京族民间文化的价值认识不够深刻，京族文化知识储备量不能满足学生的需求；升学压力导致学校对京族传统文化教育的忽略，经费缺乏，乡土文化教材不完善，请民间艺人来学校和学生交流的机会不多，学校教育和社会文化缺乏紧密联系，等等，这些都影响了京族传统文化在学校的传承效果。

民族文化的学校教育传承方面，全国各地有很多成功的例子与经验，例如云南玉溪师范学院的"湄公河次区域民族民间文化传习馆"便是一个很好的个案。云南玉溪师范学院依托湄公河次区域丰富的民族

---

① 林秀贵：《融京族文化于学校德育之中》，《广西教育》2009年第6期。
② 黄志豪：《民间乐器多样性的保护与开发——谈京族独弦琴的"活态传承"》，《中国音乐》2009年第3期。
③ 徐寒梅：《探索在高校培养民族音乐传承人的途径——广西艺术学院民族音乐表演专业例析》，《中国音乐》2010年第1期。

文化资源，以传承和保护非物质文化遗产为宗旨，于 2004 年 9 月成立了"湄公河次区域民族民间文化传习馆"。传习馆创建了木雕、陶艺、绝版木刻、说艺、云南元素设计、民族绘画、刺绣、手工、扎染、蜡染、民族服饰、民族音乐、民族舞蹈、青铜制作十四个工作坊，收藏陈列各类藏品 1300 余件。先后开设了木雕、陶艺、云南元素设计、民族艺术欣赏、绝版木刻、民族绘画、刺绣、手工等全校公选课，这些都是具有本土特色的少数民族民间文化资源。① 除了使用讲授法和示范法外，传习馆的教学方法主要是采用"亲身体验—观察与反思—形成抽象概念—在新环境中运用"的循环圈。传习馆的方法课以亲身实践法为主——通常学生分组活动，以 7—8 人为一组，进行技能训练和乡村考察，或聘请民间艺人进入课堂传授技艺，主要采用民族民间传承的学习方式。由于传习馆的课程都是实践性课程，做出来的成品一般已具备商业价值，所以学校提供一些商业途径供学生出售课程作品，出售后的收益除掉归还原材料的费用外，剩余的归学生所有。实践法让学生感受云南民族民间文化艺术的魅力，提升他们学习研究民族民间文化艺术的兴趣和主动性。② 几年来，培养中国学生近 4000 名，外国留学生 300 多名，自编本土化教材 10 多部。③ 传习馆对本土民族文化的传承起到了积极有效的推动作用。传习馆以课程形式进入地方高校的课程体系，在云南尚属首次，在全国亦不多见，无论是从文化学意义上还是从教育学角度看，传习馆的课程模式都有着不同寻常的意义，也为全国各地各民族的民间文化在校园的传承提供了有益的借鉴。又例如，花鼓舞是云南彝

---

① 笔者于 2011 年 11 月 13 日在云南玉溪师范学院"湄公河次区域民族民间文化传习馆"调查，资料由传习馆的张汉东教授及其他工作人员提供。
② 董云川、刘永存：《校本课程的开发与高校的文化传承责任——"湄公河次区域民族民间文化传习馆"个案简析》，《北京大学教育评论》2008 年第 2 期。
③ 范玉洁：《云南省文科类实验教学示范中心——湄公河次区域民族民间文化传习馆》，《玉溪师范学院学报》2012 年第 3 期。

第五章 京族民间文化教育传承新体系的构建

族在民间丧葬仪式上跳的一种祭祀舞蹈,云南峨山彝族为了传承这种民族舞蹈,就发起了花鼓舞进校园的活动。峨山县的中小学不仅把花鼓舞整合进课间操里,而且部分学校还开展花鼓舞的兴趣班,邀请民间花鼓舞艺人到学校对学生进行辅导和培训。这种课间操与兴趣班相结合的校园传习方式对年轻一代继承彝族花鼓舞文化起到了较好的促进作用。[①]此外,为了保护和传承侗族大歌,侗族地区的有关部门也将侗族大歌纳入学校教育的体系中去,如贵州榕江县的教育部门就在该县的各小学开展了侗族音乐教育,10多年来培养了一批优秀的侗族年轻歌手;贵州黎平县侗族还成立了"侗族大歌学校",培养新一代歌师。因此,京族在传承民间文化时也可以借鉴这些成功的经验。

图5-1 "湄公河次区域民族民间文化传习馆"学生作品展厅　　(作者摄)

在京族地区,如何更有效地发挥学校在传承京族民间文化的作用?我们可以借鉴其他地区的成功经验,并结合本地的实际情况,制订有序的计划,加大教育力度,抓好学校的民族文化课程建设,切实有效传承京族民间文化。

1. 政府应加强对民族文化引进课堂制度的重视,把它写进教育改革的文件中,并以之作为考核学校的一项重要指标,保障经费。在政策上,以法制化的形式推动民族民间文化进校园活动全面开展,在倡导开

---

① 黄龙光:《民间仪式、艺术展演与民俗传承——峨山彝族花鼓舞田野调查研究》,博士学位论文,中央民族大学,2009年。

展此项活动的同时，将民族民间文化教育的成效纳入学校绩效考核中。东兴市各级政府部门应当尽快地制定科学的京族民间文化教育考核标准，明确京族民间文化进校园的具体要求，定期对各个学校京族民间文化教育进行专项考核，使京族民间文化教育在法制上形成完善的激励、考核机制。在经费方面要有保障，应当建立京族民间文化教育专项经费，拓宽经费来源。首先，要将京族民间文化教育经费纳入东兴地方财政预算中，建立京族民间文化教育专项资金，保证京族民间文化进校园工作持续开展。制定考核制度，对各个学校专项资金使用情况进行检查，使专项资金得到合理利用。其次，要多渠道筹措京族民间文化教育经费，广开渠道，争取社会力量的支持，除了争取上级部门项目资金补助，还需要依靠社会资助，主动联系热爱民族民间文化的企业集团、社会团体、文化机构或个人，争取他们的资助，拓宽经费来源渠道。东兴市教育局一位领导也曾和笔者谈到这方面的问题："目前来看，京族民间文化进校园的实践还有不少不尽如人意的地方，比如考核机制还没健全，大多学校对这项工作不够重视，经费也不足，这些因素影响和制约了京族民间文化在校园的传承。"[1] 如此看来，政策上的保障和经费的支持是非常必要的。

2. 加强民族文化教师队伍建设，提高民族文化教育水平。学校教师对于民族文化的态度会影响学生对民族文化的态度，他们对民族文化知识掌握的程度也会影响学生对民族文化知识的掌握。笔者在调查中发现，京族三岛上的京族各中小学校普遍存在师资不足的现象，而且教师接受民族文化的培训机会极少，京族学校除京语课教师参加过越南语培训外，其他教师未参加过针对民族文化校本课程的特色培训活动，学校教师只参加由东兴市教育科技局规定的各类普通教育业务培训，大多数

---

[1] 受访谈人：林秀贵，访谈时间：2015年7月29日。

第五章 京族民间文化教育传承新体系的构建

教师民族文化知识基础都比较薄弱。教师自身的知识储备欠缺，是造成学校在传承京族民间文化不太理想的主要原因。因此，要实施京族民间文化遗产的学校教育传承，要加强对在职教师的民族文化培训，提高教师的文化素养，尽量做到师资培训的系统化和科学化。可以考虑在高校或相关部门设立民族民间文化教育培训基地，增加师资培训次数，定期开展民族民间文化师资培训，由各级各类学校选派教师参加培训。京族地区教师通过培训了解京族历史文化知识，利用多种不同的方式传递京族文化特征，主动地将京族民间文化纳入教学计划、课程、教法、考试和组织模式中，等等。同时将京族民间艺人、祖传秘方者和民族艺术绝活者等聘为学校荣誉教师，民间艺人进入校园教授京族文化时，应让本校的部分教师也参与到活动的组织、实施中，并应积极投入学习，在期末对本学期京族文化知识考察时，也应该对部分老师进行考核，可归为在岗培训的内容。这样既能实施京族民间文化的教育，又可以为教师进行在岗培训。

3. 开发与京族文化相关联的地方课程和校本课程。课程是教育的核心和灵魂，是一定的文化精神的载体，能对学生产生潜移默化的影响。教育人类学认为，学校课程是文化中筛选出来的精品，被列入课程的文化就有可能被传承、发展，是教育文化功能的具体化。[1] 在我国现行的教育体制中，课程包括国家课程、地方课程和校本课程，地方课程是不同地区根据特定地域或社区社会发展及其对学生发展的特殊要求，以及特定的课程资源设计的课程。[2] 校本课程是与国家课程、地方课程相对而言的课程形式，是学校自主决定的课程计划或方案。"校本课程开发实质上是学校根据自己的教育哲学，为满足学生的实际发展需要，

---

[1] 冯增俊：《教育人类学》，江苏教育出版社1998年版，第259页。
[2] 宝乐日：《地方课程——少数民族地区实施多元文化教育的载体》，《民族教育研究》2006年第2期。

以教师为主体，吸收有关人员参与，并以学校为基地进行开放民主的课程决策过程。"① 编写地方课程或校本课程是传承民族文化的重要途径，可以将乡土地理、民族生活、风土人情、当地名人、歌舞表演、民间工艺制作、节日活动等民族文化纳入地方课程或校本课程内容，突出课程的地方性和民族性特色。

目前，京族学校开发的校本课程教材主要是以2002年几位教师编写的《京族乡土教材》为主，如前文所述，其教材开发的内容较为简单，缺乏系统性和丰富性。"基于民族文化认同的京族学校校本课程开发在内容上，目前主要是集中在京族歌舞、京族传统体育运动方面，在京族的语言、历史、地理、民风民俗等方面开发得不够。"② 因此，体现京族文化的校本课程开发在内容上要尽可能地体现系统性和完整性。通过深入调查和相关文献的查阅，基于民族文化认同的京族学校校本课程开发的内容可从京族的地理环境、社会历史、民族语言、民间歌舞戏剧、传统游艺、民间工艺、风土人情等方面进行开展，学校组织人员在《京族乡土教材》的基础上进一步补充、完善乡土教材，京族乡土教材包括京族地方历史、英雄人物、传说、故事、民间艺术、乡风民俗，等等，教材应在内容及形式上充分体现地方性、民族性和实用性，真正融入京族地区的地方性知识，通俗易懂，适宜京族地区师生教学和阅读。通过对京族的族源历史、故事传说、民族英雄、传统节日、语言文字等的了解，加深对本民族的认识；通过对京族歌舞、传统体育项目、游戏等的课程开发，使学生能充分认识、了解京族民间文化，加深对京族文化的认同。在民间工艺方面主要是针对京族葵帽、藤编、刺绣、贝壳工艺等方面的文化资源进行课程开发；在物质民俗方面主要是对物态层面

---

① 黄甫全主编：《现代课程与教学论学程》下册，人民教育出版社2006年版，第563页。
② 王鉴：《民族教育学》，甘肃教育出版社2002年版，第140页。

第五章 京族民间文化教育传承新体系的构建

的服饰、饮食、建筑方面的开发,而精神层面及价值观领域主要是通过对京族人的婚恋、习惯法、民间信仰、丧葬文化等层面的资源开发来实现,其中京族的乡规民约可以作为很好的思想道德课程的开发素材,对学生进行传统道德观念的教育,培养良好的民族文化认同价值理念。

4. 在课堂教学中融入京族民间文化内容。在课堂教学中融入京族文化内容,无疑是在校园里传承京族民间文化的重要方法。那么,如何将京族民间文化融入课程体系呢?笔者认为可以采取以下形式:一是穿插式课程,即在现有文化教育课程中,穿插地介绍一些京族民间文化内容,但仍以主流文化中的人、事、物为核心,不改变主流课程的基本结构、目的和明显特征。二是附加式课程,即在不改变课程基本结构、目的和明显特征的情况下,以一本书、一张光盘、一个单元或一堂课的方式,附加有关京族民间文化内容于其中。三是渗透式课程,课程不再仅是既有结构上进行调整和附加,而是对课程的具体内容进行重新思考和设计,将京族民间文化内容融入学校教育中。目前,有些京族学生对自身民族文化没有形成一个正确的认识,总认为京族文化是落后的,对本民族文化的认识和理解还没有形成一个较为完整的系统。为了使京族学生对本民族文化有一个更深刻、更系统的了解和认识,笔者认为应在培养京族学生民族文化认同感的基础上,充分利用以下各种课程类型来对京族文化进行较为系统的教育传承:(1)地方文化知识课程,如京族历史和地理、生活习俗、故事传说、民族语言、传统节日、民间信仰等,由教师将这些知识对学生进行传授,还可以聘请京族文化专家、民间故事家给学生讲述京族的历史、民间故事,让学生热爱自己的民族传统文化,领悟到本民族文化的精髓;(2)民间艺术活动课程,如独弦琴演奏与欣赏、京族民间歌舞的唱跳、京族食品和工艺的制作等,可以聘请优秀的民间歌手、舞蹈表演者、工匠或家长等到学校教学生学习京族民间艺术。过去京族学校也曾聘请过京族的字喃传承人、独弦琴传承人、民歌传承人等到学校对学生进行京族民间知识、技艺培训，但实行起来断断续续，次数也不多，作用有限，今后应该聘请更多的民间艺人到学校持续给学生传授民族技艺，甚至家长也参与到学校的民间文化教育传承活动中。如果能如"湄公河次区域民族民间文化传习馆"那样，让学生在学习与制作民间艺术中体味民间文化的魅力，并能创造经济价值，就会更激励学生自觉传承民族文化；（3）地方民俗文化体验课程，如让学生参加京族传统节日、婚礼、对歌、丧葬等活动，了解和体会京族的各项民俗文化事象。总之，应该在更多的小学、中学、大学的教学活动中融入京族民间文化内容，利用多媒体等现代教学手段，开展京族民间文化在校园的教育传承，让学生感受和习得民族文化知识和技能，消除对民族文化的片面认识，从而促进民族文化认同的健康发展。

5. 举办与京族民间文化有关的活动和表演，让学生广泛接触外部世界，体验京族传统文化气氛。京族民间文化课程的实施不局限于学校的课堂、学校范围以内，而是要走出课堂，走出学校。学校要想方设法开展各种形式的文化交流活动，如带领学生到京族村寨去感受京族民间文化的魅力，组织学生参加各种京族民俗活动，让学生到京族文化活动场所去体验、展示、丰富京族文化，让学生在京族文化活动中表现他们的才艺，展现他们学习京族文化的成果。或请民间艺人到校授课交流，让学生深入了解京族民间文化。或组织学生到各地演出，为旅游团作服务表演。或开展形式多样的宣传活动，宣扬京族民间文化等。通过这些有益活动，让学生从学习京族文化中受益，激发他们对京族文化的兴趣，增强传承京族文化的自觉意识。

此外，要加强对京族母语的传承与保护，因为保护母语就是保护民族文化，在民族语与民族文化的其他传承渠道出现断裂的情况下，更应该发挥学校的教育传承作用。在全国许多少数民族地区，不少中小学校实行民族语（如蒙古语、朝鲜语、彝语、壮语、维吾尔语、侗语，等

第五章 京族民间文化教育传承新体系的构建

等)与汉语双语教学,让本民族文化在学校教育中传承和发扬,取得了较好的效果。如新疆维吾尔自治区、内蒙古自治区、延边朝鲜族自治州的双语教育以本民族语教学为主,从幼儿园、小学、中学到大学建立了一套完整的或比较完整的本民族语文授课体系,同时在该体系中加授汉语文课。不论是何种形式的双语教学,都不同程度地促进了民族文化的传承与传播。京族学校开设双语以来,取得了一定成绩,但存在许多不足之处,如教师资源不足,课程管理不够完善,教学内容较为单一,忽视了京汉双语教育在传承民族文化、推进学校课程改革、促进民族地区可持续发展等多方面的重要功能,等等。双语教学内容要更新,要改变以往单一的汉文化和现代性的课程知识价值取向,适当增加乡土知识的内容,转向民族文化、汉族文化等多元文化的整合。在语文、历史、地理、政治等学科教学中,结合京族地区的历史沿革、风土人情和传统美德来开展教学,使学生获得适应京族文化、其他民族文化以及全球多元文化社会所必需的知识、技能和态度,自觉传承民族文化。

"在日本,一个小学生在学期间必须观看能剧至少一次;在挪威,一个学生在15岁以前至少要学习掌握一项本国的非物质传统文化。"[①]再看印度,"在小学,日常的音乐课是必修课,用几种方言唱歌是音乐学习的基本技能,视唱练耳的训练是以传统的印度音律为基础展开的;在中学,学生对印度传统的节奏模式(塔拉)要有所掌握,并学习印度古典音乐中的不同拉格(曲调框架)以及传统音乐的记谱和即席演奏演唱等,老师使用印度乐器伴奏……印度音乐家告诉我们,印度音乐家在西方音乐面前没有自卑感或落后感。"[②] 我们再来看看台湾,"学校

[①] 张英:《保护我们的记忆》,《南方周末》2003年7月10日。
[②] 管建华:《21世纪中国音乐教育面临的挑战:课程改革与文化》,《天津音乐学院学报》1999年第3期。

里民歌教育就是要让学生背100首民歌,通过这样的教育来打基础"[①]。而中国大陆现在从小学教育到普通中学教育乃至普通高等教育所有层次的学校常规教育中,除了部分综合性高校和师范类院校及非普通类的艺术学校开设了少量有关民族民间文化的课程外,传统民族民间文化的教育总体上还是一个空缺。学校教育对民间文化艺术的继承、弘扬、发展和传播具有不同寻常的意义,因此,将民间文化艺术内容引进课堂,拓宽、丰富民间文化生存、发展的渠道与途径,需要我们做出更多的努力。

三 拓宽社会教育传承渠道,合力构建京族民间文化传承环境

社会教育是学校和家庭以外的社会文化机构以及有关的社会团体或组织对社会成员所进行的教育。在现代社会教育体系中,社会教育有着不可取代的作用。国家主导社会教育的方向,政府及其部门是社会教育的主体,因而社会教育影响面更加广泛,能将分散的、自发的社会影响纳入正轨,从而有效地对整个社会发生积极作用。通过社会教育的多种渠道对京族民间文化的广泛宣传,增强广大民众保护京族传统文化的意识,提高全民族的文化自觉,营造人人都参与保护和传承京族传统文化的氛围,构建京族民间文化保护与传承的社会环境。

(一)充分发挥政府职能和导向作用,营造京族民间文化保护的社会氛围

在对传统文化艺术实施保护的活动中,政府应该发挥自身的导向作用,制定相应的政策法规和采取各种宣传手段,提高社会大众对本地传统文化的重视,唤起人们对自己民族文化的珍重与保护意识,有了这种

---

① 刘晓真:《专家谈原生态民歌》,《艺术评论》2004年第10期。

第五章 京族民间文化教育传承新体系的构建

自觉意识才能有效地使民族文化得到保护。在国际《保护非物质文化遗产公约》提出以及我国《关于加强我国非物质文化遗产保护工作的意见》和《关于加强文化遗产保护的通知》等政策相继出台之后，京族哈节、独弦琴艺术等被列入国家级非物质文化遗产名录之际，各级政府应尽快制定法制化的保护和管理措施，在全社会营造民族文化艺术保护的氛围。

加强领导，出台可行的保护措施，制订保护工作计划。建立由专家指导、以东兴市委领导为组长的民族文化传承与保护领导小组，从而保障京族地区文化遗产保护工作的顺利开展。要着眼长远，立足实际，按照"保护为主，抢救第一，合理利用，继承发展"的思路，加紧制订民间文化保护规划，真正把民间文化资源建设列入各级政府的议事日程。对一些具有较高历史、文化和科学价值的典型民间文化，建立健全资料档案，列入保护名录。参考当地的传统乡规民约，通过正式制定的相关法律法规，保护京族整体自然生态环境和具有典型性的与民间文化生态相关的物质文化元素和非物质文化元素。设立以市文体局领导为具体负责人的民间文化传承与保护普查工作队，组织强有力的队伍，对京族文化艺术及其生态进行全面的分门别类的调查、整理、研究，把蕴藏着的丰富宝藏发掘出来，形成一批有价值的文化成果，包括各类论著、资料汇编、画册、电视系列专题片及多媒体光盘，将这些研究成果予以出版或制作成音像资料加以保存。把京族文化传承与保护工作纳入市文体局、各乡镇文化站干部考核内容，与年度考核相挂钩，并实行责任追究制。政府应该对现在还存留在京族民间的具有传播功效的民俗活动加强宏观指导，对濒临失传又具有重要价值的民间绝技、绝艺、绝活，要采取重点扶持政策，以政府名义，通过政府命名的方式肯定民间艺人的技艺，鼓励他们带徒传艺。制订计划由市政府负责组织实施，市非物质文化遗产保护领导小组和文化局负责管理、督导。

  政府应将京族民间文化保护项目列入社会发展规划，纳入地方财政经费预算，每年投入足够的保护资金，对京族非物质文化遗产传承人提供切实的支持。日本的非物质文化遗产传承人的保护制度"人间国宝"起步很早，是国际上对非物质文化遗产传承人保护中非常成功的例子，可以给京族非物质文化遗产传承人的保护工作提供很好的借鉴。1950年，日本政府首次授予拥有精湛传统技艺的民间艺人以"活生生民族珍宝"的美誉，政府将才艺表演艺术家、工艺美术家的认定提到了一个非常高的地位，在国家制定的非物质文化遗产中，明确地将那些具有高超技能、能够传承某项非物质文化遗产的人命名为"人间国宝"。"人间国宝"每年可以从政府那里得到200万日元补助金，用于培养和传承技艺，但每年也必须向政府报告该款的用途，他们在享受荣誉的同时，也承担相应的法律义务，例如不得对"技能"采取密不授人的态度，有责任和义务积极地公开自己的绝活和成果。同时政府也有权对他们就公开其技能与作品或公开有关记录等提出"劝告"，有权就他们从事的文化遗产保存于传承活动进行必要的"建议"和"劝告"。[①] 现阶段，我国广泛实施的传承人认定制度主要是以政府的名义进行的，并以《国家级非物质文化遗产项目代表性传承人认定与管理暂行办法》（2008年）为依据。2008年5月16日，广西文化厅公布了第一批自治区级非物质文化遗产项目代表性传承人，2008年6月14日为获得自治区级和国家级非物质文化遗产项目代表性传承人的民间艺人举行隆重的颁证仪式，举办广西首期非物质文化遗产项目代表性传承人培训班，并决定给获得国家级非物质文化遗产项目代表性传承人每人8000元，自治区级非物

---

① 谭岗风：《京族非物质文化遗产保护若干法律问题研究——基于京族非物质文化遗产的调研》，硕士学位论文，中央民族大学，2011年，第30—31页。

第五章 京族民间文化教育传承新体系的构建

质文化遗产项目代表性传承人每人2000元的传承资助经费。笔者认为，保护非物质文化遗产首先要保护人，政府有关部门应对开展传习活动确有困难的非物质文化遗产项目代表性传承人予以支持，支持方式主要有：资助传承人的授徒传艺或教育培训活动；提供必要的传习活动场所；资助有关技艺资料的整理、出版；提供展示、宣传及其他有利于项目传承的帮助。对生活有困难的非物质文化遗产项目代表性传承人，所在地政府有关部门应积极创造条件，并鼓励社会组织和个人进行资助，保障其基本生活需求。

注意吸收民间文化团体、专家学者、青年志愿者、民间基金会等社会力量的参与。随着社会的发展，社会成功人士、企业家开始钟情于民族文化事业，之前被人们忽视的传统文化逐渐受到重视。政府应该利用好这个有利时机，通过多方渠道，大力宣传京族文化，提高社会知名度，积极开拓多种筹资渠道，争取到社会上的成功人士、企业家的资金援助，引导社会资金参与民间艺化的保护、开发和利用，建立国有和民间相结合的多元投入机制，为京族民间文化的传承与保护寻求资金保障。加大研究经费的投入，建立京族非物质文化遗产研究基地，继续组织区内外专家学者对京族非物质文化遗产进行资料收集和深度挖掘研究工作，重视对外学术交流，加强研究机构的介入，注重将学术研究的成果转化为生产力。要培养一支本土的研究团队，并通过各种方式，引进高层次人才，建立人才库，为京族民间文化的传承与保护提供学术支持。

政府要扶持、倡导和鼓励开办一些京族民间文化的传承基地、教育机构，成立专门的民间歌舞演出团体，帮助兴建以民间文化为载体的旅游项目等，在政府的支持和专家的指导下，有计划、有目的、规范化地逐步建立京族各类民间文化的传承基地，并加大对现有传承基地的资金扶持、技术指导、人员培训等力度。成立于2012年的"京族字喃文化传承研究中心",得到了东兴市政府和当地民间人士的资助,多年来人员对京族字喃文化进行挖掘、整理、编写、出版,并举办京族字喃京语培训班、京族哈节司文官员培训班、京族哈妹和"京族人家·独弦天籁艺术团"培训班,京族民间文化的传承和人员培训方面取得了实质性进展和良好效果,但还有不少地方亟待加强和提高。"京族字喃文化传承研究中心"负责人武明志和笔者谈了他的忧虑:"中心现在面临很多困难,最关键是资金不足,政府给的资金太少了,社会捐款也不多,许多培训无法开展,我投入了很多精力在培训字喃工作上,就没多少时间去赚钱了,靠我老婆做生意养家。还有,现在的年轻人根本不想学字喃这些京族文化,觉得学了没用,多是中老年来学,而且来学的人也少,没有积极性啊,又没有补贴又耽误做工,没多少人愿意来的。"① 独弦琴传承人阮志成也介绍了"京族人家·独弦天籁艺术团"的情况:以前政府会拨款用于"京族人家·独弦天籁艺术团"的排练开支,艺术团每个礼拜一、三、五都会进行排练,2015年以后政府就不再拨款,没有了经费,大家热情不高,不乐意来排练了,艺术团的活动断断续续,有游客来时才集中起来练一下就演出了,这样下去就会影响到艺术质量。② 因此,政府需加大资金支持力度,并发动社会集资,增加对京族文化传承基地的资金投入,保证京族文化传承工作的持续开展。建立健全传承基地的培训制度,针对目前传承基地培训所出现的人员不足、培训效果和质量不佳的问题,可以借鉴学校教育的模式,制定相应的规章制度、培训的日程安排、考核标准等,以提高民间文化艺术培训的效果和质量,培训更多的传承人才。组织和创造各种用字喃、民歌、独弦琴、食品、工艺等创收的机会,在为旅游业服务的同时更有

---

① 受访谈人:武明志,访谈时间:2015年7月28日,访谈地点:沥尾村武明志家中。
② 受访谈人:阮志成,男,京族,京族民间故事讲述者、独弦琴传承者,访谈时间:2015年7月31日,访谈地点:沥尾哈亭。

第五章 京族民间文化教育传承新体系的构建

效地传承京族文化。

总之,政府的导向往往可以调动民众对京族文化保护工作的参与热情和创造活力,使京族文化遗产的保护成为广大京族民众的自觉行动。努力在全社会形成关注、支持、保护京族民间文化的良好氛围,这样才可以更有效地推进京族文化艺术的传承与发展。

(二)重视文化生态环境保护,促进京族民间文化的良性发展

对于民间文化遗产的保护来说,一个根本的也是最好的和最理想的保护方式就是将活态的文化遗产放在其生存环境内加以保护和传承,即在日常的民俗生活实践中的"活态"保护和涵括民间文化遗产生态环境的综合性、整体性保护。任何将民间文化遗产与其生态环境相剥离的保护,都是一种脱离了其所依附的现实生活基础与真实语境的"死保",是一种没有持久生命力的保护方式。因为,"离开了民族传统文化赖以存活的文化生态系统,民族传统文化的内隐因子将失去作用,这就像把鲜花从枝头上剪下来插入瓶中,把鱼从江河中捞出放入鱼缸内,其生命力必定是不能持久的"[①]。京族民间文化作为京族同胞在自己栖息的特定自然环境和人文环境中所创造的文化,其保护和传承就必须根植于其地方与民族背景。因此,应从保护包括民俗环境在内的文化生态环境入手,保护民间文化赖以生存的文化土壤,适当恢复传统的岁时节日,对原生态环境中形成的婚嫁丧葬、庆典仪式、人生礼俗、民间信仰、生活生产方式等方面进行系统的、全面的保护。如可以建立京族文化生态保护区,关注民族文化的原生性和完整性,保护、重建京族传统的民居建筑、生计方式、生活习俗和自然环境原貌,并结合社区组织,普遍建立社区文化活动站,开展文化重建工作,对京族的生态资源、语

[①] 《"中国西部大开发中少数民族传统文化的保存与发展"座谈会纪要》,《思想战线》2001年第4期。

言文化加以整体保护。比如，保留和建造一批具有京族传统文化特色的民居。改革开放以来，京族民众的生活发生了翻天覆地的变化。京族三岛的原有住房几乎全被拆除，建起钢筋水泥楼房，这是一件十分可喜的事，但也是一件值得人们关注的事。因为随着传统京族住房的消失，随之而来，京族传统文化也正在逐渐消失。因此，保留一批具有京族传统文化特色的住房，并开发成为一种旅游资源十分必要。当前京族三岛上的民居绝大部分已经是现代小洋楼，推了重建是不现实的，但还有别的"重建"途径。竹排是京族的一大特色劳动工具、交通工具，栅栏屋是京族古老的民居，鲜明地体现出有别于其他民族的生活习惯及风俗情调。因此，在竹排上建造一批具有京族古老传统住房文化特色的海上"别墅"，一方面是传统的再现；另一方面还可接待来自全国各地的游客。① 在京族三岛，大凡成街成巷的重要路段和显眼建筑，都可以用京族风情和京岛特有的动、植物来命名，每天都滚动播放京族音乐和独弦琴弹奏曲，让人一进入京岛就能感受到京族文化的浓浓气息。再把海边沿岸一线那些掩映在防护林中的渔业作坊、淡水更衣室建成整齐划一的京族"葵笠小屋"，供游人观赏使用，让人体会"林荫一檐瓦，京岛几人家"的神韵与雅致。② 举办各种庆典活动，保护生产、生活习俗等等。在不影响当地人日常生活的前提下，尽量完整地保留渔捞习俗原有的特色和状态，对各种民俗事象进行专项保护，使京族三岛成为"海洋渔捞习俗"的代名词。"以哈节节庆活动为京族民俗文化的展现方式，京族生态博物馆为载体，结合京族民俗文化传承人，将京族渔村视为复合型文化系统，在京族三岛形成良好的民俗文化传承氛围。通过民俗生态区的建立，挖掘新的民俗文化资源，促进京族民众族群

---

① 何思源编著：《中国京族》，宁夏人民出版社2012年版，第196页。
② 黄有第主编：《京族文化的传承与发展：防城港市京族文化研讨会论文集》，广西人民出版社2008年版，第266页。

第五章 京族民间文化教育传承新体系的构建

意识的恢复和强化,发挥民俗传承真正的意义,实现民俗文化顺利的延续和传承。"① 只有重视京族三岛上的文化生态环境保护,才能给京族民间文化艺术的自然传播提供更加广阔的社会空间,才能使其保持旺盛的生命力。

(三) 丰富传播手段,拓展京族民间文化传承的空间

京族民间文化的传播经历了由口头传播、文字传播到传媒传播的过程。过去京族民间文化主要体现为口头传播和文字传播。在长期没有本民族文字的年代里,京族同胞只能用口耳相传这种易于掌握和便于记忆的形式传播民族文化历史知识,并以此满足自身的审美需求。从根本上说,民间文化的传播,靠的是京族的家庭、家族或师徒传承,语言转瞬即逝,只能靠记忆保存,这种方式限制了民间文化的传播空间。即便是后来民间文化的传播有了相对固定的文字,文字对民间文化的传播也起到了一定的作用,但由于字喃只流传于民间,京族民间文化文本也只能在本地流传,无法在更大的范围内流通使用,也就无法达到"远地散布"。因此应该寻找更丰富多样、更为有效的传播手段。

文化传播像其他事物的传播一样,依赖于一定的生产技术,这些技术既是文化生产力的一部分,又给特定时期的文化打上了深深的烙印。技术的意义是决定性的,不同的技术水平和不同的传播媒介将会改变既有文化的形态、风格和作用于社会现实的方式和范围。现代传播媒介指的是以机械化、电子化的大众媒介即报刊、广播电视、网络等为手段的传播方式。现代传媒的发展在京族民间文化的传承中具有举足轻重的作用。报刊发行量大,传播面广;电视是声像效果的最佳结合,在时间上

---

① 钟珂:《民国以来京族海洋渔捞习俗变迁及其文化蕴涵研究——以广西东兴市万尾村京族为个案》,硕士学位论文,广西师范大学,2010年,第87页。

具有快速性,在空间上有扩散性,在数量上具有复制性;光盘具有时间上"快"、空间上"远"、数量上"多"、质量上"精"等特点,能大量复制、发行,拥有大量读者群。互联网不仅是加速民间文化艺术传播的一条途径,也是使传统民间文化资源得到开发并走向产业化的一条好路子。"民间艺术固有的愉悦身心、宣泄情感、传承文化的功能,并不见得一定因为现代电子传媒的普及而失落,有时恰恰相反,电子载体拓宽了民族民间文化的传承途径,提高了传播的效果,促使民族民间文化在现代转型中走向了新生。"[①] 当下,京族民间文化对于现代媒介的合理利用和积极主动去适应,比较合理地实现了民间文化传承传播多样化模式的并存,从而使民间文化有了新生的可能或趋向。每届南宁国际民歌艺术节举行期间,都有来自海内外 200 多家媒体近千名记者争相报道,因此而凭借卫星、电视、报纸、网络等多种媒介手段,包括京族民歌在内的各民族民歌声名远播。同时京族民间文化也通过现代媒介技术而得到推广或发展,京族独弦琴被制成 CD 唱片、DVD 光盘,网上也有一些独弦琴演奏家演奏曲目的欣赏视频,京族民歌以在线收听的形式在网络上流传。"防城港北部湾网"等网站有京族民间文化的专栏介绍。因此,在当今这个高科技时代里,京族民间文化要改变过去传播的单一性,不能仅仅靠传统的自然传播方式传播,而应借助与人们的日常生活紧密相关的大众传媒如报刊、无线电、电视、光盘、互联网等传播技术进行传播。精心组织策划京族非物质文化遗产代表作项目的展演、讲座、展览等活动,尽快建设"京族文化网"、京族非物质文化遗产教育网站、官方 QQ、官方微信公众号,设计民间艺人主页、民间艺术绝活浏览库、京族非物质文化遗产

---

① 覃德清:《多重力量制衡中的民族民间文化保护与开发》,《民间文化论坛》2005 年第 1 期。

第五章 京族民间文化教育传承新体系的构建

在线图书馆,进行非物质文化遗产网上授课、网上讨论、网上答疑等,通过网络宣传京族文化遗产保护工作。争取与各种新闻媒体(报纸、杂志、电台、电视台等)联合举办各种形式的宣传活动,使京族文化保护意识深入人心。组织摄制介绍京族文化艺术的系列电视专题片,扩大对内对外宣传。除了致力于传播传统民间文化之外,今后还应该积极地寻找新的生存和发展途径,比如可利用互联网使京族民间文化资源得到开发并走向产业化。当好莱坞正在演绎新版的《花木兰》时,我国的文化界自然也不甘寂寞,《宝莲灯》的卡通片取得成功,就是这种全新手段和观念的体现。京族民间文化中有着丰富的民间文学艺术和独特的民俗文化资源,浪漫的故事、优美的传说、瑰丽的史歌,同样可以将它们制作为影视动画、专题片和漫画等。还可以形成相关产品的开发,建立电子商务网,专门从事京族民间艺术品销售,把最具民族特色的艺术品传播出来的同时,又达到商业利益的兼顾。此外,还可提供民间歌舞、戏剧等网上下载服务,将京族民间歌舞制作成系列专题片在网上播放,甚至可以将京族民歌做成手机彩铃,把电子商务和民间文化有机地融合在一起,扩大民间文化传承与发展的空间。

实施多样性的数字化保护手段,是民间文化数字化保护的有效措施。21世纪是信息时代,数字化手段已不再局限于图片、音频、视频等以记录为主的常规产品。随着人工智能、虚拟现实等信息技术的快速发展,大量的互动性、趣味性更强的数字化手段极大地丰富了民间文化的数字化表现形式,多样化的数字化手段,不仅可以更好地吸引人们的注意力,也可以让民间文化的内涵得到更加全面的展示,同时也是对民间文化本身的一种更加有效的保护方式。广西壮族自治区博物馆对馆藏瓷器精品展中的明代瓷器进行三维投影展示,可以让实体展品通过虚拟展示更加全面地展现其内涵;贵州省建成了全国第一座综合类非遗博览馆和贵州民族文化数字体验馆，该场馆以传统的视频、图片、音频和多种形式的人机交互、沉浸式展示、虚拟现实等方式展示贵州各地丰富多彩的民间文化，场馆以呈现区、点播区、音乐区、视频观赏区和影视互动体验区五大区域为参观游客提供了全新的数字化体验方式，成为多彩贵州的一张旅游名片。[1] 谷歌在2011年开始推出了"艺术计划"，结合其优势技术"街景视图"，将全球著名的艺术珍品以70亿像素的高清晰度呈现于世界网民的眼前，截至2016年已有包括大都会艺术博物馆、凡尔赛宫等1000多家顶级博物馆、美术馆等大型工程完工，既展示了当时原生态的环境，也对这些环境中存在的原生态习俗活动进行了再现。[2] 目前，在沥尾岛上有一座京族生态博物馆，博物馆内数字化的设备较少，大多停留在实物的展示上。京族生态博物馆的进一步建设可以借鉴上述这些成功经验，在此基础上建立"京族文化数字化生态博物馆"，充分利用图像、音频、视频、动作捕捉、三维扫描、3D动画等方面的技术，对京族民间文化进行精确而细致的数字化展示，并朝着三维化、高精化、动态化、交互式的方向发展，同时互联网同步使更多没有到过京岛的人体会到京族文化的魅力，无疑能进一步推动京族文化的保护和传播。

（四）推动京族民间文化产业化，实现经济发展与文化保护双赢

半个多世纪以来，无论是在理论层面还是在实践层面上，人们对文化产业的理解和界定总是林林总总、莫衷一是。2001年中央文化产业联合调查组对国内两省一直辖市所属的9个市进行了实地考察，在总结各省实践基础上，对文化产业做了如下界定："文化产业是指从事文化

---

[1] 孙传明、程强、谈国新：《广西少数民族非物质文化遗产数字化保护现状及对策分析》，《广西民族研究》2017年第3期。
[2] 蒋克岩、Joonsung Yoon：《新媒体时代文化遗产的传播与传承》，《艺术研究》2016年第4期。

第五章 京族民间文化教育传承新体系的构建

产品生产和提供文化服务的经营性行业。""文化产业主要包括文化艺术、文化出版、广播影视、文化旅游四个领域。"① 这一界定与国际经济学界的探索基本是吻合的。民间文艺既是社会政治、经济与文化发展的结果,又推动着社会政治、经济与文化的全面发展,具有重要的开发意义,包含着丰富的经济价值。我们应该正确认识、积极开发和充分利用京族丰富多彩的民间文化资源,推进其走向产业化,把这块闪光的瑰宝开发出来,更好地发挥这一资源优势,使之转化为经济效益,既可为加快京族经济社会的发展服务,又可促使京族民间文化得以持续发展。

随着社会的发展,民间文化走产业化、市场化及可持续发展之路,这是一种必然趋势。如果民间文化的市场化运作成功,这些传统"绝活"不仅能被保护,还能吸引年轻人的兴趣,并创造经济效益。这方面可借鉴的成功例子很多。比如,相声、东北二人转等民间艺术因为电视的发展和春节晚会的传播而红遍全国,滑稽戏、杂技等在海外赢得了极高的声誉而使得国人更加关注。又如,甘肃庆阳地区以香包生产为基础,形成16个民俗艺术品生产基地,在经营上采取"公司+农户"的生产模式,建立加工、生产、营销企业,拓展营销网络,使香包产品由家庭作坊式生产逐渐向产业化转变。这一举措使得,仅香包生产大户达800户,从业人员5000多人,仅2002年的香包产品交易额就达170多万元,香包销售最多的一家农户盈利10多万元。香包产业不仅使经济落后的庆阳找到了一条致富之路,而且为市场经济条件下的民间工艺产业化提供了宝贵经验。② 山东临沂柳编手工业品形成了较大的产业规

---

① 谢绳武:《2001—2002年中国文化产业蓝皮书》,中国社会科学文献出版社2002年版,第10—15页。
② 黄丽珉:《谈新时期民间艺术的生存与发展对策》,《开发研究》2004年第1期。

模，产业生产总值48.8亿元，实现利税2.37亿元，出口额达3.1亿美元。① 在京族地区以外的广西其他地区，一些具有民族特色的传统工艺品在传统文化的传承和保护中也探寻了新的发展模式。如广西临桂县五通镇的"三皮画"（树皮画、猪皮画、牛皮画）已初步形成了产业，有500户农户直接参与制作，一年产值达到4000多万元；靖西县旧州村是广西历史悠久的绣球专业村，这里制作绣球的历史有400多年，采用"公司＋协会＋农户"的生产模式，欧美和国内已经成为主要市场，目前，旧州村的绣球年产16万个，年产值达到170万元。② 产业化使民间文化的可持续发展走出了重要一步，大大推动了民族民间文化的有效传播。这些都是值得借鉴的成功经验。京族民间文化具有广泛多样的社会功能和价值，其中也包括极大的市场开发价值，丰富的民族文化遗产、传统文化价值，把京族民间文化的继承保护与文化创意开发相得益彰地结合起来，使其成为文化创意产业的优势所在，并借助这一现代新兴的传承方式得到发展。

民间文化产业化亦是京族民间文化在当下社会传承与发展的重要途径。京族文化对于文化学、社会学、人类学的研究机构和个人来说是一个很好的宝藏，产业开发公司和京族当地各级政府可以有计划、有目的地主动与相关的部门进行联系，扩大宣传，同时推销他们的文化产品和进行有偿服务。在京族文化的开发、保护过程中一定要把民族文化艺术和经济利益的关系协调好，要让京族同胞切身感受到是他们独特的文化带来了好处，最终让他们自觉推行"以文化养文化"的文化保护发展战略，既带动经济发展又让村民自觉地保护其原生态的文化，较好地解决开发和保护之间的矛盾。在京族民间文化开发保护中，需要三种力量

---

① 刘昂：《浅析山东民间艺术的产业开发模式》，《山东艺术学院学报》2011年第1期。
② 邓军：《浅析广西民族民间艺术的传播策略》，《新闻界》2011年第3期。

第五章 京族民间文化教育传承新体系的构建

共同介入,研究者、政府和产业化的商业力量。以学术研究为先导,发挥政府和商业市场的力量,培养族群自我发展的造血功能,让京族文化在市场化的发展中参与竞争,产生既有自己的特色,又赢得大众欢迎的适应市场需要的新型文化。

文化产业是一种"经营性行业",包含了"文化旅游"领域,在旅游语境中发展民族民间文化可以成为市场经济条件下为解决民族民间文化生存困境探索出路的一种有效方法,对民族民间文化的传承具有积极的作用。在广西,在旅游活动中传承与发展民间文化方面已有了成功的例子。《印象·刘三姐》把桂林阳朔独特的山水自然资源和广西各民族风情,尤其是壮族刘三姐传说、壮族山歌文化,以及漓江渔民及百姓民俗生活结合起来,一方面在表演中继承、展现、创新了民族文化,同时拉动了旅游及相关产业,创造了经济、社会、文化、生态等多方面的综合效益。自 2003 年 10 月第一次上演以来,至 2008 年已演出 1500 多场,观众达 270 万人次,票房收入近 1 亿元,仅 2007 年《印象·刘三姐》演出观众就首次突破 100 万人次,创下了中国文艺演出观众最高年纪录,被誉为中国文艺演出史上的奇迹。[1] 将民族文化融入现代社会经济的发展中,形成产业化,带动了当地社会经济的发展,实现了民族文化与社会、经济的良性互动。

在旅游语境中发展京族民间文化,这是一条很好的传承民间文化的途径。如今的京族三岛已经成为国家级 4A 级风景名胜区,当地人将文化大院与旅游度假村、"农家乐"有机结合,把独弦琴、拉大网、踩高跷等民俗文化融入旅游业,建成了格兰云天度假村、京族"农家乐"等特色文化旅游基地,有效弘扬了民俗文化艺术,丰富了旅游内涵。[2]

---

[1] 李岚:《〈印象·刘三姐〉成年度"演出"王》,《南国早报》2008 年 1 月 6 日。
[2] 《防城港市实施五大工程打响京族文化品牌》,南宁宣传网,http://xcb.nanning.gov.cn/n725531/n8842486/n8842746/8900589.html,2011-06-26。

但是京族的文化创意产业刚刚起步,还显得很粗糙。一个突出的表现是,京族唱哈音乐形式的简化。从20世纪八九十年代发表的一些关于京族"哈节"的书籍或刊物中可以看出,那个年代的"哈节"有很多表演活动,如斗牛、男子比武角力竞赛、唱"嘲剧"等,哈妹唱哈有哈哥用独弦琴或三弦琴伴奏。现在,这些活动都被简化了,斗牛、男子比武角力竞赛、唱"嘲剧"这些活动在"哈节"期间已经寻找不到踪影,哈妹唱哈时也只是用锣鼓和竹片进行简单的伴奏。另一个表现是,因为"哈节"只持续几天,节日一过,京岛的游客便零落稀少,也就是说,该文化创意产业缺乏持续性与深入性。在京岛旅游区,游客能看到的与京族文化有关的旅游产品极少,千篇一律的、各地都能看到的廉价旅游产品,让旅游者备感失望。这说明京族的旅游开发还缺少文化内涵,还没有形成完整的产业链。如何在旅游开发中融入京族民间文化艺术呢?笔者认为可以从以下几方面入手:①开发旅游商品。将京族的各类民歌、乐器特别是独弦琴的演奏曲目做成影碟、唱片等旅游纪念品。将最具民族特色的建筑哈亭按比例微缩成工艺品或可拆装的木制模型,还有开发模型精致艺术品类工艺品、玩具,尤其像独弦琴工艺品、京族斗笠等。京族三岛盛产红豆,岛上有一个美丽的传说:如果把一串红豆项链送给心上人,心上人一旦戴上它,相思就会伴随他(她)一生一世。因此,建议运用激光打孔技术,开发红豆旅游产品,把它制作成手链、项链,编成帽带、手提袋带和小巧玲珑的手提袋等。这样的产品,不但颜色美丽鲜艳,具有京族文化特色,而且具有深刻、浓厚的情感色彩意义。① 可以用京族字喃创作书法或制作成工艺品。这些艺术商品能向各地游客展示京族风情文化。因此,在设计此类工艺品和纪念品时要

---

① 潘恒济:《关于开发京族旅游文化的探讨》,黄有第主编:《京族文化的传承与发展:防城港市京族文化研讨会论文集》,广西人民出版社2008年版,第303页。

第五章　京族民间文化教育传承新体系的构建

保证内容的真实性、较高的艺术品位和独特的设计。②开展京族民俗健身体验。如开发近海捕捞体验游、京族民间游戏捉活鸭、摸鸭蛋、顶头、顶臂、顶竿、踩高跷捕鱼、围海捉鸭、沙滩自行车比赛、拉大网、"打狗"等传统体育竞技民俗。[①] ③开发农副土特产品。京族三岛土特产品种多样,主要有水稻、番薯、芋头,常年水果飘香,有菠萝、剑麻、香蕉、木瓜、椰子、龙眼、波罗蜜等,这些土特产具有独特的养生效用,可考虑农副土特产的生产加工,注重突出土特产的养生效用,深入挖掘,改善商品的工艺手法,并在商品的设计、包装与宣传中体现。④开发传统风味特色食品。京族有许多独具风味的传统食品,而且其中蕴含着丰富的文化内涵,如风吹饼、白糍粑、鲶汁和各种海产品,这些都是开发京族饮食文化商品的资源优势。在旅游活动中,除了要让游客感受独特的饮食文化外,还要进一步激发游客的购买欲望,开发出富有特色又包装精美、方便携带的饮食产品供游客购买,带回家品尝或馈赠亲友,以延续在当地的美食享受。还可通过建立京族美食小街,推出京族特色食品杂粮粥(把玉米磨成粉状或碎粒,把番薯、芋头切成碎块,混着少量大米煮成一大锅稀粥)、糯米糖粥、风吹饼、白糍粑、米粉等主食及清蒸海鱼、酸甜鱿鱼卷、贝肉烩粉丝、白螺炒酸笋、爆鳝肚、煎鲜虾炒墨鱼花卷等京族海味特色食品,展示京族美食风格。⑤建造京族风情园。用于提供给游客体验京族人的日常起居生活、劳作和娱乐的情景,从中品读出京族独有的民族文化特色和海洋文化内涵。以仿原生态京族民居为主,从外观构造和屋内布局、装饰、家具、器皿等都与当地京族别无两样,但又以现代宾馆的形式开发和设计出来,主要用于接待来此地游玩的游客,让这里住宿的游客既体验到原生态京族家庭日常起

[①] 田敏、李俊杰主编:《民族地区文化传承与社会管理创新研究》,民族出版社2012年版,第97页。

居的情景，又得到现代宾馆提供的优质服务。使游客在京族三岛上的旅游文化活动中，领略到京族民间文化的无穷魅力，使京族民间文化得到了展示和传播。

在对京族民间文化进行开发时，可考虑民间文化资源层次开发模式，即金字塔模型（见图5-2）。将民间文化资源根据其性质、留存现状和产业开发适宜程度进行分类。不适宜产业开发的民间文化品类，处于金字塔模型的底部，对其可进行静态保护，如通过建立民间文化博物馆或对其进行保护、研习、立法命名等，由政府出资或争取社会资金的注入以维持其发展。据调查，这类民间文化数量是比较多的。中间层次是可以在社会中流传生存的民间文化形式，如京族民间乐器、民间舞蹈、服饰等，体现较强的地域文化色彩，在其乡土语境中有广泛的受众，可在其流布区域内进行产业开发。最上层是民间文化中较为活跃的部分，甚至可以说是从民间文化中抽离的文艺元素，置入现代文化产业语境中加以开发，成为区域间、国际可以广为交流的文化产品，如民歌、特色食品、民间手工艺品等，这是开发的重点资源，可以通过多种手段，打造文化品牌，形成完善的文化产业链，为京族地区创造可观的经济效益。这种金字塔的保护与开发模式，对不同性质、不同品类的民间文化资源区别分类，统筹配置，合理利用，从而保证民间文化资源的可持续发展和永续利用。

那么，在运用多层次模式开发京族民间文化资源的过程中，我们应该如何调适京族民间文化的自身功能，让其始终与历史发展同步，具有适应时代需求的生命活力呢？这是需要我们探讨的问题。著名作曲家徐沛东认为："民歌不仅要建立在民族化的基础上，更要走与时代接轨的路子，要把传统民歌跟现代音乐融合，要把民歌做大，为民族音乐加分，但不要画地为牢、故步自封……从有限的民歌资源中去发掘、去传承、去创新……以大众传播媒介为手段，按艺术规律运作，将传统民歌

第五章 京族民间文化教育传承新体系的构建

```
           ▲
         普适开发的民间
         文化资源规模开
         发区域内外流动

      地域文化色彩较强的民间文
      化资源在所属区域内开发

   不适宜产业开发的民间文化资源静态保护
```

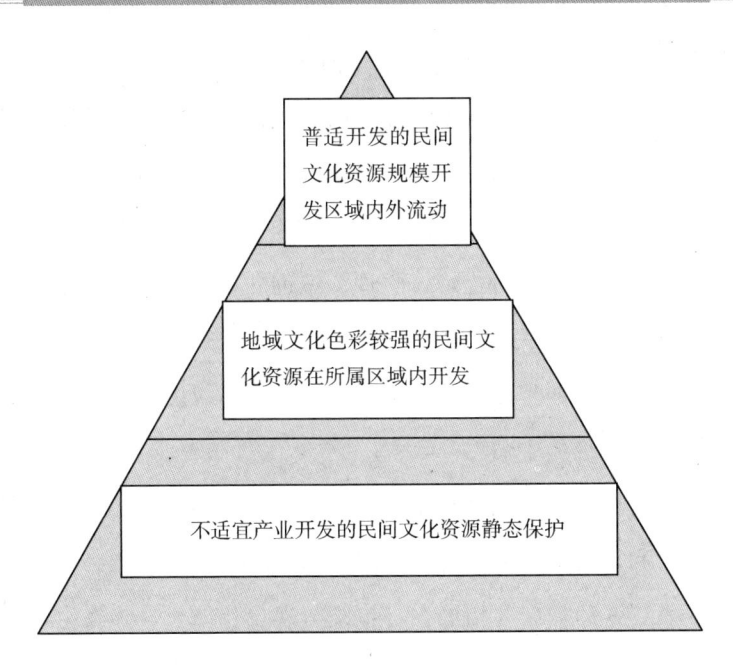

图 5-2 京族民间文化层次开发模式图

以地区进行整理，并加入了现代的音乐元素进行全新的翻唱，从而使观众获得感性的愉悦。"① "改编民歌到什么程度，这是一个有待探讨的艺术问题。但这种尝试至少证明了传统民歌要走向现代……要与时代结合，不断创作翻新，寻找民歌和流行歌曲的切合点、传统民俗与现代生活的交汇。"② 笔者采访的一位京族歌手也有自己的看法："民歌要得到更好发展，需要多宣传、普及，还要向时代靠拢，进行一些必要的创新，这样年轻人才会喜欢。"民歌的生存发展，很大程度上还要看它是否能适应社会的发展。因此，在开发利用的同时，研究和创新显得非常重要。近年来，广西的高层领导一直强调民歌品牌的意识，明确提出：在改编、创作少数民族题材的音乐时要具体做到高、精、深、美、土五

---

① 徐沛东：《给中国民族音乐加分》，见《点亮原生态民歌崛起的希望之光——评广西卫视品牌栏目〈唱山歌〉》，《光明日报》2006 年 8 月 10 日。

② 张宇：《徐沛东用现代方式演绎民歌》，《齐鲁晚报》2002 年 11 月 24 日。

个字的要求。高即高起点、高要求、高水平、高质量；精即精心策划、精确表现、打出精品；深即深入调查、深度挖掘、深度开发、深刻表现；美即音乐美、形象美、服饰美、形式美；土即保持原汁原味、原生态。① 在京族地区，有关文化部门可以组织专业音乐工作者深入京族村屯采风，对民歌素材进行提炼、整理，编创一批新民歌，利用现代大众文化模式来改造传统民歌，能使危机重重、濒临消亡的山歌被重新激活，唤醒京族民众那种沉睡已久的对民歌的浓厚情感，使这种情感成为民歌文化绵绵不绝的生命力。

民间艺术产品在开发过程中，应该加强对市场需求的调研，根据消费者的需求和审美特点，通过对民间艺术商品题材、功能、材料、工艺等核心开发要素的创新与拓展，将传统与现代相结合，开发生产出既具传统韵味又有鲜明时代气息、适销对路的民间艺术商品，增强其市场适应性。山东临沂柳编工艺开发的成功便是很好的例子。临沂盛产杞柳，有"中国柳编之乡"之美誉，近年来，临沂柳编工艺产业发展迅速，产品创新力度不断加大，主要从三个方面来创新使用柳编材料：首先是编制毛料的创新，由柳条扩展到草、芦苇、玉米皮、树皮、竹条、藤、纸等；其次是附件材料的创新，出现了布里子、塑料里子、皮把手、木把手等；还有搭配材料的创新，出现了木架、金属架等。创新材料的使用使柳编产品花色品种更加丰富。目前，临沂柳编产品已由最初农民传统自编自用的篓、篮、筐等日用品发展到如宠物筐、果品篮、野餐篮、洗衣筐、婴儿篮、水果盘、手提包等8大类300多个小类、上万个花色品种。② 京族民间工艺品的开发也可以借鉴这些经验，在继承传统的基础上有所创新，适应现代生活的需要，才能更好地生存、发展。

---

① 潘琦：《打造壮族"尼的呀"音乐品牌》，《广西音讯》2002年第1期。
② 潘鲁生、赵屹：《手艺农村——山东农村文化产业调查报告》，山东人民出版社2008年版，第16—22页。

第五章 京族民间文化教育传承新体系的构建

由此可见,以京族民间文化传承与保护为依据,进一步发展京族文化品牌为产业实体的艺术市场营运机制,带动旅游、文化、经济为一体的产业化方向发展,将使京族在经济实惠中不断增强他们的文化保护自觉意识,这是京族民间文化生生不息传承下去的强大动力。

以上我们从家庭教育、学校教育、社会教育三方面对京族民间文化教育传承新体系的构建进行了探讨,分开论述只是为了方便对问题的探讨,实际上我们强调的是家庭教育、学校教育和社会教育三者相结合、相协调的京族民间文化教育传承模式,形成"家庭、学校、社会"三位一体促进民间文化传承的教育合力。教育必然受到来自社会、学校和家庭三方面的影响,家庭教育、学校教育和社会教育这三种教育形态之间是无法相互取代的。首先,社会教育为家庭教育和学校教育提供支持。社会教育是家庭教育的补充,能实现家庭教育所不能实现的京族文化的教育传承。社会是一个大家庭,在这个大家庭中包含的内容更为丰富,它会为家庭教育做补充。喃字、竹杠舞等部分民间文化的传承在家庭教育中比较难以实现,需要通过社会教育进行传承。社会教育也能为学校教育提供必要的资金、人员等方面的支持。其次,学校教育使社会教育和家庭教育更加系统科学。京族民间文化纳入学校教育体系,这是京族民间文化教育传承发展的必然。学校教育有别于社会教育和家庭教育,能够系统、科学地为社会教育和家庭教育提供必要支持。如前文所述,京族三岛上的京族学校先后开设了校本课程和地方课程,老师在课堂中把京族民间文化和课程相关联,通过教材和教学的形式来传承京族文化,在课外活动设置上也重视京族民间文化传承,通过课堂内外让学生学习京族民间文化。这些学校教育措施比社会教育和家庭教育更加系统科学。最后,家庭教育为社会教育和学校教育提供补充。家庭教育是最早的教育,社会教育进行的一切都是以家庭教育为基础。目前,学校教育传承京族民间文化还处在探索阶段,不够成熟,要想将京族民间文化很好地融合在教学过程还需要很长一段时间。同时，学校教育不可能完全把京族民间文化都搬到课堂，需要家庭教育作为有力的支撑，为学校教育提供补充。综上所述，我们可以通过家庭教育、学校教育、社会教育把京族民间文化带入到日常生活、课堂和社会中，构建京族民间文化的家庭教育、学校教育和社会教育相结合的传承结构模式。社会教育促进学校教育和家庭教育的发展，学校教育将社会教育和家庭教育系统化、科学化，家庭教育为社会教育和学校教育作补充，使京族民间文化继续作为一种活的文化得到有效而持久的传承和发展。

家庭教育、学校教育和社会教育在京族民间文化传承中的关系图：

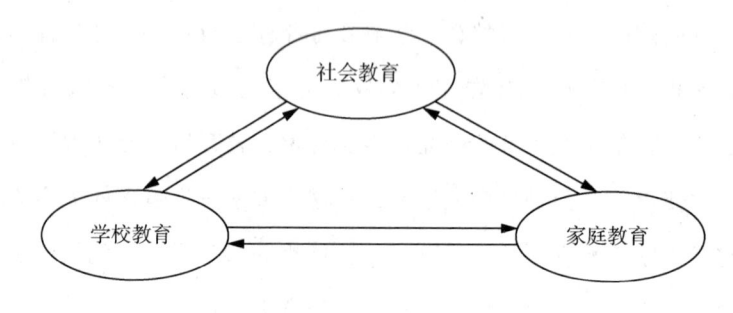

图 5-3 京族民间文化

四 整合力量，构建"家庭、学校、社会"三位一体传承机制

如何结合家庭教育、学校教育、社会教育的功能，形成三位一体的有效模式，解决京族民间文化教育传承的问题？笔者认为，需要从以下几个方面进行考虑：

首先，建立学校和社区的联合，营造京族文化传承的良好环境氛围。京族地区学校教育的发展离不开与社区的联系，两者之间只有形成互动整合关系，才能更好、更有效地体现教育的文化性格和发挥出教育的文化传承价值。为了促进社会成员文化认同"复合基因"的生长，

第五章 京族民间文化教育传承新体系的构建

二者之间应该形成一种双向互动的共生关系：其一，社区向学校教育开放，积极配合学校教育的"第二课堂"，积极支持教师和学生在社区开展京族文化教育活动；其二，以学校为中心，充分发挥学校的文化辐射功能，影响和带动社区成员热爱京族传统文化的情感，帮助社区进行各种宣传活动和教育，从而帮助社区成员形成保护和传承京族传统文化的自觉意识，为京族传统文化的传承和保护打下最坚实和广泛的群众基础。总之，政府、学校、社区以及教师、学生、社会成员在民族文化的保护、传承与发展上都是重要的教育力量，只有这些力量的共同介入并构建起积极的文化互动关系以及相互之间的协调互动，才能有效地推动京族民间文化的传承和发展。

其次，家庭教育要密切配合学校，家庭教育和学校教育形成合力。只有这样，学生学习民族文化的兴趣才会提高。学校有义务和责任使家长提高认识，充分认识知识的价值，要教育和引导孩子不要有短期功利主义行为，培养家长多元文化价值观念，对学校学习的情况要有全面的认识和把握。京族地区的地域开放，沿海又沿边，与越南等东南亚国家的合作发展机会和空间巨大，所以当地更需要懂现代化知识又理解热爱本民族文化的人才。学校教育和家庭教育密切合作，老师要有责任感，每个学期增加和家长面对面交流的机会，家长和教师积极沟通会对学生学习知识与民族文化产生好的影响。

再次，学校积极主动与村委会和家长取得联系，学校、家庭和社会形成教育合力，构建全方位的监控网络，从各方面形成对学生的约束力量。敦促家长和社区要积极配合学校，共同努力提高孩子学习知识与民族文化的兴趣，从而真正促进学生在校学习的进步，这样一来整个家庭、学校、社会联动为学生创建了优良的学习氛围，势必会促进整个地区民族教育水平的提高。民族文化教育仅靠学校单方面的力量是难以完成的，能否充分利用学生家庭和社会力量，是学校进行民族文化教育成功与否很重要的一个条件和特征。因此，必须加强学生家庭与学校的合作与沟通，让家长积极参与学校管理、决策和事务，使家长在参与中加深对学校行为的理解，对民族文化教育价值认同，配合学校的教育，让家长在民族文化传承的过程中发挥作用。家长与学校沟通与合作的形式可以是多种多样的，如建立家长委员会、开展家庭教育系列讲座、开办家长学校、推出家长开放日、家长进入课堂教学环节和实践活动环节，等等，建立学生、家长、教师之间的良性互动，使学校教育与家庭教育形成有机衔接的保障机制。

最后，学校在传承京族文化过程中，可以考虑以教师为主体的校本课程开发，在校本课程的开发中，可借鉴京族传统文化对于京族人的濡化教育功能，构建RDE式的传承体系，即集研究（research）、开发（development）、教学（education）为一体的京族文化学校教育传承体系，从而使京族文化传承成为"内生式"传承。解决校本课程开发这一最重要学校文化传承载体的师资不足的问题，也使民族文化传承中在学校中"有本可依"。从研发层面看，光靠一线教师及京族的非物质文化遗产传承人显然是不够的，还需邀请京族文化的作家、对某一方面有研究的专家等一起参与，依托高校、科研机构进行从教材到教学方式等的相关研究与开发。从师资层面看，要"培养"与"培训"并举。即要从师范教育的源头抓起，可在师范类、民族类院校开设民族文化的特长班，培养民族教育的特色人才，高校对京族地区的学校教育实际问题的研究人员在学校的行动研究给予积极的支持。从良好学校环境营造方面来看，京族学校教育改革应强调学校与社区结合，构建所谓"学校社区化，社区学校化"[①]的民族文化传承体系，打破学校与社区的有形

---

① 谭光鼎、刘美慧、游美惠：《多元文化教育》，（台北）高等教育文化事业有限公司2008年版，第210页。

第五章　京族民间文化教育传承新体系的构建

隔离，将教室、校园的范围无限扩张，将课程教学从狭窄的教科书中解放出来，变社区为资源教室、变京族文化为教学取材。[①] 如此，可将社区和学校结合起来，使地域海洋环境变成京族学生学习和成长的精神乐园。

总之，构建"家庭、学校、社会"三位一体的京族文化传承机制是有效促进京族民间文化传承的重要举措。将家庭教育、学校教育、社会教育等各种教育形式细化成有效的教育单元，使之对不同的受教育对象在不同的角度、环境下形成一股合力，在学校教育的统领下，达到各种教育形式的有效协同、有机结合、互通有无、互相补充，共同促进京族民间文化的有效传承与保护。

[①] 龙滢：《民族文化传承中的京族教育特色研究——以澫尾村京族学校为个案》，博士学位论文，中央民族大学，2012年，第165—166页。

结　语

　　历代生活在京族三岛的京族同胞，在艰苦的环境中创造出自己独特的民间文化。京族民间文化在其数百年的传承过程中，有着多样的传承机制和途径，包括家庭教育、社会教育和学校教育等，在现代社会中，京族民间文化依靠传统的和现代的各种渠道得以传承，成为富于活力的传统文化。

　　随着中越边境经济贸易的发展，尤其是环北部湾经济圈的建立以及"中国—东盟自由贸易区"建设全面启动，京族地区的经济得到迅猛发展，在经济大潮冲击影响下，京族原有的生产、生活方式在短时期内发生了突变，影响和改变了人们的文化观念，京族民间文化赖以生存的传统文化空间在迅速地萎缩，从而导致了京族民间文化的巨大变迁。京族民间文化在当下已呈现出明显的衰落景象，有的甚至面临着"断代"之痛，陷入传承的重重危机。

　　如今京族民间文化的一些传承渠道正在断裂、受阻，传承模式存在着诸多问题，在传承中也显得"力不从心"。尽管政府与当地京族民众也采取了不少保护京族民间文化的措施，取得了一定的成效，但京族民间文化的衰微之势很难得到根本性扭转，京族民间文化的传承不容乐观。因此，必须采取更为有效的保护策略，整合家庭教育、学校教育和

结　语

社会教育力量，形成合力并实现功能互补，构建"家庭、学校、社会"三位一体的教育传承结构模式，以社会教育促进学校教育和家庭教育的发展，学校教育将社会教育和家庭教育系统化、科学化，家庭教育为社会教育和学校教育作补充。继续探索当下京族民间文化的科学合理的传承模式，进一步优化京族民间文化的传承系统，才能使京族民间文化的传承与发展走向一种良性循环。

参考文献

一 专著

1. ［英］A.R. 拉德克利夫－布朗：《原始社会的结构与功能》，潘蛟、王贤海、刘文远、知寒译，中央民族大学出版社 1999 年版。
2. ［美］埃伦·迪萨纳亚克：《审美的人——艺术来自何处及原因何在》，户晓辉译，商务印书馆 2004 年版。
3. 巴战龙：《学校教育·地方知识·现代性——一项家乡人类学研究》，民族出版社 2010 年版。
4. ［德］博尔诺夫：《教育人类学》，李其龙译，华东师范大学出版社 1999 年版。
5. 曹俏萍：《京族民俗风情》，广西民族出版社 2012 年版。
6. 陈坤鹏：《京族独弦琴艺术》，北京科学技术出版社 2013 年版。
7. 陈丽琴：《广西环北部湾地区少数民族民间文艺生态研究》，民族出版社 2015 年版。
8. 陈增瑜：《京族字喃史歌集》，民族出版社 2007 年版。
9. ［奥］茨达齐尔：《教育人类学原理》，李其龙译，上海教育出版社 2001 年版。
10. ［法］丹纳：《艺术哲学》，傅雷译，安徽文艺出版社 1998 年版。

参考文献

11. 刁培萼：《教育文化学》，江苏教育出版社1992年版。

12. 丁钢：《历史与现实之间：中国教育传统的理论探索》，教育科学出版社2002年版。

13. 范宏贵：《越南民族与民族问题》，广西民族出版社1999年版。

14. 方铁、何星亮：《民族文化与全球化》，民族出版社2006年版。

15. 防城县志编纂委员会编：《防城县志》，广西民族出版社1993年版。

16. 费孝通：《论人类学与文化自觉》，华夏出版社2004年版。

17. 冯骥才主编：《鉴别草根：中国民间美术分类研究》，中州古籍出版社2006年版。

18. 冯增俊、万明刚：《教育人类学教程》，人民教育出版社2005年版。

19. 冯增俊：《教育人类学》，海南人民出版社1988年版。

20. 冯增俊：《教育人类学》，江苏教育出版社1991年版。

21. 符达升等：《京族风俗志》，中央民族大学出版社1993年版。

22. 高发元主编：《中国少数民族道德概览》，云南民族出版社1992年版。

23. 顾明远：《民族文化传统与教育现代化》，北京师范大学出版社1998年版。

24. 广西省民族事务委员会：《防城越族情况调查》，广西省民族事务委员会编印1954年版。

25. 广西壮族自治区编辑组：《广西京族社会历史调查》，广西民族出版社1987年版。

26. 广西壮族自治区地方志编纂委员会：《广西通志·民族志》（上），广西人民出版社2009年版。

27. 郭家骥：《生态文化与可持续发展》，中国书籍出版社2010年版。

28. 郭振铎、张笑梅：《越南通史》，中国人民大学出版社2001年版。

29. 国家民委民族问题五种丛书编辑委员会、《社会历史调查资料丛刊》编辑组：《广西少数民族地区碑文、契约资料集》，广西民族出版社

1987 年版。

30. 韩达主编：《中国少数民族教育史》第三卷，广东教育出版社 1998 年版。

31. 韩肇明：《京族》，民族出版社 1993 年版。

32. 何思源编著：《中国京族》，宁夏人民出版社 2012 年版。

33. 黄庆印：《壮、布依、傣、仡佬、京族文化志》，上海人民出版社 1998 年版。

34. 黄永光、徐奎主编：《京族医药》，广西科学技术出版社 2014 年版。

35. 黄有第主编：《京族文化的传承与发展：防城港市京族文化研讨会论文集》，广西人民出版社 2008 年版。

36. 霍红：《西部少数民族传统体育的现状与走向》，四川大学出版社 2007 年版。

37. 《京族简史》编写组：《京族简史》，民族出版社 2008 年版。

38. 《京族简史》编写组：《京族简史》，广西民族出版社 1984 年版。

39. 京族字喃文化传承研究中心编：《京族社会历史铭刻文书文献汇编》，广西人民出版社 2015 年版。

40. ［德］康德：《判断力批判》上卷，宗白华译，商务印书馆 1964 年版。

41. ［美］克利福德·格尔兹：《文化的解释》，纳日碧力戈等译，上海人民出版社 1999 年版。

42. 李甫春等：《中国南方少数民族的变迁》，民族出版社 2010 年版。

43. 李红婷：《无根的社区悬置的学校——湖南大金村教育人类学考察》，民族出版社 2010 年版。

44. 李澜主编：《巫头村调查：京族》，中国经济出版社 2014 年版。

45. 李甜芬：《走进京岛》，广西人民出版社 2004 年版。

46. 李远龙：《沿海沿边小康人——京族》，云南人民出版社 2003 年版。

47. 李泽厚：《美的历程》，安徽文艺出版社 1994 年版。

48. 李振球、乔晓光：《中国民间吉祥艺术》，黑龙江美术出版社 2000 年版。

49. 李政涛：《教育人类学引论》，上海教育出版社 2009 年版。

50. 梁林梅、杨九民：《教育技术学》，北京大学出版社 2012 年版。

51. 梁庭望：《中国民族百科全书　壮族、黎族、仫佬族、毛南族、京族卷》，北方妇女儿童出版社 2004 年版。

52. 刘红婴：《非物质文化遗产的法律保护体系》，知识产权出版社 2014 年版。

53. 刘守华、巫瑞书：《民间文学导论》，长江文艺出版社 1997 年版。

54. 刘树枫等编：《西部民族风情千解》，中央民族大学出版社 2003 年版。

55. 卢岩主编：《防城港文化遗产丛书：非物质文化遗产部分》，广西人民出版社 2010 年版。

56. 吕俊彪、苏维芳：《京族哈节》，北京科学技术出版社 2012 年版。

57. 吕俊彪：《京族人的族群认同与国家认同》，社会科学文献出版社 2014 年版。

58. 马居里、陈家柳主编：《京族：广西东兴市山心村调查》，云南大学出版社 2004 年版。

59. ［英］马林诺夫斯基：《文化论》，费孝通等译，中国民间文艺出版社 1987 年版。

60. 毛公宁：《中国少数民族风俗志》，民族出版社 2006 年版。

61. 明峥：《越南史略》，范宏科、吕谷译，生活·读书·新知三联书店 1958 年版。

62. 南宁师范学院广西民族民间文学研究室编：《广西少数民族风情录》，广西民族出版社 1984 年版。

63. 农学冠：《民间文学导论》，民族出版社 2005 年版。

64. 潘鲁生、唐家路：《民艺学概论》，山东教育出版社 2002 年版。

65. 潘鲁生、赵屹：《手艺农村——山东农村文化产业调查报告》，山东人民出版社2008年版。

66. 潘年英：《文化与图像——一个人类学者的贵州田野调查及札记》，贵州人民出版社2001年版。

67. 乔馨：《教育人类学视野下的岩洞嘎老文化传承研究》，中央民族大学出版社2011年版。

68. 石奕龙：《应用人类学》，厦门大学出版社1996年版。

69. 苏维芳、武沛雄、苏凯编：《京族海洋文化》，广西人民出版社2015年版。

70. 苏维光、过伟、韦坚平：《京族文学史》，广西教育出版社1993年版。

71. 苏维光、王弋丁、过伟等编：《京族民歌选》，广西民族出版社1988年版。

72. 苏维光等编：《京族民间故事选》，中国民间文艺出版社1984年版。

73. 覃乃昌主编：《广西世居民族》，广西民族出版社2004年版。

74. 唐家路：《民间艺术的文化生态论》，清华大学出版社2006年版。

75. 陶立璠：《民俗学概论》，中央民族学院出版社1987年版。

76. 陶维英：《越南古代史》上册，刘统文、子钺译，商务印书馆1976年版。

77. 滕星：《文化变迁与双语教育：凉山彝族社区教育人类学的田野工作与文本撰述》，教育科学出版社2001年版。

78. 滕星：《族群、文化与教育》，民族出版社2002年版。

79. 田敏、李俊杰主编：《民族地区文化传承与社会管理创新研究》，民族出版社2012年版。

80. 万明钢：《教育人类学教程》，人民教育出版社2005年版。

81. 王朝闻、邓福星主编：《中国民间美术全集》，山东教育出版社1996年版。

82. 王建民、张海洋、胡鸿保：《中国民族学史》下册，云南教育出版社1998年版。

83. 王军：《文化传承与教育选择——中国少数民族高等教育的人类学透视》，民族出版社2002年版。

84. 王弋丁：《仫佬族 毛难族 京族文学概况》，广西人民出版社1982年版。

85. 乌丙安：《中国民俗学（新版）》，辽宁大学出版社2002年版。

86. ［俄］乌申斯基：《人是教育的对象——教育人类学初探》，郑文樾译，人民教育出版社1989年版。

87. 吴家齐：《京族白话情歌对唱》，陕西旅游出版社2000年版。

88. 吴满玉、冼少华等编著：《当代中国的京族》，广西人民出版社2005年版。

89. 吴明海主编：《中国少数民族教育史教程》，中央民族大学出版社2006年版。

90. 吴晓蓉：《教育，在仪式中进行：摩梭人成年礼的教育人类学分析》，西南师范大学出版社2003年版。

91. 伍国栋：《民族音乐学视野中的传统音乐》，上海音乐出版社2002年版。

92. 席勒：《美育书简》，徐恒醇译，中国文联出版公司1984年版。

93. 谢绳武：《2001—2002年中国文化产业蓝皮书》，中国社会科学文献出版社2002年版。

94. 央吉等：《中国京族毛南族人口研究》，中国人口出版社2003年版。

95. 杨秀昭主编：《音乐学文集》，接力出版社1999年版。

96. 余益中、刘士林、廖明君：《广西北部湾经济区文化发展研究》，广西人民出版社2009年版。

97. 余益中等：《广西北部湾经济区文化发展研究》，广西人民出版社

2009 年版。

98. 袁少芬主编：《民族文化与经济互动》，民族出版社 2004 年版。

99. 袁同凯：《教育人类学简论》，南开大学出版社 2013 年版。

100. 袁同凯：《走进竹篱教室：土瑶学校教育的民族志研究》，天津人民出版社 2004 年版。

101. 张道一：《张道一论民艺》，山东美术出版社 2008 年版。

102. 张公瑾：《中国少数民族古籍总目提要：毛南族卷　京族卷》，中国大百科全书出版社 2009 年版。

103. 张诗亚：《祭坛与讲坛——西南民族宗教教育比较研究》，云南教育出版社 2001 年版。

104. 张诗亚：《西南民族教育文化溯源》，上海教育出版社 1994 年版。

105. 张霜：《民族学校教育中的文化适应研究——贵州石门坎苗族百年学校教育人类学个案考察》，民族出版社 2012 年版。

106. 张新立：《"鹰雏虎崽"之教：教育人类学视野下的彝族儿童民间游戏研究》，广西师范大学出版社 2007 年版。

107. 张振涛：《冀中乡村礼俗中的鼓吹乐社》，山东文艺出版社 2002 年版。

108. 张紫晨：《民俗学与民间美术》，湖南美术出版社 1990 年版。

109. 赵世林：《云南少数民族文化传承论纲》，云南民族出版社 2002 年版。

110. 郑金洲：《教育文化学》，人民教育出版社 2000 年版。

111. 《中国民间歌曲集成》全国编辑委员会：《中国民间歌曲集成　广西卷》，中国 ISBN 中心出版社 1995 年版。

112. 中国民间文学集成编辑委员会、中国歌谣集成广西卷编辑委员会：《中国歌谣集成·广西卷》，中国社会科学出版社 1993 年版。

113. 《中国曲艺音乐集成》全国编辑委员会、《中国曲艺音乐集成·广西卷》编辑委员会编：《中国曲艺音乐集成　广西卷》，中国 ISBN 中心出版社 2005 年版。

114. 中国艺术研究院美术研究所:《中国民间美术研究》,贵州美术出版社 1987 年版。

115. 中央民族大学民族基础教育研究中心:《中国乡土知识传承与校本课程开发研讨会论文集》,中央民族大学出版社 2009 年版。

116. 中央民族学院民族研究论丛编委会:《民族学论文选 1951—1983》,中央民族学院出版社 1986 年版。

117. 中央民族学院少数民族文艺研究所编:《中国民族民间文学》,中央民族学院出版社 1987 年版。

118. 钟敬文:《话说民间文化》,人民日报出版社 1990 年版。

119. 钟敬文主编:《民间文学概论》,上海文艺出版社 1980 年版。

120. 仲富兰:《中国民俗文化学导论》,浙江人民出版社 1998 年版。

121. 周建新、吕俊彪等:《从边缘到前沿:广西京族地区社会经济文化变迁》,民族出版社 2007 年版。

122. 周建新:《中越中老民族及其族群关系研究》,民族出版社 2002 年版。

123. 周凯模:《祭舞神乐宗教与音乐舞蹈》,云南人民出版社 2000 年版。

124. 庄孔韶:《教育人类学》,黑龙江教育出版社 1989 年版。

二 期刊论文

1. 陈丽琴、李玢辛:《论京族民间文艺的兼容性》,《广西师范学院学报》(哲学社会科学版)2014 年第 6 期。

2. 陈丽琴:《京族独弦琴艺术生态研究》,《广西民族大学学报》2013 年第 2 期。

3. 陈丽琴:《论京族民间爱情故事及其审美意蕴》,《广西师范学院学报》2005 年第 2 期。

4. 陈丽琴:《民俗传统:京族民歌传承的文化生态》,《广西师范大学学报》2014 年第 2 期。

5. 陈丽琴、王虎平：《论京族哈节唱词的内容与艺术特色》，《广西师范学院学报》2015 年第 3 期。

6. 陈时见：《京族近现代教育的发展及其特点》，《广西民族研究》1995 年第 3 期。

7. 陈学金：《当前的中国教育人类学研究：内容领域与焦点议题》，《社会学评论》2014 年第 6 期。

8. 邓福星：《论民间美术》，《美术史论》1990 年第 4 期。

9. 邓军：《浅析广西民族民间艺术的传播策略》，《新闻界》2011 年第 3 期。

10. 邓如金：《京族民歌的艺术特色》，《民族艺术》1993 年第 4 期。

11. 董云川、刘永存：《校本课程的开发与高校的文化传承责任——"湄公河次区域民族民间文化传习馆"个案简析》，《北京大学教育评论》2008 年第 2 期。

12. 范玉洁：《云南省文科类实验教学示范中心——湄公河次区域民族民间文化传习馆》，《玉溪师范学院学报》2012 年第 3 期。

13. 方李莉：《审美价值的人类学研究》，《广西民族学院学报》（哲学社会科学版）2004 年第 5 期。

14. 冯增俊：《亟须建立我国教育人类学》，《教育研究》1988 年第 8 期。

15. 冯增俊：《教育人类学刍议》，《当代研究生》1986 年第 2 期。

16. 高忠严：《文艺生态学视野下的河曲二人台》，《山西师范大学学报》2005 年第 5 期。

17. 管建华：《21 世纪中国音乐教育面临的挑战：课程改革与文化》，《天津音乐学院学报》1999 年第 3 期。

18. 过伟：《哈节与京族民间文化》，《广西师范大学学报》（哲学社会科学版）1991 年第 3 期。

19. 海路、李芳兰：《京族学校校本课程开发的影响因素分析》，《湖南师范大学教育科学学报》2010 年第 2 期。

20. 何洪：《独弦琴与京族民歌关系考》，《艺术探索》1988年第2期。

21. 何政荣：《时空·仪式·音声——中国京族"哈节"仪式音乐文化系列研究之一》，《中国音乐》2011年第3期。

22. 何政荣：《中国一弦琴与京族独弦琴源流考》，《广西师范大学学报》2013年第6期。

23. 黄丽珉：《谈新时期民间艺术的生存与发展对策》，《开发研究》2004年第1期。

24. 黄小明、胡晶莹：《论京族"哈节"舞蹈的审美意蕴——广西东兴市江平镇巫头村民间舞蹈田野考察》，《歌海》2009年第5期。

25. 黄小明：《京族哈舞之海洋文化特征》，《广西师范大学学报》2013年第6期。

26. 黄羽：《非物质文化遗产视域下京族独弦琴的保护与传承》，《民族艺术研究》2013年第6期。

27. 黄允箴：《撞击与转型——论原生态民歌传播主体的萎缩》，《音乐艺术》2006年第2期。

28. 黄志豪：《民间乐器多样性的保护与开发——谈京族独弦琴的活态传承》，《中国音乐》2009年第3期。

29. 吉莉：《京族独弦琴传播现状调查与研究》，《艺术探索》2010年第5期。

30. 蒋克岩、Joonsung Yoon：《新媒体时代文化遗产的传播与传承》，《艺术研究》2016年第4期。

31. 李复新：《西方教育人类学述评》，《教育研究》1988年第3期。

32. 廖世雄：《谈京族哈节舞蹈》，《民族艺术》1987年第2期。

33. 林建华：《殊途同归：壮京文学比较研究》，《广西民族学院学报》2005年第6期。

34. 林秀贵：《融京族文化于学校德育之中》，《广西教育》2009年第

6 期。

35. 刘昂：《浅析山东民间艺术的产业开发模式》，《山东艺术学院学报》2011 年第 1 期。

36. 刘建平：《京族唱哈节初探》，《广西民族研究》1992 年第 3 期。

37. 刘喜：《关于京族舞蹈在广西高校舞蹈教育中的传承思考》，《戏剧之家》2015 年第 9 期。

38. 刘喜：《关于京族舞蹈在广西高校舞蹈教育中的传承思考》，《戏剧之家》2015 年第 17 期。

39. 刘晓真：《专家谈原生态民歌》，《艺术评论》2004 年第 10 期。

40. 刘耀庆：《将传统民间艺术溶入现代生活》，《今日科苑》2010 年第 6 期。

41. 卢克刚：《京族唱哈祭仪及其音乐研究》，《艺术探索》1997 年第 1 期。

42. 卢克刚：《京族民歌研究》，《歌海》2010 年第 5 期。

43. 马华泉、王淑娟：《民俗文化旅游与经济可持续发展》，《佳木斯大学社会科学学报》2001 年第 5 期。

44. 毛艳：《京族民歌研究》，《歌海》2010 年第 3 期。

45. 潘琦：《打造壮族"尼的呀"音乐品牌》，《广西音讯》2002 年第 1 期。

46. 庞国权：《浅析京族音乐的结构和特点》，《星海音乐学院学报》1991 年第 1 期。

47. 祁进玉：《教育人类学研究：中国经验 30 年》，《民族教育研究》2009 年第 5 期。

48. 乔晓光：《作为非物质文化的民间美术分类》，《天津大学学报》（社会科学版）2006 年第 2 期。

49. 沈嘉：《京族民歌的演唱特色》，《中央民族大学学报》（哲学社会科学版）1997 年第 4 期。

50. 宋唐：《京族独弦琴考察与研究》，《歌海》2007 年第 3 期。

51. 孙传明、程强、谈国新：《广西少数民族非物质文化遗产数字化保护现状及对策分析》，《广西民族研究》2017年第3期。

52. 覃德清：《多重力量制衡中的民族民间文化保护与开发》，《民间文化论坛》2005年第1期。

53. 滕星：《国外教育人类学学科历史与现状》，《民族教育研究》1999年第4期。

54. 滕星：《民族教育概念新析》，《民族研究》1998年第2期。

55. 王红：《海洋文化精神的诗性表达：京族史诗研究》，《广西社会科学》2012年第3期。

56. 王军：《民族文化传承的教育人类学研究》，《民族教育研究》2006年第3期。

57. 王利娟：《论京族哈节的网络传播》，《艺术探索》2012年第2期。

58. 王能：《京族独弦琴乐曲的写作与表现》，《歌海》2006年第3期。

59. 王绍辉：《略论广西京族语与汉语及越南语的交流现状》，《东南亚纵横》2005年第12期。

60. 王小龙、何思源：《京族文化传承的呼唤与京语教育的回应》，《教育文化论坛》2011年第5期。

61. 韦家朝：《简论京汉民族关系》，《广西民族学院学报》（哲学社会科学版）2003年第1期。

62. 韦坚平：《谈京族民间"三岛传说"》，《广西师范大学学报》（哲学社会科学版）1990年第4期。

63. 魏美仙：《文化生态：民族文化传承研究的一个视角》，《学术探索》2002年第4期。

64. 吴明海：《英国夏山学校教育人类学考察》，《民族教育研究》2002年第2期。

65. 徐寒梅：《探索在高校培养民族音乐传承人的途径——广西艺术学

院民族音乐表演专业例析》,《中国音乐》2010年第1期。

66. 徐鸿平:《衰退与传承——试论当代新疆维吾尔族民间艺术的发展》,《广西艺术学院学报》(艺术探索)2007年第2期。

67. 徐杰舜、滕星:《在田野中追寻教育的文化性格——人类学学者访谈之二十七》,《广西民族学院学报》(哲学社会科学版)2004年第4期。

68. 许晓明:《从宗教信仰体系看京族的边际文化特性》,《民族艺术》2008年第3期。

69. 杨冬燕:《京族舞蹈的海洋性特征与社会意义》,《歌海》2009年第5期。

70. 杨丽媪:《民间艺术的困境与出路》,《中关村》2007年第11期。

71. 杨涛:《"京舞"翩然招展 舞动文化人间》,《歌海》2009年第3期。

72. 叶峰:《对京族音乐文化可持续发展的设想》,《民族音乐》2010年第4期。

73. 叶峰:《京族音乐文化探微》,《作家》2009年第8期。

74. 叶峰:《新时期京族音乐文化的传承与发展》,《音乐时空》2015年第14期。

75. 袁同凯:《老挝北部Lanten人的学校教育:人类学视野中的个案研究》,《民族教育研究》2009年第6期。

76. 张灿:《京族独弦琴源流新考》,《歌海》2012年第3期。

77. 张道一:《民间美术的二分法》,《天津大学学报》(社会科学版)2006年第4期。

78. 张佳声:《民族民间文学的特点及与社会主义精神文明建设的关系》,《黑龙江民族丛刊》1991年第4期。

79. 张瑞梅、林代松:《广西东兴京族哈节旅游营销策略的思考》,《东南亚纵横》2010年第6期。

80. 郑克晓：《浅析京族语语言的演变》，《科学大众》（科学教育）2016年第 3 期。

81. 卓玛措：《关于少数民族地区民间艺术保护和发展的几点思考》，《青海师范大学民族师范学院学报》2008 年第 2 期。

后　记

　　2014年我申报获批的国家社科基金项目"教育人类学视野下的京族民间文化传承研究"，历经五年的调研、撰写和反复修改，其研究成果终于付梓面世。

　　生活在京族三岛上的京族创造了丰富多彩的民间文化。然而，国外迄今尚无专门研究京族文化的著作。在国内，1949年以前，京族社会是无人问津的学界研究"盲角"。20世纪50—70年代，京族研究以社会历史调查和民族识别为主。80年代以后，京族文化研究成果逐渐增多，但从多学科理论系统地研究京族民间文化的学术论著并不多见，更无从教育人类学理论视角探讨京族民间文化传承的著作，为本课题的研究留下了拓展的空间。

　　完成课题书稿的写作远比预想的要困难得多。本课题在注重田野资料运用的同时注意提升理论高度，尝试对京族民间文化教育传承体系进行某种程度上的理论建构，属于一种综合研究，需要掌握教育人类学、民俗学、民族学、文化学、社会学等相关理论与方法，并将教育人类学作为主打理论贯穿全书始终，显然难度比较大。加之课题人员变动较大，原定的人员有几位因各种原因无法参与研究，撰写的任务基本落在我身上，感觉压力很大。最终坚持下来并顺利完成了课题的写作，离不

后 记

开我的师长、亲友、同事以及我的研究生的鼓励、支持、理解和协助。

感谢所有给予我鼓励、支持、帮助的人。感谢广西民族大学文学院为本书的出版提供经费资助。感谢中国社会科学出版社编辑的辛苦付出。

心怀感恩，继续前行。

陈丽琴

2019年1月6日于相思湖畔